# Verbal Communication Skills

# 言语交际技巧

廖冬梅　著

暨南大学出版社
JINAN UNIVERSITY PRESS

中国·广州

图书在版编目（CIP）数据

言语交际技巧/廖冬梅著 . —广州：暨南大学出版社，2023.11
ISBN 978 - 7 - 5668 - 3757 - 8

Ⅰ. ①言…　Ⅱ. ①廖…　Ⅲ. ①言语交往　Ⅳ. ①C912.13

中国国家版本馆 CIP 数据核字（2023）第 157867 号


言语交际技巧
YANYU JIAOJI JIQIAO
著　者：廖冬梅
..............................................................................................

出 版 人：阳　翼
策划编辑：杜小陆
责任编辑：康　蕊
责任校对：张　钊
责任印制：周一丹　郑玉婷

出版发行：暨南大学出版社（511443）
电　　话：总编室（8620）37332601
　　　　　营销部（8620）37332680　37332681　37332682　37332683
传　　真：(8620）37332660（办公室）　37332684（营销部）
网　　址：http://www.jnupress.com
排　　版：广州良弓广告有限公司
印　　刷：广东信源文化科技有限公司
开　　本：787mm×1092mm　1/16
印　　张：16.25
字　　数：318 千
版　　次：2023 年 11 月第 1 版
印　　次：2023 年 11 月第 1 次
定　　价：68.00 元


（暨大版图书如有印装质量问题，请与出版社总编室联系调换）

# 前　言

　　人的社会性决定了社会交往的必要性和重要性。有人的地方就有各种物质或精神需求，有需求就必须通过社会交换或交往来满足。我们不可避免地在各种交际场合和各色人等打交道，运用言语表达我们的各种内心欲望，同时也运用言语回应他人的诉求。人与人之间的沟通、交流和合作，导致了言语行为的发生。

　　有人的地方就有人性。人的多样性决定了我们跟不同的人打交道时，须洞察、接受人性的复杂性和差异性。人性中既有求真向善，追求美、伟大和高尚的积极一面，也存在着自私小气、追名趋利、贪图享乐和爱慕虚荣等消极因素，这就要求我们跟人交往时需要有先见之明和包容之心。

　　从古至今，每个人都凭借着自己的人格和能力跟他人分享着这个世界的各种资源，其中，良好的人际关系又是我们获取任何社会资源的重要中介和渠道。不善于运用交际技巧经营人际关系的人，可能会错失诸多可以改变和提升自己的机会。失去机会，也就无法与更广领域、更高层次的他人合作。你或者只能徘徊于自己原来的圈子画地为牢、难以有晋升之阶，或者自得其乐地安于一隅、庸庸碌碌，无法有所作为。古往今来，所谓成功人士大都是具有高超交际智慧、擅长灵活运用各种交际技巧、重视说话艺术并努力经营人际关系的人。只有掌握基本的言语交际技巧，互相尊重，互利共赢，才有可能不断提升我们自身的社会价值或扩大我们的社会影响力，才能与他人有效沟通，构建可持续发展的平等和谐的人际关系，才能长久成功地维系我们的事业或感情。

　　我们说出去的话，就像泼出去的水，很难收回。这些话到达他人的耳朵，是让人欣然接受，心生愉悦或感动，还是黯然神伤、愤然驳斥或惨然报复？这实质上就涉及说话者在说话之前是否能够预判接受者的接受心理和听话期待，并根据具体交际情境，灵活、有效、恰当地运用某些言语交际技巧，来选择或组织具体言辞的问题，即涉及说话者是否懂得言语交际技巧的问题。

　　然而，由于各方面的复杂原因，很多人的认知框架中缺少有关言语交际技巧方面的理论知识。从幼儿园到大学的整个学习阶段，我们很少有机会接受有关言语交际技巧的教育与培训。虽然也不乏交际高手，把人际关系经营得风生水起，但是，大多数人对言语交际技巧类的专门知识恐怕都知之甚少，可以说是门外汉。当今社会，有些人学历很高，或者名声显赫，却因不懂交际技巧而闹出各种各样的笑话，造成各种交际失误的事例并不鲜见。更有甚者，因一言不合而大打出手，酿成各种闹剧和悲剧的也不在少数。

基于上述现状，笔者觉得，有必要向广大学生和社会民众普及言语交际技巧的常识，也分享笔者多年来积累的有关言语交际技巧方面的实践经验和体验，以及对言语交际技巧的认知和思考。

本书从古今中外的名人故事、历史典故、寓言传说、文学创作和现实生活中撷取交际素材和案例，不避现身说法，结合自己的交际实践，以及十多年来一直在大学教授"言语交际技巧"课程的教学经验，借鉴语言学、心理学、语用学、公共关系学、人际交往学、社会管理学等学科相关理论，通过对正反两方面的交际案例的详细分析和阐释，梳理总结出人际交往中常用的七种基本技巧。

本书的重点不在重复一般交际学或者语用学、语言学、普通话语音学，以及心理学等基础理论的阐述。言语交际技巧跟普通的语用学、语言学理论有交叉，但不属于同一知识体系或同一理论范畴。它主要研究言语交际主体在掌握了基本的语言学理论，能够正确使用语法和句法等基本知识，能够把话说清楚的基础上，如何把话说得更动听，如何进一步提升说话效果。言语交际技巧，是巧妙的应用型言语技能或曰言语交际智慧。使用言语交际技巧是为了在有效地达成自己的交际目标的同时，可以让交际对象欣然接受，从而尽可能避免各种大大小小的交际失误。本书的基本理论基础是交际语用学，涉及的是交际主体如何有效地运用交际语用学等基本理论解决具体交际实践中的问题，也就是如何巧妙地选择和组织具体的言辞，用来临场应对具体不同的交际情境中可能出现的各种问题，有效化解交际中出现的各种危机事件、交际尴尬或交际纠纷，其理论架构和知识体系具有鲜明的实践性、突出的目的性和强烈的针对性。

首先，本书的读者，应该是在知识框架中已然拥有语言类、心理类或交际类方面的基础知识，却不懂得如何把话说好、说得有效的人，或者是在日常交际活动中遇上各种难题不知如何处理和回应，亟待引导的人。本书讨论的言语交际技巧主要针对交际主体，特别是说话人（不限于说话人，有时也包括听话人）在某个具体的交际情境中如何有目的地组织和选择具体、合适、得体的交际言辞，来巧妙应对和解决某些交际问题，或应对某些交际困窘。有时，这种交际言辞能够产生某种救场效应，达到化险为夷、化干戈为玉帛，甚至力挽狂澜的效果。因此，本书的内容基于跟言语交际相关的基础理论知识，但又明显区别于这些基础理论知识。

其次，本书的写作思维倾向于将不同的交际实践领域看成一个整体，试图探讨某些可以运用在各种不同场景、进行各类交际活动都须具备的、具有规律性和普遍有效的交际技巧，因而不采取不同交际场景或实践领域分开阐述的结构方式，不袭用前人按谈判、演讲、面试、辩论以及日常交际之类的板块式布局。本书立足于古今中外涉及上述各种交际场景的交际案例，并加以宏观把握，概括出"恰当称谓""见什么人说什么话""什么场合说什么话""委婉和暗示""得体赞美""巧言拒绝""风趣幽默"这七大技巧进行论述，并对如何达到言语交际的最高境界——捭阖自如，进行了自己的思考。此外，本书还对诸多有关交际类论著中语焉不详的委婉和暗示言辞的差别作了细致的区分，同时也对现实交际实践中较为普遍误用的"含沙射影"等言辞进行了论述。

再次，本书不只是简单搜集和罗列交际案例，而是着重从"交际技巧"一词的核心概念出发，在观点的阐述中突出和强调临场交际实战和训练，突出"学之可用、学之能用"的技能掌握和应用效果。本着"授人以渔"的理念，尽可能深入浅出地讲清楚运用各种言语交际技巧的重要功能和实践意义，然后有的放矢地针对各种技巧，提供了多种可行性的言语交际言辞设计方案或实施方略，并辅以对应的交际案例及其分析，使读者可以按图索骥，随时随地将这些规律性的经验或技能，运用到各自的日常生活和社会交际实践中去。

最后，笔者不忘强调任何言语交际技巧使用的背后都需要理性而强大的内心，都要有充满哲性和智慧的头脑。因而，不能为技巧而技巧，要能灵活运用技巧，不能急于求成，要学会平时花时间认真做各种各样的功课，不断储备各行各业的相关知识和信息，不断加强自己的语言文学修养，要有养成每天读书、看新闻的习惯，对自己提出尽可能博学多才的要求。"腹有诗书气自华""书到用时方恨少"说的就是这个道理。不断养成淡泊名利的澄澈心境与"泰山崩于前而色不变"的冷静和理性，是有效运用交际技巧的前提。

本书可以作为大学通识选修课言语交际类课程的教材或参考书，也可供广大社会人士了解有关言语交际技巧方面的相关理论知识，用以修身养性，培养言语交际的应用技能，助力读者事业及情感的积极经营和可持续发展。笔者希冀本书的出版可以为构建新时代和谐平等的社会交往关系尽绵薄之力。

廖冬梅

2023 年 10 月

# 目　录

# 第一章　学习言语交际技巧必须掌握的要领

言语交际技巧，是指在高效沟通、得体清晰地表达自己观点的同时，使听者可以轻松愉悦地理解和接受，从而满足双方心理需要、达成某项交际目的，谋求合作共赢所必须具备的应用技能。本章主要论述学习言语交际技巧必须掌握的要领：构建"言语交际必须运用技巧"的交际理念，树立"交际双方都是主体"的言语思维。言语交际技巧的获得需要博学和修养，交际技巧需要切实的身体力行，因此要多渠道创设模拟交际情境，确保应用技能的获得。

## 第一节　构建"言语交际必须运用技巧"的交际理念

在已有认知框架中构建"言语交际必须运用技巧"的理念，通俗地说，就是要认识到说话必须讲究技巧的重要性。做到说话之前头脑中有意识地运用某种或某些言语交际技巧来选择和组织具体的交际言辞，以减少不必要的交际失误，争取最大程度的交际成功。

在我们的成长过程中，从幼儿园到大学毕业，似乎都没有人跟我们强调说话必须讲究交际技巧的道理。社会上，有些人锦衣玉食，吃饭穿衣特别讲究，可是说话的时候就很随便；有些人大名鼎鼎，在公众场合却也会出言不逊，说话很不得体；有些人与他人初次见面就滔滔不绝，聊个没完，却不知"言多必失"，优点缺点都暴露无遗；有些人平时自命清高，有求于人的时候就百般谄媚，虚假恭维，给人"无事献殷勤，非奸即盗"的坏印象；还有些人拒绝别人时总是冷言冷语外加揶揄讽刺，令听话者徒增伤心的同时顿生逆反之心……我们同时可以看到另一些人，他们遇到女性，就会送上鲜花，说一句"您真亲切"，而不说"您真漂亮"，给女士留下彬彬有礼的绅士形象；有些人批评了别人之后，还能让别人心存感激，甚至刻骨铭心地记住他们；有些人被人伤害了还能微笑坦然，幽默处之，表现出以德报怨的宽容和大度；有些人不小心在众目睽睽之下摔倒，却能马上爬起来，说出很有哲理性的话语，如"从哪里摔倒，我就从哪里爬起来"，让等着看笑话的旁人心生佩服……

上述两类人的表现，就很好地诠释了能否运用言语交际技巧在社会交往中导致的迥然相异的后果，也说明了人与人沟通时自觉运用言语交际技巧的重要性。一个不容忽视的事实是：现实生活中我们大多数人说话多多少少都存在信口开河、不计后果的倾向。更多的人，根本就没有系统地接受过有关言语交际技巧理论知识的学习和训练，所以会出现各种各样的说话不得体现象，轻则影响个人魅力的加分，重则发生损人不利己的后果，甚至"祸从口出"招致不必要的严重后果。

其实，我国古代很早就有了实践意义上的言语交际技巧。《史记》中的《仲尼弟子列传》上记载了孔子的弟子子贡心怀保全母国的壮志雄心，先后巧言说服齐国田常、吴王夫差、越王勾践、晋王按他的意图行动，最后成功止齐伐鲁，并左右天下大局，导致春秋末年吴国灭亡、越国称霸、齐国内乱的故事。子贡在游说列国的过程中就表现出非凡的言语交际智慧，成功地运用了多种言语交际技巧。再如张仪戏楚、毛遂一言九鼎、蔺相如完璧归赵、触龙说赵太后、邹忌讽齐王纳谏、晏子使楚等都是成功运用交际技巧的经典案例。以上案例表明，很早以前，我国古代的雄辩之士，就是能够灵活驾驭各种不同言语交际技巧，临危不惧力挽狂澜的"国之重器"。他们既能够在与他人的交流过程中运用恰当称谓，懂得见什么人讲什么话，也能做到什么场合讲什么话，还能在该赞美他人的时候得体地称赞他人，在该拒绝别人的时候巧言拒绝，或"此时无声胜有声"，或暗示或委婉或幽默，取得良好的交际效果。他们在交际实践中总能游刃有余地主张自己的观点，伸张公平或正义，运筹帷幄，决胜于千里之外，一言九鼎，强于百万雄师；他们虽然文不能吟诗作赋，武不能披甲上阵，但能眼观六路、耳听八方，视野开阔，纵横捭阖，将天下大势和国家命运掌控在自己的嘴上和手上。

今天的世界，虽然不再有列国纷争、诸侯争霸，但是仍然存在不同的国家、企事业团体、组织和集体，以及个人等多种利益主体和交际诉求。为了捍卫国家主权和领土完整，外交发言人就需要谨慎周到、不卑不亢地使用体现"委婉"技巧的外交辞令；为了发展和活跃经济，生产或服务企业要开拓市场，赢得大笔订单，相关负责人必须组织行之有效的谈判言辞；律师为了替原告或被告讨回公道，主张正当合理的权利，选择有利于当事人的辩论言辞，就必须掌握"什么场合说什么话"的辩论技巧；如果需要在某次重要的大会上发言，就需要熟悉"恰当称谓"的技巧；在职场，员工如果要想有份满意的薪资，要跟老板谈加薪，或者领导发现了下属的某些错误，为了使思想工作更有效，都需要"得体赞美"的技巧；为了推行自己的某项主张，给自己的演讲言辞增色添彩，就要娴熟运用"无声语言"的技巧；为了成功宣传自己的产品或服务，需要熟练掌握"见什么人说什么话"的推销技巧；日常交际中，我们需要得到别人的帮助，或追求一份情感，也需要懂得如何开口才不会被拒绝。反过来，假如对方提出的要求是我们无能为力的，就要设法加以"巧言拒绝"。要凸显自己临危不乱的优雅风度和豁达大度的人格魅力，还需要一定的"幽默"技巧。

一句话，大到世界的和平与发展、国家和社会的和谐与稳定、企事业的利益获得，小到家庭的持久和睦、爱情婚姻的稳定经营，以及个人日常交往诉求的达成和健康身心的维持，都离不开言语交际技巧的讲究和运用。因而，必须在我们已有的知识框架中建构起"言语交际必须运用技巧"的理念。

## 第二节　树立"交际双方都是主体"的言语思维

我们都知道，自我中心主义是人性的缺点，是社会不稳定、不和谐的重要原因之一，也是造成人际交往障碍、导致交际失败的主观因素之一。

如果我们认真分析交际实践中的交际失误案例，会发现绝大多数都是因为在交际过程中说话人以自我为中心，没有将心比心为交际对象考虑，因而肆意妄言、信口开河。有些人得罪了人吃了亏还不知道原因，也不总结经验，而是一意孤行，我行我素。在不熟悉他人的爱好和兴趣、不知道他人的职业特点、不懂得他人潜在的性别文化心理、不了解他人（主要指交际对象）的主体意愿、不尊重他人的人格和名誉、不考虑他人的性格特点、不考察他人的做事风范和原则、不顾及他人的心理禁忌的前提下随意说话，就会导致各种各样的交际失误出现。

针对自我中心主义的弊端，西方后现代理论家反对传统的二元对立的等级制思维模式。"在人与人的关系上，后现代主义则摒弃现代激进的个人主义，主张通过倡导主体间性来消除人我之间的对立。"① "主体间性"概念的提出，说明了后现代理论家对自我中心主义的反思。他们主张和推崇主体间性，就是试图突破传统的二元对立（包括自我/他人、主体/客体、中心/边缘、男性/女性、人类/自然等二元对立在内）思维模式，变对立为和谐平等的思维模式。"主体间性"主要指涉在社会交往和沟通中形成的主体之间关系的统一性、协调一致性和共同性。通俗一点理解，主体间性其实就是主张个人在处理自我和他人、自我和社会、人和自然、男性和女性这些二元项关系的时候，务必去除自我中心的思维模式，而取一种二元项各自平等、同为主体的思维模式。最大限度地以平等的态度尊重他人，在思维中认同他人/他者的主体性，

① 大卫·雷·格里芬. 后现代精神［M］. 王成兵，译. 北京：中央编译出版社，2005：10.

从而持一种"对方/他人/他者也是和自己一样的主体"的立场和态度来为人处世的崭新思维和观点。

"主体间性"的提法同样适用于当代社会交往实践领域。只有交际双方都具备了主体间性的交际思维，才能有效营造平等和谐的交际氛围，达成自己的交际目标，收获互利双赢的交际成果。在现实的交往实践中，我们要尽量避免两败俱伤的交际失误，损人利己或损己利人的交际也不能算是成功的交际。成功而有效的交际只能是互利共赢或者至少不损己以利人的交际。

具备"交际双方都是主体"的思维，首先要求说话人（言语行为的发出者）在具体的言语交际行为发生之前必须遵循谨慎的交际原则。说话者要尽可能在交谈之前花时间、花精力去做关于交际对象（言语行为的接受者）的功课，尽可能多去搜寻了解有关交际对象的资料和信息；做到明确对方的年龄、性别、所属民族和地域、文化程度、地位、身份及资历，了解其职业生涯和工作成绩、社会关系和朋友圈子，还有性格、兴趣爱好及生活习惯等，即使不能全盘了解，至少也应该了解一些跟某次具体交际活动相关的几个主要方面。这些信息可以作为说话人选择和组织具体交际言辞的重要参照。

除了显性的交际对象（有明确所指和针对性的交谈对象）之外，同样不可忽略的还有特定交际情境或场景中可能在场的潜在交际对象（可能听得到谈话的除了直接谈话对象之外的第三者，或所有参加者、在场者），因为只要有人在场，他们就有可能接收到说话者的言语信息，如果说话者一不小心说了某个人的不是，有的潜在对象有可能当场作出反驳，造成说话者下不来台的尴尬。这些负面信息还极有可能通过这些潜在对象传到当事人耳中，有时还会"一传十、十传百"，以致广泛传播产生轰动效应。特别是在如今网络信息发达的时代，这种负面信息大范围传播的风险就更加难以把控和规避。因而，说话者对自己说出去的言语后果就更应该具备预判能力。中国有句经典的俗语"隔墙有耳"提醒我们在交际中要考虑在场的第三者。我们如果在说话或交谈前就留意到可能"隔墙有耳"，在言谈内容上就可以避开那些可能被窃听而对自己不利的敏感话题，在说话方式上，可以尽量避免使用那种居高临下、盛气凌人、肆意侮辱和把话说绝的语调和语气。

具备"交际双方都是主体"的思维，还要求听话者或理解者也要尽量把说话者当作主体来尊重，尽量尊重说话者的人格和尊严，尽量发挥自己的主观能动性；不能把自己放置在一个被动的听话者的位置对交际活动持一种消极心理甚至对抗态度，要设身处地地去正向理解说话人的原意，力争以一种正能量和积极心态去和对方交谈；如果抱着一种刻薄和故意找碴或者钻牛角尖的心理和对方交谈，处处拆台，句句反驳，故意误解和曲解对方，就谈不上和谐交往。有个经典的寓言故事能够说明在现实生活中，我们某些听话者就是这样一些没有主体间性思维的人。故事如下：

一个读书人，本来没有大学问，可不论见到什么事都喜欢与人争论。

一天，这个读书人到艾子那儿去，看似是请教艾子而实则是刁难人。

他问艾子说："凡是大车的车身下面和骆驼的脖子上，都系着铃铛，这是为什么呢？"艾子回答说："大车和骆驼都是很大的，而车和骆驼又经常在夜间赶路，如果它们一旦狭路相逢，就难以回避而相撞。因此，给它们挂上铃铛正是为了在离得还较远时就互相给对方送个信，以便提前回避。"

不等艾子说完，那人又问："佛塔的顶端也挂着铃铛，佛塔永远都固定在一个地方，难道佛塔也需要挂上铃铛以便夜间行走避免相撞吗？佛塔为什么也要挂上铃铛呢？"

艾子有点不高兴地说："你这个人真是死板。你没看到那些雀鸟总喜欢在高处筑巢吗？它们筑巢的地方总会撒下污秽不堪的粪便，在塔上挂着铃铛，雀鸟飞来时，铃铛便摇晃作响，这样，雀鸟就不敢来筑巢了。这和大车、骆驼挂铃铛完全是不相干的事。"

这个读书人好像很不知趣，他又问："猎鹰、鹞子的尾巴上也都带着小铃，这也是为了防止雀鸟在它们的尾巴上筑巢吗？"

艾子一听，"扑哧"一声忍不住笑了，说："看你也是个读书人，是故意装傻呢还是真不开窍呢？猎鹰、鹞子捕捉鸟兽常常进入树林或灌木丛中，束脚的绳子有时被树枝挂住，挣脱不开，于是它们在振动翅膀时铃声就会响起来，猎人听到铃声，就可以知道它们在哪里从而找到它们。猎鹰、鹞子脚上系铃铛当然跟雀鸟筑巢没什么关系啦。"

读书人还不罢休，继续纠缠着问艾子："我见过那送葬的队伍，前面有个人总是摇着铃铛唱挽歌。我原先还不明白是为什么，现在才知道了，原来是怕树枝缠住他的脚，以便让人们循着铃声好找到他呀。只是我还想问您，那个人脚上的带子是用皮条做的呢，还是用丝线编成的呢？"

艾子实在不耐烦了，生气地回答读书人："那个摇铃铛的人是死者的向导，因为这死者生前好狡辩、刁难人，实在难缠，所以才摇着铃铛让他的死尸感到快乐呀！"①

故事中的读书人，摆明了就是以纠缠不休为乐的人，在与他人的交际中，以一种自我中心主义的不合作态度，故意偷换概念、颠倒是非，对交际对象缺乏起码的尊

---

① 苏智恒．中华寓言故事［M］．延吉：延边大学出版社，2016：360－361．

重，不断戏弄刁难他人。这种爱钻牛角尖的人的言语，自然也跟真正的交际技巧无关。

## 第三节　言语交际技巧的获得需要博学和修养

言语交际技巧这门学问，旨在培养和训练交际主体在具体交际实践活动中，能够根据不同的交际情境和自身的交际角色，来选择和组织相应的交际言辞以达成交际诉求的能力，也旨在培养和训练人们在面对某种特定的交际情境时可以灵活有效地综合各种技巧和策略、变通常规说话方式加以临场机智应对的技能。

交际技巧跟其他普通的语言类、修辞类知识不同，也不同于仅涉及某一类型言语交际活动，比如演讲、辩论、招聘面试、心理干预、商务谈判之类更细也更专业的交际知识。换句话说，一方面，言语交际技巧对人们提出了更高的要求，对潜在读者具有更高的期待：不仅必须拥有基本的语言学基础知识，懂得基本的语法、词汇和修辞运用法则，同时，应该懂得基本的言语交际学常识，可以正常地表达和理解言语，必须储备这两方面的基本知识。另一方面，言语交际技巧又要求人们能够不局限于了解、熟悉或掌握某一专业领域、某项具体工作或每次活动所需要的交际技巧。它要求人们站在更高的位置，形成更宏观的思维，能够掌握和领会所有成功的交际活动对交际主体提出的普遍要求；或者从社会交往活动里各种不同失误的交际实践案例中总结出交际经验和教训，从而发现成功的言语交际现象背后普遍的交际规律；可以抽象概括出成功的言语交际所必须遵循的基本交际原则，并在掌握基本规律和原则的基础上进一步训练具有实战性的言语交际应用技能。

因此，言语交际技巧不只是一门有关言语交际技巧理论传授的知识性学问，更是一门旨在培养人们如何应对不同交际情境的技能实操类学问，比普通的语言类知识呈现出更多的应用性、实践性；比针对某一专业领域的言语交际知识具有更多的普适性、开放性、综合性和不确定性。因而，必须强调知识的系统性习得和积累，在不断丰富和储备基本的语言学和交际学常识之外，特别需要注重广采博收各行业各领域的专业知识，做到有备无患。

第一，必须强调博学的重要性。布鲁纳曾经强调："教授专门的课题或技能而没有把它们在知识领域更广博的基本结构中的脉络弄清楚，这在几个深远的意义上来说，是不经济的。"① 这里，布鲁纳虽然主要强调的是教师要注意提纲挈领地把握知识的整体结构、原理和观念，但也强调了任何一门知识和技能的结构、原理和观念都是寓于广博的知识领域之中的。因此，要正确有效地运用言语交际技巧，不能局限于言语交际技巧专门理论知识的习得，还应该认识到："言语交际是一个复杂的过程。它不仅涉及参与者的主观因素，如：认知方式、情感心理、背景常识、言语习惯等，还涉及客观因素，如：时间、地点、场合等等。"② 交际过程中随时可能因交际对象、交际情境和交际目的不同而产生各种不可确定的偶发问题。因此，交际过程的不确定性和组成因素的复杂性，都决定了交际技巧没有一个现成的模板可以套用。

第二，还应该强调不断加强修养的重要性。"言为心声"的说法也表明一个人的内心世界决定了他会写出什么样的文字和说出什么样的言语。也就是说，如果一个个体在拥有强大内心的同时尊重他人，富有同情心和爱心，做到"严以律己，宽以待人"，拥有宁静淡泊、宽容豁达的心胸，就"能清楚地、有效地和批判性地思考和写作，并能精确、中肯和有魄力地交流"③。美国著名的华尔道夫酒店高管乔治·波特，正是凭借其发自内心的仁爱和体谅，得到贵人相助并改变自己命运的。当他还是某酒店一名服务生时，在一个风雨交加的夜晚，在酒店已经满员的情况下，恳切提议前来投宿的威廉·华尔道夫·阿斯特夫妇免费入住自己的房间，给巨富阿斯特留下了深刻的印象。后来，1895 年，阿斯特拆掉他位于纽约第五大道和 34 街交界处的一处豪宅，建起了第一家极尽奢华的华尔道夫酒店，写信邀请波特成为酒店高层管理。

反之，一个缺乏修养的人，是很难做到在交际场上游刃有余地运用各种交际技巧的。一个小肚鸡肠、睚眦必报的人是没办法很自然地运用幽默这种言语交际技巧的；一个不尊重他人、凡事以自我为中心的人，也无法有效运用委婉的拒绝技巧；一个心浮气躁、意气用事的人，不肯花功夫踏踏实实做功课，也无法做到"看什么人说什么话""什么场合说什么话"；一个得理不饶人的人，也是没办法运用"暗示"技巧的；一个居心不良或者唯利是图的人，也断然难以学会得体的"赞美"技巧；一个举止粗俗、惯于颐指气使的人，也难以真正将"无声语言"的技巧，润物细无声地展现在日常交际活动中。因而，言语交际技巧的学习过程，同时也是不断提高个人道德修养、涵养优雅风度的过程。

---

① J. S. 布鲁纳. 布鲁纳教育论著选［M］. 2 版. 邵瑞珍，张渭城，等，译. 北京：人民教育出版社，2018：40.

② 赵毅，钱为钢. 言语交际［M］. 上海：上海文艺出版社，2000：14.

③ 世界银行，联合国教科文组织高等教育与社会特别工作组. 发展中国家的高等教育：危机与出路［M］. 蒋凯，主译. 北京：教育科学出版社，2001：72.

《晏子春秋》中记载了齐国良相晏子出使楚国时面对楚王羞辱巧言应对的外交故事。当楚王故意令士兵绑着一个人从晏子眼前经过，并逼问"齐人固善盗乎"① 的时候，晏子要是没有掌握植物、地理和风土方面的相关知识，也不熟悉语言学的类比和反讽手法，缺乏一个真正外交家所必须具备的处变不惊、不辱使命的风度，抑或内心不强大、畏惧强权，不理性、冲动行事、缺乏容人的雅量，就很难从容说出："橘生淮南则为橘，生于淮北则为枳。叶徒相似，其实味不同。所以然者何？水土异也。今民生长于齐不盗，入楚则盗，得无楚之水土使民善盗耶？"② 晏子如此巧妙的应对言辞，此言既出，掷地有声。楚王不得不惊为圣人，大为折服晏子成功地赢回了楚王对他的尊重，也扬了齐国的国威。

同样，一个律师要想打赢一场官司，必须熟谙某个专门法律领域的专业条文和基本知识，比如知识产权业务领域的专利律师，就得对专利法律法规知识了然于胸，但仅有这些知识还不能保证其一定能在法庭上取胜，还得熟悉和某项专利密切相关的理工农医类知识，特别需要尽量熟悉该专利涉及的特殊知识，否则就无法辨识专利所涉产品的技术元件、构造以及操作和功能，更无从对原告和被告涉及专利的不同产品进行严谨细致的比对，从而就很难为原告或被告主张正当合理的权利。下面我们来看一则法律案例：

2013 年 12 月，原告邓某某向厦门市中级人民法院起诉被告深圳市某科技有限公司侵犯其 200820102387.1 号防火门释放器实用新型专利，请求法院判令被告立即停止销售涉案产品，并赔偿原告经济损失人民币 100 万元及维权费用 3.5 万元。

律师王某某代理被告后，针对原告取证材料扎实、索赔金额较大的情况，迅速分析案情，制定了不侵权抗辩和无效宣告申请同时进行以确保最大胜诉率的对策，最终通过不侵权抗辩代理被告胜诉，为被告挽回百万损失。③

因此，一个律师，要决胜法庭，要有高超的法庭辩论方面的交际技巧；要熟悉某个领域的专门法律知识和某个专门法相关的行业领域专业知识；还需具备不畏权势、不向"钱"看、敢于坚持正义、尊重真相的人格风范。三者同样重要，缺一不可。

再比如，同样是涉及拒绝技巧，一个影视明星在新片发布会上要拒绝某些记者提

---

① 刘向. 楚王欲辱晏子指盗者为齐人晏子对以橘 ［M］//晏子春秋. 胡志泉，评译. 北京：北京联合出版公司，2017：105.

② 刘向. 楚王欲辱晏子指盗者为齐人晏子对以橘 ［M］//晏子春秋. 胡志泉，评译. 北京：北京联合出版公司，2017：105.

③ 本案例资料源自王启胜、赵世勇于 2022 年 8 月 11 日发表于"广东鹏杰律师事务所"微信公众号的文章：《王启胜律师代理被告打赢专利官司挽回百万损失》。

出的刁难性问题，一个服装加工厂老板要拒绝客户的价格优惠诉求，一个哲学教授要拒绝他的学生提出的写推荐信的请求，同学聚会上要拒绝老同学对自己目前生活状况的逼问，以及社会生活中女生要拒绝男生的情感纠缠，等等，所需要选择和组织的拒绝言辞没有统一的理论模板，有效的拒绝交际技巧应对方案也不是只有一种。是否可以设计出有效的言语应对方案，考验的不仅是我们是否掌握和识记拒绝技巧基本理论，而且还考验我们是否会根据说话者和听话者各自不同的具体身份、地位和职业特点，以及当时具体的交际情境等各种因素来设计合理的方案。这就涉及我们对于影视传媒、服装生产、哲学知识、同学情谊以及青春期男女性别心理等各类拓展性知识的储备，同时还考验我们是否可以豁达大度，尊重他人，是否具有容人的雅量等强大的内心和交际智慧方面的修养。

因此，言语交际技巧的奥妙和精髓主要在于交际主体双方的博学和修养。双方必须在掌握基本交际理论的前提和基础上，综合启用和调动不同专业的知识储备。成功有效的言语交际技巧运用，不仅跟普通的心理学、教育学、文化人类学、政治经济学、文学、语言学、修辞学、哲学等人文学科常识有关，而且涉及与交际双方职业或某项交际目的相关的某些特定学科领域的专门知识，甚至还包括为达到某项交际目的所需要的特殊知识。

我们必须特别强调言语交际技巧背后的本质在于人的博学、智慧和强大的内心。离开这些就无所谓技巧。换句话说，言语交际的理论在书本之内可以获得，但是它的技能掌握和实战训练却在书本之外，在日积月累的学习和修养中。言语交际技巧的学习，不应该局限于有形的书本知识理论，应该把求知的触角无限延伸和拓展到各专业或行业领域中、丰富多样的特定场景中；注意平时对各种知识和信息的积累和储备，以及品德、气质、内涵等方面的不间断的自我修为，不断强调处处留心采撷，时时注意积累各类常识和专业知识的重要性。"只有综合和整合不同学科的知识，建立全部人类知识之间的联系"①，才能在记忆库中储存尽可能多的交际言辞素材。在应对某一特定场合或行业领域的交际问题时，这些知识和材料就会如有神助，如源头活水般纷至沓来，从而真正将各类交际技巧运用得游刃有余、得心应手，达到"捭阖自如"的最高境界。舍此，任何的技巧运用都只会是东施效颦、纸上谈兵或捉襟见肘。

学习的本质是为了培养全面发展的人。全面发展的人既要求思维开阔，敢于创新，也要求个体善于表达和理解，是一个具有平等的主体间性意识的交往主体。因

---

① 世界银行，联合国教科文组织高等教育与社会特别工作组. 发展中国家的高等教育：危机与出路［M］. 蒋凯，主译. 北京：教育科学出版社，2001：77.

而，言语交际技巧应该贯穿于我们的终身学习过程。

## 第四节　言语交际技巧的掌握需要切实的身体力行

　　言语交际技巧的学习者，同时还应该是正式或日常言语交际行为的实践者，注意平时对交际技巧的身体力行。我们每天都要出入不同场合，和各种各样的人打交道，学了交际技巧，就要注意在各种交往实践活动中加以运用。本书讨论的交际技巧很多在交际实践中是可以对号入座使用的，但不能照搬照抄，必须融会贯通地加以灵活变通。我们可以通过日常或重大的交际活动，去检验其实践效果，也可以在不断的实践中自我发现、总结或创造一些新的行之有效的技巧。自己的身体力行，还可以潜移默化、润物细无声地影响家人、同事或陌生人对交际言辞的选择和使用，引导他们对日常交际行为的自我约束、具体表达和实战演练，从而为人际关系的正常运转与和谐社会的不断发展，在自觉运用言语交际技巧方面做出示范性贡献。

　　比如目前，我们人手一部手机，微信成为人们工作和日常言语交际的重要平台与方式。在工作群或者兴趣群之类的正式场合，可以运用"什么场合说什么话"的相关技巧，注意在微信群里，应只谈公事，尽量避免流露私人不良情绪或谈论自己的私事。如果在微信群中看到他人某些不得体、不妥当的表达，尽量做到看穿不说穿，没必要充当出头之鸟、事事争锋分出个是非曲直，如果觉得需要指出其错误，也要注意换个私下场合。当他人取得某种荣誉或成就的时候，也别忘记运用赞美技巧及时送上我们得体的祝福和夸赞。在私信聊天中，如果遇到上级、同事、下属等提出某些要求，你不想或者没有时间、精力、能力帮上忙，又觉得得罪不起或没必要直截了当拒绝的时候，就可以根据对方和你的社会关系及关系的疏密程度、对方的诉求内容、当时的客观情境等复杂因素，在对拒绝效果进行预判的前提和基础上，选择用沉默无声、"顾左右而言他"、"拖延"、"换事补偿"或"插科打诨的幽默"等有效的拒绝技巧说出心中的"不"字。我们在微信群里和新加的陌生朋友交谈时，要注意称呼和聊天的技巧，需要注意点到即止，避免言多必失，注意运用"见什么人讲什么话"的技巧。

　　笔者作为一名大学老师，经常会和学生们交流，在微信群中对学生们的称呼会使用"我的小伙伴们"，这就是有关称谓技巧的身体力行。当学生们接收到这样的信息，就会发觉老师是以平等身份跟他们交流，感受到老师在对学生称呼上使用的技巧。又如笔者在校门口偶遇一位班上的学生，跟她一同进入校门的时候，必须通过人脸识别的闸机入口，碰巧遇上机器不能立即识别而不能迅速放行，必须等待。这时，学生就忍不住大声呼喊："保安，快点过来，闸机识别不了我。"笔者连忙纠正："师傅，闸机有点闹罢工了，麻烦帮我们处理一下吧。"事后，学生才意识到自己虽然已经在学习言语交际技巧这门课，可是一遇上交际情境，还是不能有效运用，这才发现老师的言辞选择比她自己的要得体很多。事后，这个学生还与笔者在微信中一起探讨："老师，您那次随口一句话，其中就包含了两种交际技巧：一种是平等地尊重身份和地位比自己低的人的称呼技巧，另一种就是委婉的技巧。"笔者通过这样的言传身教，使学生进一步明确不同身份和地位之间的人在称呼语使用时必须遵循互相尊重的原则，这也是"恰当称谓"言辞技巧中的题中应有之义。

对某些学生偶尔提出的无理要求，笔者也注意灵活运用交际技巧来处理。比如，某个学期末，一个无故缺课的学生加了笔者的微信，发了一张伪造的请假条过来，并谎称这是当时请公假时的请假条，要求笔者取消她的缺课登记，以免扣减考勤分。遇到这种说谎欺骗老师的学生，笔者没有直接揭穿她的谎言，只是把考勤那天在学生名单上登记的具体时间拍了图片发给她看，有效运用暗示的技巧告知她发给笔者的请假条上面显示的日期和考勤那天的日期对不上，由此判断请假条是伪造的。这时，笔者马上意识到这个学生后面很可能因为意识到自己先是无故缺课，后又伪造请假条试图蒙混过关，已经犯了很严重的错误，可能会担心这门课彻底没成绩了，因而生出更多的恐惧或不安，甚至还可能滋生出别的消极心态。基于这样的预判，笔者第一时间马上发信息安抚她："无故缺课其实也没那么严重的，缺课一次也只扣 2 分，还有 98 分呀，但我们如果伪造请假条，那就是要扣我们做人的诚信分了呀，扣诚信分的权力，老师现在授权给你自己，因为诚信是我们做人的内在道德约束。你如果想要顺利通过考试，还有机会，接下来用心认真复习，把期末考试答卷回答得出色一点，把平时缺课扣掉的考勤分补回来就成。"这个学生后来在期末考试中以高分通过，并在之后的信息中感谢老师对她犯错的包容和温和的教诲。这就是己所不欲时巧说"不"（有效拒绝）这种言语交际技巧的有效运用和实施。笔者相信运用这样的言语交际技巧对待犯错的学生，既维护了师道尊严，也是对学生德行修养以及如何有效运用言语交际技巧化解生活中发生的尴尬或危机事件的言传身教，会让学生受用终生。

再比如笔者每次上课都注重穿着得体而不失个性、整齐端庄、色彩搭配和谐的服装，保持微微前倾的站姿，抑或进教室时发现地板上、课桌上有纸屑等，不经意地随即拾起丢进垃圾桶，这就是对"无声语言"交际技巧的无形运用和展示。平时遇到缺课或不按时提交作业的学生，笔者并不会冷言冷语地直接指出他们的错误，而是先设身处地地主动为他们的犯错找出理由或原因，并在坚持原则的前提下尽量给予他们改过的机会。当学生意识到确实是因为自己有错跟笔者说对不起的时候，笔者也不会得理不饶人地揪住学生的错误不放，只用鼓励的话语："老师相信你下次会做得更好！"

我们平时对自己言语交际行为的身体力行，就是对他人言语交际行为的期望。正如布鲁纳所说："每个人以期望开始，然后去计划并达到所计划的目标，去做一件事以便别人可以做第二件，学习怎样期望并依据现实的信心作出预测，从而构造未来。"① 如果我们每天能将自己在工作或日常生活中发现或积累的、非常个性化的、具有言语交际技巧诠释意义和价值的案例，分享给家人、同事或朋友，并能自觉地将所学言语交际技巧方略加以实施，久而久之，我们就能成为一个因熟谙言语交际技巧而拥有成功事业和圆满情感的魅力非凡的人。

## 第五节　多渠道创设模拟交际情境，确保应用技能的获得

要真正做到将言语交际技巧理论进行有效的知识迁移和灵活运用，光有前面所述的理念构建、思维树立、强调博学和修养，以及身体力行，还是不够的。只有在面临某种特定交际情境的时候，通过所给定的情境信息，根据某种交际活动要达成的某种具体交际目的或话语诉求，迅速调动所学的言语交际技巧理论以及相关知识储备，并触类旁通地灵活应对，可以设计出具体的交际应对言辞，来有效地完成某种交际任务或者化解某种交际危机、尴尬或困窘，这才算交际技巧真正学到手了。学了言语交际技巧，如果在遇到具体交际问题的时候心中还是一团乱麻无法应对，那就说明学习方法不对或学习环节不够。因此，还必须强调交际案例分析和创设模拟交际情境实战训练这些实践应用方面的学习环节。

我们经常会说，言语交际就是生产力。那么，有关具体交际实践的案例分析和多渠道创设言语交际情境，进行有针对性的技能训练，主要目的就在于可以让我们直接参与具体的交际场景，亲身感受和体验运用言语交际技巧的非凡创造力，或者说可以让我们对"言语交际就是生产力"这个论断有切身的体悟。假如我们可以对某个成功或失败的交际案例进行有关交际技巧方面的精细分析，就可以感受运用技巧和不用技巧结果的判然有别，还可以评判某种技巧运用的效果好坏。这样我们就能举一反

---

① J. S. 布鲁纳. 布鲁纳教育论著选［M］. 邵瑞珍，张渭城，等，译. 北京：人民教育出版社，2018：405.

三，在自己的交际实践中扬长避短，减少交际失误。如果我们可以在模拟交际情境中成功运用某种言语交际技巧，并有效地达成预定的目标，之后的心理满足感和成就感也可以长久维持我们的学习兴趣。反之，若失误，则可以反证并进一步明确学习和灵活运用言语交际技巧的重要性。

同时，这一学习环节，也是对有关言语交际技巧书本知识和理论的实践性检验。通过这一实践性环节，又可以进一步强化和深化我们对言语交际技巧运用的核心影响因素——言语交际情境的认知，从而明确离开交际情境的研判就谈不上言语交际技巧运用的道理。因为任何交际双方参与的交际活动，都必须依托于某种特定的交际情境。交际情境的纷繁复杂和变动不居，决定了作为交际主体的双方，必须在对彼时彼地特定的交际情境作谨慎研判之后，迅速调动所学知识，灵活机动、融会贯通地选择运用恰当的交际言辞。

同时，我们也可以通过多渠道创设模拟交际情境，明白要有效地完成特定的交际目标，达成某种交际诉求，有时候需要同时运用多种不同的言语交际技巧。比如，通常我们在使用拒绝技巧的同时，还必须同时使用"看什么人说什么话""什么场合说什么话""暗示和委婉""无声语言"以及"称呼""赞美""幽默"等多种技巧。

交际情境，作为某种交际活动的具体载体，既包括某时某地在内的特定交际时空环境，同时还包括某种特定场合的氛围，以及某种特定的交际目的和指向。因此，有针对性地创设某种特定的交际情境，规定某种交际目的或分配某种交际任务，让自己分角色扮演交际主体或交际对象，要求在规定时间之内作出交际回应或设计不同的应对言辞，可以根据任务的完成情况，检验我们在某种特定的交际情境中有效达成某种交际目的，完成某种交际任务，或者有效化解某种交际危机或交际困窘所需要的时间和完成任务的质量，也是检验我们是否掌握所学言语交际技巧的重要途径。

我们平时的工作和生活圈子相对有限，时间和精力也不允许我们体验各种不同的交际情境。这虽然在很大程度上限制了创设模拟交际情境这种实践性学习环节的实施，但是也不应该成为忽视实践性环节的理由。只要想办法，还是会有很多方案或举措值得去尝试的。

比如，针对如何决胜职场的言语交际技巧的模拟交际情境创设，可以利用现场或网上的电子资源。如每年春节后各大城市的人才市场或城市广场都会举行现场招聘会，高校一般在每年的3—6月都会组织有各大用人单位参加的毕业生招聘会，可以提前跟城市人才市场管理部门或学校的学生就业服务中心联系，争取机会直接到招聘现场去旁听；条件不允许的也可以自己找现场直播类视频节目来观摩，记下现场主考官的问题及应聘者的现场应答言辞，然后分析其成功或失败的原因；还可以把自己想象为在场招聘学生，为他们设计准备不同的应对言辞，并比较分析各种不同言辞的具体交际效果。这样身临其境的观察、体验和比较，既可以让我们对交际技巧运用有感性的认知，同时也能考查我们对言语交际技巧运用技能的习得情况。

我们也可以在家中模拟创设新闻发布会之类的交际情境，提前把有关新闻事件告知家人，找家人扮演记者，自己扮演新闻发言人，由家人就某一新闻事件临场提问，自己进行不同的即兴回答，然后用手机录制现场问答视频，事后播放视频，自己分析各种不同回答言辞的具体效果。这样的即兴应对，可以检验我们是否可以运用相关的言语交际技巧理论组织言语，以及言辞应对的速度和效果。运用言语交际技巧大多数时候需要作出类似这种临场快速反应，是没有太多时间反复斟酌和考虑的。

除此之外，还可以有针对性地选择播放跟某种言语交际技巧有关的电视剧交际场景视频，然后分析此情此景，交际主体是否运用了交际技巧，运用了哪些交际技巧，如果自己是当事人，有没有更好的交际应对方案，等等。

此外，日常使用的微信 App 也可以拿来创设模拟交际情境，如可以将微信群就某一问题不同人的回复截图，体会不同人对日常交际言辞的不同运用，体会不同交际主体的人格修养和对具体问题的应对言辞。

白居易笔下的卖油翁用一句"我亦无他，唯手熟尔"① 来解释他能将油从瓶口铜钱小孔中倒进葫芦而能做到不将钱弄湿的高超技法的原因，很好地说明了日常生活中技巧的获得没有别的捷径可走，唯一的途径就是勤学苦练，日日精进。

## 本章结语

在学习具体的言语交际技巧理论之前，必须事先对本章中提及的相关知识有所认知，明确言语交际技巧对于我们工作、学习和生活的重要功能和作用。在正确的理念和思维的引导下，注意平时的修身养性，同时注重将交际技巧理论与实践相结合，并准备不断从自己的身体力行和多场景的实战训练中检验学习成效，还要努力进行创新性的自我探索和发现，才能与时俱进，真正做到学以致用。

---

① 崔凤杰. 国学精选简易读本［M］. 沈阳：沈阳出版社，2018：155.

# 第二章　恰当称谓

　　称谓言辞，应该有广义和狭义两方面的内涵。广义的称谓是人们在交际活动中用来指称某人或某事物所用的言辞或说法的总称。而狭义的称谓言辞，则主要是指人们用来表明各种社会关系、涉及不同身份或地位时使用的言辞，主要指人们的当面称呼或间接指称，而人们当面打招呼时使用的言辞为称呼言辞，称谓言辞包含称呼言辞，所涉言辞范围比称呼要宽泛很多。

　　本章主要讨论狭义的称谓言辞。称谓言辞作为人们言语交际活动中必需和重要的组成部分，往往在交际活动开场时使用，恰当的称谓言辞作为某次交际实践的开端，对融洽交际气氛起关键的引领作用。它有点像打头阵的排头兵和先锋队员，有效地引领着交际活动的顺利进行。俗话说，"好的开始是成功的一半"，因而，学会"恰当称谓"的言辞技巧是很有必要的。

　　本章在强调"恰当称谓"言辞的重要交际价值的基础上，围绕"恰当称谓"言辞技巧必须掌握的几个要点展开详细分析。

## 第一节　"恰当称谓"言辞的重要交际价值

　　社会交往活动中的称谓言辞，承载着十分重要的交际价值。人们通过恰当得体的称谓，不仅表达了自身对他人的尊重与友善，展示了待人以礼的良好素养，而且通过准确而有序的称谓言辞，可以使人明确交际双方的社会关系，有利于沟通，还能规避某些"称谓"禁忌，维护社会稳定和谐。

### 一、表达尊重与友善，待人以礼

　　称谓言辞具有两方面的基本作用：不仅可以表明言语行为所指涉的具体对象，而且可以表达说话者对听话者的主观情感态度。要确保交际活动顺利进行，称谓言辞中的称呼，作为某种具体或特定言语行为的开场白或者起始部分，要给听话者留下良好的第一印象，引起对方的听话兴趣，交际活动才能在融洽和谐的氛围下继续进行。因而要确保交际活动的正常进行或取得成功，做到在称谓上不失礼节是非常重要的。

不管是面对面的私人或单独交际活动，还是大庭广众之下一对多的公共交际活动，有称呼和没称呼的效果不一样，有礼和无礼的称呼给对方留下的印象也大相径庭。我们通常看到一个母亲带着孩子，在路上偶遇认识的熟人，都会提醒和催促孩子"叫叔叔""叫伯伯""叫阿姨"等，就很能说明交往环节中的首要一步就是跟人打招呼，即称呼他人。恰当地称呼他人是对人最起码的尊重和礼貌。有些人在这一点上还存在认识误区：他们会认为熟悉的人无需经常以称呼语打招呼，或者当面说话可以把称呼免了。有的人认为不求人办事，就没必要无事献殷勤，见人就打招呼。其实，这些想法都是有偏颇的。

知礼的人，即便对很熟悉的说话对象，都会非常注意不失时机地经常称呼对方，表达对方是自己心目中很重要的人的心声，在表示自己在乎对方的同时也引起对方对自己的关注。

有个学生加了一位老师的微信，老师习惯性地问："你有事找我吗？"没想到学生回复道："老师，我没有问题，就是想能经常叫您一声'老师'。"

这位学生就通过一声无所求的"老师"把对老师的敬重和爱戴传递给了对方，无疑会引起老师特别的关注。以后如果真的有什么问题想要请教老师或者有求于老师的时候，是不是比别的学生更方便呢？

此外，假若我们在当面和他人口头交流或者跟别人发信息的时候，能够用"您"（尊称）而不用"你"（普通称呼）或者"喂""哎"（使唤性的无礼称呼），对方也能从我们的称呼中感受和体验到我们对他的尊重态度。假若能把"您"换成"处长您""老师您""爷爷您"这样的职位或辈分加"您"的称呼组合，对方会感觉到你对他尊重的程度更高。在他人不在场的时候，我们如何指称他人、跟他人有关的人或者事物，也能表明我们知礼与否。如果将他人的妻子直接称呼为"他老婆""他女人"或"他们家那位"，显然没有称其为"他夫人""他太太"或者"他爱人"有礼；将别人的住房称为"房子"也没有称其为"府邸"那么凸显尊重之意。同时，是否会称别人的作品为"大作"，而称自己的作品为"拙著"；是否称对方公司为"贵公司"，而称自己公司为"敝公司"；是否称对方的见解为"高见"，而称自己的为"浅见""陋见"或"愚见"；是否将自己创作的文学或书画作品赠人时，在扉页上用"雅正"，请对方指教和提意见时则用"斧正"，等等，也能分辨出一个人是否知书达理和谦恭识礼。

除了上述基本的恰当称谓语可以表达礼节之外，还有很多表示客套和尊称的称谓类敬辞。比如，请人帮忙称"有劳您了"，跟身份地位比较高的人见面叫"拜访"，求人办事叫"拜托"，有朋自远方来称"欢迎光临"，生意成交之后说"感谢惠顾"，把他人愿意跟自己结婚称为"不惜下嫁"或自己"腆脸高攀"，等等，都是待人以礼的表现。

一般来说，人们之所以会使用那些无礼的称谓，都是因为交际对象对自己做错了什么，有某些自己看不惯或难以接受的行为表现，或是说了什么冒犯的话语得罪了自己，或是自我心境或情绪出现了不正常的现象，才选择无礼的蔑称或侮辱性称谓。这时，人们就会无视礼节的规约，信口称谓。我们来看古华《芙蓉镇》中描写的有关这方面的典型案例，小说中，当芙蓉镇粮站主任谷燕山被停职反省，工作组组长李国香想用攻心战术让谷燕山交代他和胡玉音"莫须有"的不正当男女关系时，有下面的对话：

"李组长！我和她能有什么关系？我能吗？我能吗？"谷燕山额头上爬着几条蚯蚓似的青筋，他已经被逼得没有退路了，身后就是墙角。"李国香！你这个娘儿们！把你的工作组员叫了来，我脱，脱了裤子给你们看看……""谷燕山，你耍什么流氓！"李国香桌子一拍站了起来，她仿佛再也没有耐心，不能忍受了，睁大两只丹凤三角眼，竖起一双柳叶吊梢眉，满脸盛怒。"你在我面前耍什么流氓！好个老单身公！要脱裤子，我召开全镇大会，叫你当着群众的面脱，在工作组面前耍流氓，你太自不量力！"……"我别的错误犯过，就是这个错误犯不起，我，我有男人的病……""老谷，坐下来，我们都坐下来，不要沉不住气嘛。"①

上述场景中，谷燕山被怀疑跟胡玉音乱搞男女关系，本来就已经很窝火了，又急又气就顾不上什么礼节了，直接把"李组长"的称呼改成了直呼其名的"李国香"，还加上了"你这个娘儿们"这样表示不满、轻蔑和不屑的带有性别歧视的蔑称。于是，这激怒了李国香，李国香也毫不示弱地以"谷燕山"直呼其名，再加上"流氓"和侮辱性的"老单身公"相称。当得知谷燕山身有隐疾，李国香自知理亏，冤枉了他，才又马上改为敬称"老谷"。由此可知，要避免冒犯性称谓，必须尽量学会控制自己的情绪，才能有效做到礼貌称谓。

在日常私人场合中使用恰当的称谓言辞，能够体现个人的文化修养和礼貌；在新闻媒体平台、大型会议或重大活动、国际交往等重要的公众场合发言或交流使用准确的称谓，也是涉外社交礼仪的重要组成部分和具体表现。中华民族是有着几千年文明传承的礼仪之邦，工作人员如果在涉外交际活动中能够注意运用精准的称谓言辞，则

① 古华. 芙蓉镇 [M]. 北京：人民文学出版社，1981：85.

既可以在有礼有节的基础上表达捍卫国家主权和利益的坚定信心，也能以一种互相尊重的态度寻求平等互利的国际合作和共赢，构建和谐平等的国际秩序。

在涉外交际活动中，我方外事工作人员对外方人士所使用的称谓，往往备受对方关注。因此，涉外称谓需要特别讲究。在使用涉外称谓语时，外事人员首先应当顾及对方对称谓语的使用惯例和接受倾向。在与非社会主义国家的人士交往中，切勿随意使用"同志"这一称呼。与君主制国家的贵族进行交际，在称呼对方时务必遵循对方的惯例。如对国王、王后，应称"陛下"，对王子、公主、亲王及其配偶，应称"殿下"。对于拥有封号、爵位者，则应使用其具体完整的封号、爵位的称谓。此外，还应事先了解对方的姓名排序、年龄、身份、职业、职务等情况特征，与不同行业、不同职务、不同身份、不同性别的外方人士交际时，外事人员还须根据具体交际对象的不同，而在称呼上有所区分。多人场合的称谓还需要做到有主有次，尽量规避称谓禁忌等。如果在对外方人士无从了解又必须称呼的情况下，一般来说，在政务、商务或一般性服务场合，可以简单地将外方男性称呼为"先生"，将外方女性称呼为"女士"，即人们常说的"泛尊称"，但是对于外方的军界人士，最好称呼其军衔。对于外方的宗教界人士，最好也是称呼其神职，并且对上述军界人士和宗教界人士的称呼切忌出错，同时还需要注意区分场合，场合越正式，就越需要使用军衔或神职的全称。在一般场合中，对于拥有教授、研究员、工程师、律师、法官、医生、博士等职称、职务或学位的外方人士，可以直接以上述职称、职务或学位相称。

## 二、明确社会关系，有利沟通

马克思说："人的本质不是单个人所固有的抽象物，在其现实性上，它是一切社会关系的总和。"[①] 社会关系是人们在生命繁衍以及共同的物质和精神的生产实践或交换活动中所结成的各种关系的总称，包括人与人之间的一切关系。从关系的双方来讲，社会关系包括个人之间的关系、个人与集体之间的关系、个人与国家之间的关系；还包含群体与群体之间的关系、群体与国家之间的关系。社会关系根据关系所涉的领域可被划分为经济关系、国家公共权力关系、法律关系。此外，宗教、民族等也是社会关系体现的重要领域。而个人之间的关系又包含血缘亲情关系、同事/同学/校友关系、师生/上下级关系、同志关系、基于利益的合作/竞争关系、情投意合的友情

---

① 马克思. 关于费尔巴哈的提纲 [M] //马克思，恩格斯. 马克思恩格斯选集：第 1 卷. 中共中央马克思恩格斯列宁斯大林著作编译局，编译. 北京：人民出版社，1995：56.

或私密关系、特殊境遇下的临时关系等。

社会关系，林林总总，不一而足。对于个体来说，我们可以从人们在各种场合的称谓语中加以分辨和认知。比如，在国家公共权力机关、干部之间，无论职位和级别，一般提倡互相称呼"同志"。这一称呼表征的是一种素朴、高雅而神圣的关系，体现的是拥有共同理想信仰的交际双方的同气相求，表示彼此有共同的理想、共同的追求、共同的事业，并为之共同奋斗。这样的称呼彰显出来的关系，就是一种纯粹的、高尚的、无私的、脱离了低级趣味的澄澈关系，所展示的情义也远比基于利益往来的"老板"和源于血缘关系的"兄弟"称呼更为高雅和致远。

比如在日常家庭场合，从"爸爸""妈妈""哥哥""姐姐"这样的称呼，我们知道对话的双方有血缘或亲情关系。而在机关、学校或企事业单位，从"处长""市长""董事长""教授"等称呼中，我们可以判断交际主体之间的上下等级/师生关系、同事关系或者陌生的比较普通的关系。如果称呼不恰当，势必传递出错误的社会关系信息，会给交际活动带来负面影响。同样，一个初入公司、企业工作的人，只要留心观察工作场合中同事之间的相互称谓，就可以感知企事业单位的性质、文化氛围、人际关系的基本状况：

赵晶晶大学本科刚毕业就进入一家广告公司工作，在公司，大家都在一个大厅办公，虽然他们各自办公的空间之间有很低的屏风隔着，但还是给人一种信息易享、其乐融融的感觉。上班没几天，她就经常听到邻桌两位年轻的女美术编辑你一句"亲爱的"我一句"亲爱的"互相叫着。有一天，她看到其中一位女美术编辑叫一位男同事帮忙去打印室搬运资料时说："走，小石头，跟我一起搬资料去。"而这位编辑在下班前交代坐在后边的女孩说："马儿，明天下午之前一定记得把我昨天提交给你的客户资料整理好交给陆经理哦。"

对于初到广告公司的赵晶晶来说，她凭借每天听到的上述人与人之间的称呼语，就可以分辨出广告公司企业员工和同事之间平等互助的社会关系，而这种社会关系又是由需要团队合作共同完成任务的企业性质所决定的。他们就像家人一样亲密无间，称呼并不需要特别讲究严谨有序，对一般不用于工作场合的昵称和绰号也不加忌讳，彰显的正是亲如一家、和谐平等的企业文化。

在大型会议场合，恰当的称呼还能鲜明地体现交际主体之间的身份和地位关系，以及具体的亲疏关系。

各位领导，各位从海外远道而来的嘉宾，以及从全国各地赶来的专家、学者、老师们、同学们，大家好！今天我们在这里隆重举行第九届××诗歌创作国际研讨会暨××诞辰 120 周年纪念大会。现在，请全体起立！……

从这个学术研讨会主持人的开场发言称谓语由先到后的排列中，我们可以明白所有来宾之间的亲疏和上下等级关系。领导居于称谓的首位，表明其身份和地位是所有人中最高的；而海外嘉宾和国内的专家学者，也许本无身份和地位的差别，但是共同参加在中国举办的学术研讨会，他们之间存在客主之间的亲疏关系，而在中国人的传统文化里，对客人应表示尊重，所以称谓排序应该在主人之前，这和亲戚关系中的称谓以疏者为尊的称谓原则差不多。而专家相对于普通老师，老师相对于学生，自然也是存在身份和地位高低关系的。如果在言语交际中使用的称谓言辞不准确、不恰当，就说明对某种关系的认知和把握存在偏差，无异于给他人提供信息误导，同时也是称谓使用者对社会关系缺乏基本认知、社会文化素养较低，以及对"恰当称谓"言辞存在认知盲区的一种表现。

丘明到新单位上班之后不到一年，得知他的同事工资比他高了差不多两倍，心里开始不平衡，于是，他学着同事的说话口吻打电话给董事长："七斗张董，我最近得知同事高欣的工资比我高了很多，我们的工作任务却差不多，你应该也可以考虑一下给我加薪的问题吧。"

董事长回复他："这个问题，没你想得那么简单吧，你先去了解清楚一下吧。我还有别的事要处理。"

且不说上述丘明请求老板加薪的电话中用"你应该"的命令式语气，显示出丘明不懂得董事长和自己乃上下等级关系的妄自尊大，他学着同事依样画葫芦式称呼老板"七斗张董"的言辞也是很不得体的。他和董事长有那么熟吗？就那么毫无顾忌地叫人家的绰号，难怪董事长表面上对他不说什么，但心中不悦的情绪从当时的回复中已经隐隐流露出来了。究其实，正是因为丘明对新单位人际关系作出错误判断，才会打如此不得体的电话，不仅会直接影响沟通任务的有效完成，而且会给他人留下"摆不正自己身份""不谙世事的局外人"或"不知自己是谁"的恶劣印象。

人们为了获得物质资料和满足自身精神文化生活的需要，必须置身于各种各样的社会关系中。随着个体年龄的增长和自我的努力以及个人价值的不断实现，涉身其中的人与人的社会关系也会不断发生变化。社会关系发生变化，称谓言辞也需要随之变化。反之亦然，称谓言辞发生变化，意味着人们的社会关系也发生了变化。当社会关系发生变化时，交际主体不能敏锐感知并捕捉到这种变化，还是沿用之前的称谓言辞，可能会产生因称呼不合适而让身份地位高的听话者觉得被冒犯而难以接受的后果，最后造成"祸从口出"的人生悲剧。民间故事中流传着明太祖朱元璋两个穷朋友的交际故事：

朱元璋做了皇帝，一个从前的穷朋友跑到朝廷去拜见他。见面的时候，对朱元璋说："我主万岁！当年徽州随驾扫荡庐州府，打破罐头城，汤元帅在逃，拿住豆将军，红孩儿当关，多亏菜将军。"朱元璋听着高兴，也隐约记起他的话里包含了一些从前的事情，就立刻封他为御林军总管。另一个当年的穷朋友得知这一消息，也跑去求见，见了面就对朱元璋说："我主万岁！还记得吗？从前，你我都替人家放牛。有一天，我们在芦花荡里，把偷了的豆子放在瓦罐里煮。还没等煮熟，大家都抢着吃，把罐子打破了，撒了一地的豆子，汤都泼在泥地里。你只顾在地上抢豆子吃，却不小心连红草叶子也送进嘴里，叶子梗在喉咙里，苦得你哭笑不得，还是我出的主意，叫你用青菜叶子放在手上一起吞下去，才把红草叶子带到肚子里去。"朱元璋还没听完，就下令："推出去斩了！"[①]

朱元璋的两个穷朋友在回忆童年往事时运用了不同的称谓言辞。前者注意到小时候的同伴朱元璋当上皇帝后和自己关系的变化，因而回忆往事时用臣对君的极尽谦恭的称谓，以表达对皇帝的恭敬，因而得到了朱元璋的重用；后者则不懂两人的地位和关系已经有了天壤之别，虽然在开始时礼节性地以"我主万岁"开了头，但是后面的言辞却又死脑筋地在回忆性的话语中不断用不带尊重的"你我"称谓，提及朱元璋童年不过一个放牛娃的尴尬出身，触犯了皇帝威严，于是皇帝大发雷霆，自己也因此丢了性命。

### 三、避免触犯"称谓"禁忌，维护和谐稳定

称谓不恰当，发生在一些身份和地位差不多的或者比自己低的人身上，如果他人不计较，影响不会很大。但如果是地位高的人，人家又不肯放过你，这时候吃亏的就是你自己了。如果在等级森严的封建旧社会，因随意使用称谓言辞得罪了居高位的人，会惹来大祸。

相比私人场合中的称呼语来说，在公众场合，特别是面向全国乃至全世界的新闻报道或媒体稿件中使用正确的称呼语就显得尤为重要。因为其代表的不再是个人心声，反映的也不是个人的道德素质和礼貌问题。它涉及的是国家声音、所有国人的集体立场，以及国家在国际舞台上的正当合理的利益诉求，彰显的是对世界和平与人类发展的不懈努力和执着向往，同时表征着对国家传统民族文化深厚底蕴的传承和发扬。

因此，新华社专门发文规定了媒体报道中的五类禁用词。其中包括时政和社会生

---

① 薛可，余明阳. 人际传播学 [M]. 上海：同济大学出版社，2007：273 - 274.

活类、法律法规类、民族宗教类、港澳台和领土主权类、国际关系类等在内的禁用称谓。明文规定媒体报道中禁用那些具有歧视性、可能会影响社会和谐和世界和平的主观个人化的称谓语。比如有关社会生活类的禁用词就规定：对有身体伤疾的人士不使用"残废人""独眼龙""瞎子""聋子""傻子""呆子""弱智"等蔑称，而应使用"残疾人""盲人""聋人""智力障碍者"或"智障者"等词汇。此类禁用词规定：对文艺界人士，不使用"影帝""影后""巨星""天王"之类的词汇，一般可使用"著名演员""著名艺术家"等。这样的规定，就是试图通过禁止公共媒体使用歧视或拔高性称呼语传播强弱二元对立的传统思维模式或有意无意的个人中心主义，表达对弱势群体的尊重，目的是弘扬人人平等的社会主义核心价值观。

除此之外，法律法规类的禁用词规定：在新闻稿件中涉及如下对象时不宜公开报道其真实姓名：①犯罪嫌疑人家属；②涉及案件的未成年人；③涉及案件的妇女和儿童；④采用人工授精等辅助生育手段的孕、产妇；⑤严重传染病患者；⑥精神病患者；⑦被暴力胁迫卖淫的妇女；⑧艾滋病患者；⑨有吸毒史或被强制戒毒的人员。涉及这些人时，稿件可使用其真实姓氏加"某"字的指代，如"张某""李某"，不宜使用化名。这样的规定是为了最大限度地保护公民的个人隐私权。禁用词还规定：对刑事案件当事人，不使用"罪犯"，应使用"犯罪嫌疑人"，这主要是为了谨慎称呼，同时保护公民的名誉权。

有关民族宗教类的禁用词规定：对各民族，不得使用旧社会流传的带有侮辱性的称呼，如不能使用"回回""蛮子"等，而应使用"回族"等；也不能随意简称，如"蒙古族"不能简称为"蒙族"，"维吾尔族"不能简称为"维族"，"哈萨克族"不能简称为"哈萨"等。禁用词还规定：禁用口头语言或专业用语中含有民族名称的侮辱性说法，不得使用"蒙古大夫"来指代"庸医"，不得使用"蒙古人"来指代"先天愚型"等；同时规定少数民族支系、部落不能称为民族，只能称为"××人"，如"摩梭人""撒尼人""穿（川）青人"，不能称为"摩梭族""撒尼族""穿（川）青族""僜族"等。这些规定都是贯彻民族平等理念在交际活动中的体现。禁用上述称呼语就相当于禁止民族不平等意识在公共空间的传播和扩散，有利于维护各民族的共同繁荣和稳定。

同时，为了维护国家主权和领土完整，对某些特殊地区和地名的称谓也有严格规定：对和大陆隔海相望的"宝岛"和毗邻内地的两个"特别行政区"的称呼尤其需要注意，在任何文字、地图、图表中都要特别注意使用"省"或者"特别行政区"等正确的称谓；涉及对台法律事务，一律不使用"文书验证""司法协助""引渡"等国际法上的用语。此外，南沙群岛不得称为"斯普拉特利群岛"，钓鱼岛不能称为

"尖阁群岛"，严禁将新疆称为"东突厥斯坦"等。

此外，在有关国际关系方面，也有很多禁用词。比如某些国际组织的成员中，既包括一些既有国家，也包括一些地区。在涉及此类国际组织时，不得使用"成员国"，而应使用"成员"或"成员方"，如不能使用"世界贸易组织成员国""亚太经合组织成员国"，而应使用"世界贸易组织成员""世界贸易组织成员方""亚太经合组织成员""亚太经合组织成员经济体"（英文用 members）；不能将撒哈拉沙漠以南的地区称为"黑非洲"，而应称之为"撒哈拉沙漠以南的非洲"，等等。在国际事务或活动中禁用某些不准确、具有国别或民族歧视的称谓的举措，也体现了我国为维护世界和平、稳定发展的国际秩序作出的文化努力。

## 第二节 运用"恰当称谓"言辞技巧必须注意的几个要点

人们在交往活动中不能不运用称谓言辞。跟他人交流，难免跟各种不同的人打招呼，有时也需要指称包括说话对象或者跟其有关的某些人或某些事物。如前所述，使用恰当和准确的称谓，不仅作为一种交际礼仪而存在，而且体现着个人的文化素养、待人接物的风度和胸怀。为了确保称谓言辞的得体和有效，需要提前做很多功课，才能做到有备无患；同时也需要不拘一格，掌握某些技巧，在特定的交际情境下注意具体情况具体分析，灵活变通。下面逐一进行分析论述。

### 一、主动提前了解交际对象和称谓有关的具体情况

要做到使用恰当的称谓，必须做的首要功课就是在交际活动发生之前，针对不同交际情境需要，提前主动了解交际对象和称谓有关的具体情况。同时，还需强调的是，在私人沟通、聊天之类的场合和公众场合中的演讲或发言所需要提前了解的有关交际对象的情况也不一样。

先说日常私人交际活动之前需要了解的情况。比如，在跟他人进行私人会话或见面交流之前，你就有必要了解交谈对象的真实姓名、年龄、性别、婚姻状况，如果是职场中人，除了了解这些方面之外，还需要进一步明确他人的具体职位或职称；如果是亲戚关系，需要知道你和对方之间的辈分和亲疏关系。如果连这些基本情况都不了解，使用称谓言辞时就很难避免失礼或得罪对方等交际失误。

只有了解了上述情况，才能避免因误判而使用犯忌式称呼。比如在任何场合都忌

讳念错交际对象的姓或名字，如对方姓名中有多音字或生僻字，事先要有所准备，要在具体交际活动发生之前查阅字典，确保不念错。比如"谌（chén）""仇（qiú）""查（zhā）"等，如果是偶然相遇，不知姓名，就要当面请教，以免尴尬。如果对被称呼者的年纪、婚姻状况、职位职称情况、对方与自己和他人之间的上下等级关系，以及亲人之间的辈分关系作出错误的判断，根据错误判断擅自选用某种称呼，或是在没有明确对方真实情况的前提下随意选择称呼言辞，就会大煞风景，让人难以接受，取得交际成功的机会基本上就等于零了。比如，将未婚妇女称为"夫人"，就属于误判。已婚女性应被称呼为"夫人"，未婚者应被称为"姑娘"或"小姐"（"小姐"这个称呼还须注意某些地域的特殊所指，需要谨慎使用），而"女士"则不论女性婚否都可使用。此外，将一个不到20岁的姑娘叫作阿姨，或者将一个十七八岁的小伙子叫作大叔，都是很不合适的称呼，对方心里会很排斥或很反感。同样，将处长叫成科长，将正职叫成副职，将教授叫成讲师，对方也会不高兴。

初到梅州时，笔者刚刚20岁出头，到菜市场去买菜，那些四五十岁的菜贩就清一色"阿姨""阿姨"地叫我。我有时也会计较，反问一句："我什么时候变成你阿姨啦？"这样的言辞总是弄得场面很尴尬。

说来也怪，现在笔者50岁有余了，有时候出门买菜时，还会听到有人叫我"细妹"（意为"小妹"）。

不管是把人叫小或者把人叫大，都不正常或不合适，都会让人听起来很不舒服。

在商务场合中，还要尽量杜绝一些以自我为中心的称谓。把什么人都叫成老板，也是会贻笑大方的：

一位在大学工作的莫教授，因为想定制一款自己中意的乌金木实木床，于是找到一家网店老板。为方便双方沟通有关定制事宜，莫教授加了这位老板的微信。定制店老板一开始就说："老板贵姓？"莫教授："小姓莫，小民一个，非老板也。"老板："莫总，我明天发些图片你选选。"

定制店的老板就犯了以自我为中心的交际失误，不提前了解交谈对象，就自作主张称呼教授为"老板"，在莫教授纠正了一次之后，又改称"莫总"继续之前的错误，让教授听起来很不舒服。将"老板"的称呼用在生意人身上无可厚非，但用在教授身上就很滑稽，并且对客户以"老板"相称，还有彰显生意人的势利之嫌，或者暗示对方不应跟自己砍价等意思，无论是哪种，都只会给莫教授留下不适的第一印象。

接下来再说公众场合发言所需要提前准备和了解的有关情况。首先，必须对某次活动所涉及的所有参加者或与会者的身份和地位，进行从高到低的排序，同时必须知道主要领导的姓名、性别、年龄，对活动所涉主要人物的事迹，以及和活动议题或内容可能相关的某些人或事物的称谓也要事先了解，避免使用一些可能影响社会和谐的具有歧视或轻慢意味的称谓，如果是公务场合，还要留意不能使用那些可能隐含哥们义气或利益勾连意味的低级庸俗称谓。此外，某些特殊场合，还需要对于同一职位的参加者，根据姓氏笔画进行排序，对姓名用字读音没有把握的，必须事先查阅字典，在有必要提及参加者名字的时候，确保姓名不被念错。我们发现，即使是国内的一些著名媒体或栏目的主持人，有时也会念错他人的姓名，影响很不好。

总之，在某项具体的交际活动之前，必须事先了解有关称谓方面的情况。此外，媒体工作人员，还应该学习哪些是新华社规定的新闻报道中的禁用称谓言辞等。

## 二、注意称谓言辞的地域差异，须入乡随俗

在交际实践中，同样的称呼，在不同地域可能指涉不同的对象。同样的称谓，在国内或在国外，人们对其所指的认知也可能存在地区差异。因此，称谓语存在地域差异。比如某些对人的称呼，就具有地域差异。比如，北京人习惯称人为"师傅"，山东人爱称人为"伙计"。但是，在南方，往往是普通工人或者掌握某种专门技术、技能的人才被叫作"师傅"。比如，可以叫电子厂上班的工人作"师傅"，移动公司派来安装路由器的工作人员也可以被称作"师傅"，也可以称呼物流运输领域驾驶大卡车的司机为"师傅"，或者将门卫、保安、泥瓦匠等称呼为"师傅"，而"伙计"一般只用来称呼那些"年轻打工族"或者从事体力劳动的身份较低的人员。再如"同志"的称谓，在国内具有专门针对的指称对象，即具有共同思想信仰的各级领导和干部，一般只在公务场合或公众场合称呼彼此时用；而在国外，指称的也许就是具有共同志向或某方面追求的人，没有共同的信仰要求。

中外文化对某些称谓言辞有不同的理解，也可看作地域差异的表现。中国人称呼外国人的"老外"，本来是按照传统文化里的以老为尊的称谓原则使用的词语，可是外国人听起来会觉得很不舒服，原因是"老外"的字面意思是"年老的外来人"。同样，若是在英美等国家碰见老年女性，千万别叫人家"老奶奶"，因为外国人约定俗成的交际礼仪里有"避老就轻"的称谓原则，如果你不小心这样叫了，对方可能会装作没听见忽略你。如果你还一而再再而三、不识趣反复这样称呼，等待你的很可能是毫不客气的一句："我老关你什么事？"对方还可能会很不高兴地告诉你："我不叫老奶奶！"若是碰上一个情绪本来就不太好的人，她还可能很刻薄地对你说："哦，我什么时候收养了你这个孙子呀？"因此，遇到这种情形，叫泛称"女士"就不至于如此尴尬。同为"爱人"，国内用于指称具有合法夫妻关系的人，而外国人将"爱

人"理解为婚外的第三者"情人";"崽"在国内的某些农村地区是"孩子"的别称,在国外可能会被理解成动物的幼崽;还有"小鬼"在国人的心目中或是长辈对晚辈的爱称,或是异性情侣间的昵称,但是外国人可能只从字面意思上去理解,"小鬼"很有可能被理解成与"妖魔鬼怪"之类相关的不友好的蔑称。此外,日本人喜欢在名字后面加一个"君"字,如小野君、岗村君、叶冲君等。在对外交往中,称呼职位时,副职人员的"副"字也不得省略,否则会被外国人认为我们故意模糊事实,弄虚作假。

谈到称谓语的地域差异,还要注意国内城乡间的差异。现在城市的孩子,都是独生的多,因此,传统的家族亲属称呼好像都用不上了,不存在了。城市小孩面对的家庭成员基本上也就是爷爷奶奶、爸爸妈妈等少数几个人,对舅妈、姑妈、姨妈、表嫂、姑婆婆、姨外婆这些称呼似乎也没有概念了。见到男性叫"哥哥"或"叔叔",见到女性叫"姐姐"或"阿姨",人们也不太会介意。但如果家族庞大、成员复杂的,在回老家过年过节的特殊场合,还必须讲究入乡随俗,准确称呼。

前年刘璐和妹妹带着小外甥女回湖南老家过年。大年初三是亲戚们互相串门祝福的日子,刘璐妈妈的堂弟来了,刘璐妹妹叫小外甥女跟这位亲戚打招呼,想了半天,才理清辈分,说应该叫舅公公,刘璐妈妈纠正说:"不是舅公公,应该叫叔公公才对。"

后来刘璐妈妈解释说,外婆的亲弟弟,才能叫舅公公,但这个亲戚是外婆的堂弟,所以应该叫堂舅公或叔公公。

许勤一家三口回老家给老母亲操办八十岁寿宴,寿宴当天,所有的亲戚悉数到场,摆了20多桌酒席,许勤丈夫的堂妹见到许勤的儿子,说:"小伙子,一下长这么高了,还认识我吗?"许勤还在想该告诉儿子如何称呼这个堂妹的时候,儿子脱口而出:"小姨子。""小姨子是什么称呼,你爸妈没教过你吗?"许勤婆婆当时说这句话的时候脸色一下子由晴转阴了。

在中国的亲属称呼中,"小姨"专指妈妈的小妹,而"小姨子"则是丈夫用来指自己妻子的妹妹的。爸爸的堂妹应该叫"堂姑姑",或者可以和爸爸的亲妹妹共用一个称呼,叫"姑姑"也可以。

上面的例子告诉我们称呼应该注意入乡随俗。在交际活动发生之前,应对可能参加的亲戚朋友进行预估,并理清亲属和辈分关系,记住各种人的称呼。比如外婆的妹妹叫"姨外婆",爸爸的堂嫂叫"堂伯母",爸爸的小舅叫"小舅公",爸爸的外甥叫"表哥"或"表弟",爸爸的侄子叫"堂哥"或"堂弟",丈夫的弟弟叫"小叔子",妻子的弟弟叫"小舅子",妻子的爸爸叫"岳父"等。否则随便打招呼叫错人闹出笑话就很尴尬，招老人白眼也就不足为怪了。

　　此外，对家庭成员的称呼，不同地域也有各种不同的叫法。比如对丈夫的称呼，不同地域的叫法也不尽相同，城市中有人称"先生"，也有人直接叫"老公"，民间也有地方称"当家的""孩子他爸""我们家那口子""老头子""男人"等。对书面语中的"妻子"的称呼，在现代都市，一般人叫"爱人"，也有叫"伙计""搭档"的。有些人称妻子为"夫人"或"太太"，以彰显自己高等的身份地位。而在农村，有些地方称"老婆""娘儿们"或"婆娘"，陕北一带叫"婆姨"，南方一些地方如湖南娄底一带称"堂客"，在东北城乡和河南农村称妻子为"媳妇"，而湖南等地"媳妇"则指的是儿子的妻子。有些比较偏远的乡村则称"家里的""屋里人""做饭的"或"孩子他妈"。有些还直接称妻子为"我女人"等，而"爱人""老伴儿""我们家那口子"既可以是对丈夫的称呼，也可以用于称呼妻子。

　　在交际活动之前，需要入乡随俗地对这些具体称呼有大致的了解，否则难免闹出各种各样的笑话或产生误解。因而，如果说使用称谓有技巧，那就一定要注意不同国家、地域的文化差异，注意选择具体恰当的称谓言辞。

### 三、了解文言古语称谓，避免混淆

　　一个时代有一个时代的语言，称谓言辞也不例外。因此，我们使用称谓言辞的时候，要注意不要抓住那些过时的，特别是那些承载着封建等级制思维模式和腐朽落后思想的称谓语不放，比如"老爷""大人""奴家""贱妾""卑职""小的"等。但是，话又得说回来，虽然随着社会的进步，某些古代人常用的称谓中有很多被新的称谓所取代，但是称谓言辞作为传统文化心理意识的重要组成部分，其背后所蕴含的传统思想意识不会随着时代的前进而同步更新，所以，作为传统思想意识载体或外化的旧式称谓语有些在现当代仍然被部分人使用。特别是那些从旧时代走过来的老年人，或者那些崇尚传统文化的人，他们对传统文化的认同，也会导致一部分旧时的称谓语继续存留于他们的交际活动中。

　　假如我们需要与这部分人交流或沟通，就需要大致了解一些常用的古语称呼，才不至于捉襟见肘。诸如旧时古人对他人谦称自己的妻子为"拙荆""山荆""贱荆""贱内"等，而"内人""娘子"则是古人对自己妻子的通称。"糟糠"则用于称呼贫穷时共患难的妻子。过去对他人称自己的妻子，书面语为"内人""内助"。旧时称生意人的妻子为"内掌柜"或"内当家的"等。还有现代的岳父，旧时被称为"老泰山"，现代的丈夫古时称"相公"或"官人"，女婿叫"东床"等。再比如说对父亲的称呼，古语谦称自己的父亲叫"家父"，尊称对方的父亲叫"令尊"，古代、近代也有叫"爹"的，当今的大多数人称为"父亲"，一般直接叫"爸爸"。再比如古时对于自己的母亲谦称"家母"，对对方的母亲则敬称或尊称"令堂"，现当代的大多数人直接叫"妈妈"。古语谦称自己的儿子、女儿叫"犬子""小女"，而尊称对方的儿子、女儿叫"令郎""令媛"等。但是，在某些场合或者某些人的交际圈里，"家父""令尊""家母""令堂""令郎""令媛"这样的旧式称呼还没完全消失。假如我们不懂这些称呼的具体所指，就极有可能在大庭广众之下用错对象，轻则难堪，重则舆论哗然，要是在工作场合叫错，职业生涯也会受影响。来看下面的案例：

国内某电视台的一位著名主持人，在一次主持节目时，面对一位嘉宾，将对方的父亲称为"家父"。可是，主持人所在的节目组却辩称他们的主持人是"为了更好地与观众沟通"，说"从语言的角度来讲，'令尊'是在不太熟悉的时候用的，而为了拉近与被采访者之间的距离，更好地进行沟通，用'家父'也是可以的"，于是有观众讥讽道："再怎么拉近距离也不能乱认父亲呀，假如人家的'家父'是贼呢？"

在公众场合出现这样的错误本来也情有可原，承认有错并改正就可以了。可是节目组却要为自己的工作人员作如此滑稽和荒唐的辩解，这不是无知无畏又能作何解释呢？

要了解文言古语中的称谓，还必须知道我国古代对年龄、朋友关系、老百姓以及某些职业都有特定的称谓。

比如古人对于年龄一般不用表示实际岁数的数字相称，而是用一种与年龄有关的事物或行为来取代。比如用"垂髫"指幼年或是三四岁至七八岁年龄段的儿童（髫：古代儿童不束发；垂髫：儿童下垂的头发），用"总角"来指称幼年或是八九岁至十三四岁的少年（中国古时少儿男未冠，女未笄时将头发梳成两个发髻，如头顶两角，故称"总角"），用"豆蔻年华"指少女十三四岁左右（豆蔻是一种初夏开花的植物），用"及笄之年"代称女子年满十五岁（笄：束发用的簪子。旧时女子年满十五岁须把头发盘起来，戴上簪子），用"弱冠之年"指男子二十岁左右（冠：古代男子二十岁举行成人冠礼，戴上帽子，因二十岁时未及人生强盛的中壮年，故称"弱冠"），还有"而立之年"指人三十岁左右（指能独立并有所成就），"不惑之年"指人四十岁左右（不惑：待人处事不迷惑，较成熟），"知天命之年"指人五十岁左右（知天命：意味着懂得事物发展的客观规律，知其可为和不可为等），用"花甲之年"指人六十岁（古时用天干和地支错综搭配作为纪年，六十年为一花甲），用"古稀"指人七十岁（因古代医学落后，人们由于自然劳作等，一般很少有人年龄超过七十岁的，所以用古稀），用"耄耋"指八九十岁的老年人，用"期颐之年"指代百岁老人等。

古代对不同的朋友关系，也有相应的特定称谓。比如"总角之交"指称幼年就相识的朋友，"竹马之交"指从小一起长大的男女朋友，"金兰之交"指亲密无间、亲如手足的朋友，"贫贱之交"指贫贱时结交的朋友，"刎颈之交"指可以同生共死的朋友，"患难之交"指能共同面对艰难的朋友，"布衣之交"指以平民身份相交的朋友，"莫逆之交"指情投意合的朋友，"忘年交"指年龄相差悬殊的朋友，"君子之交"指坚持正义、不为私情的朋友，"神交"指未曾谋面、因性格相通而互生仰慕的朋友。

对老百姓和某些职业，古时也有很多不同的称谓，比如"布衣""平民""黎民""庶民""生民""苍生"等指普通大众或老百姓。职业类的特定称谓也有很多。比如"职业"本身古时称"行当"，那些会给人看病的人被称为"郎中"，做衣服的被称为"裁缝"，教书的被叫作"先生"，乐师被称作"师"，做饭菜的人被叫作"伙夫"，从事家具制作的被称为"木匠"，演艺人被员称作"优""伶"等。

在古代，等级森严的封建规范决定了那些下层民众是无法自由运用称谓言辞的。《红楼梦》的第十五回"王凤姐弄权铁槛寺，秦鲸卿得趣馒头庵"中，就有作为年长者的老尼对年轻凤姐恭敬有加的称呼：

老尼道："这点子事，在别人的跟前就忙的不知怎么样，若是奶奶的跟前，再添上些也不够奶奶一发挥的，只是俗语说的，'能者多劳'，太太因大小事见奶奶妥贴，越性都推给奶奶了，奶奶也要保重金体才是。"①

老尼年龄肯定要比王熙凤大，可是，老尼一句话里连用五次"奶奶"的称谓，以表示对王熙凤的恭敬和尊重，再加上一番赞美言辞，如春风拂面，使凤姐心生快意。

古代称谓言辞非常丰富，无法一一列举。由于社会发展，时过境迁，古代很多称谓已经消失，或者被新的称谓取代，但有的还在继续使用。因此，大可不必墨守成规，照搬照抄，或一知半解，乱用一气，那样只会哗众取宠，不伦不类，徒添笑料，毫无裨益。如果时间允许，浏览一下古代的各种称谓，了解并熟悉一下现当代还在沿用哪些古代称谓言辞，也很有必要，说不定什么时候就用得上。因此，知道这些称谓言辞或对其有所了解，可以备不时之需，避免闹出笑话。

---

① 曹雪芹，高鹗. 红楼梦 [M]. 长沙：岳麓书社，1987：104.

### 四、关系变化时注意征求对方意见，确定具体称呼

称呼的使用也不是一成不变的。随着对方职务的晋升，在公共场合或正式场合，我们需要使用"姓加对方的职务"这样的称呼，而在私人场合，则可以沿用之前的称呼比较能体现双方持续和稳固的情谊，有时立马改变称呼反而会让人感觉过于客套和生分，本来熟悉的关系再添陌生，反而弄巧成拙，得不偿失。试举几例：

新上任的文学院院长在新学期召开的第一次会议上，特别强调："大家不必立马改口称呼我为刘院长，还是继续叫我刘老师就好，这样，我会感觉更轻松随便，更能体现自我价值，也更自然亲切一些。"

刘院长之所以特别强调同事们对自己的称呼，应该是因为担心对职位的称呼可能会强化自己和同事们地位和等级的差别，进而拉开自己和同事们的距离，想在同事们中间留下一个平和的领导形象。

无独有偶，笔者之前很要好的一位同事，前两年也升了职，当上院长之后，笔者当时刚写完一篇文章，想请他过目一下，提提修改意见之后再投稿出去。于是把文章发给他的同时给他发短信：

"恭喜荣升院长，今后，我等就要在院长的带领下一起努力向前了。麻烦在百忙之中抽空帮我看看文章还有什么问题。谢谢！"

没想到，此信息发出后，院长回信说：

"以后还是叫我鸿祺吧，别的称呼怪怪的。文章我会帮你看。"

这番回复也表现了升职当上院长的同事不愿因为院长的称呼而疏远了之前的同事，因而才提醒笔者用之前的称呼就好。

还有一次，由于宿舍楼加装电梯的事，笔者加了同事张教授的微信，向他打听相关事宜，下面是当时的微信来往信息：

"张教授，请问有没有之前跟您联系过电梯加装事务的师傅的手机号或其他联系方式？"

"我找了很久，但是找不到了。不好意思。"

"谢谢张教授，有劳您了。我再找其他渠道打听一下。"

"不客气，廖老师。我们同事之间互称老师就可以，不用称教授了，太正式。老师更自然。"

上述案例中呈现的是交际对象职位晋升之后的称呼选择问题，或者是同事之间的具体称呼问题。但也不能一概而论，因为不同的人对自己地位和身份的自我认同不尽

相同，有些人觉得工作上的职位不应该成为影响自己和他人之前友情或私人关系的阻碍，就喜欢别人继续保持之前的称呼，而有些人需要从别人对他的称呼改变中找到自我价值认同感的满足。所以遇到这种情况，最好征求一下对方的意见，不要自作主张。毕竟，交际不是单方面的事。

谈到称呼更新和变换的问题，还需要提及的是社会成员之间、同事之间、朋友之间或者恋人之间，随着关系的升温，对对方的称呼也会随着亲密程度的变化而变化。一般遵循关系越疏远，称呼越正式，而关系越亲密，称呼则越随意的原则。《鲁迅全集》里记载了鲁迅和许广平的恋爱经历，鲁迅大多数时候称呼许广平为"广平兄"[1]，有时候也称其为"广平仁兄大人阁下，敬启者"[2]。1929年5月15日的信中鲁迅称其为"乖姑！小刺猬！"[3] 在鲁迅1929年6月1日的信中则包含"小莲蓬而小刺猬"[4]"哥姑""我的有莲子的小莲蓬"[5] 三种不同的称呼。

### 五、多人场合顾及对象身份，做到有礼有序

多人场合一般指重大会议场合和公众发言场合，发言人开篇必须使用针对所有听众或与会者的称呼。一般来说，在多人场合，如果在场者身份比较单一，发言人可以用针对这个群体的泛称来称呼，比如某教授在没有领导或同事在场时给大学生上课，称呼直接用"同学们"或者"大家"就可以。

如果与会人员复杂，既有不同身份地位的人，也有男性和女性，除此之外，还有不同年龄的人，或者存在上下级关系的人，我们就应遵循从高到低、从老到幼、从女到男、从疏到亲、从上到下这样的称呼次序。比如某位教授给学生上的是公开课，到场听课的不只有学生，还有外校的评估专家、学校教务处的领导或者别的同事，则应该遵循"专家—本校领导—老师—学生"的称呼顺序，用"各位专家，各位领导，各位老师，同学们好"的称呼就比较得体。再如某位行政部门的领导到一所大学里去演讲，他/她的称呼语就应该是"各位老师，同学们"，这里用的从高到低的泛称，仅用一两个称呼词，就包含了所有参加听讲的师生。假若是某部委的领导到粤港澳大湾区举办的某个经济或金融领域的高端论坛上发言，就应该用"同胞们，朋友们"，

① 鲁迅.两地书：二 [M]//鲁迅全集：第十一卷.北京：人民文学出版社，2005：13.
② 鲁迅.两地书：三四 [M]//鲁迅全集：第十一卷.北京：人民文学出版社，2005：101.
③ 鲁迅.290515 致许广平 [M]//鲁迅全集：第十二卷.北京：人民文学出版社，2005：163.
④ 鲁迅.290601 致许广平 [M]//鲁迅全集：第十二卷.北京：人民文学出版社，2005：182.
⑤ 鲁迅.290601 致许广平 [M]//鲁迅全集：第十二卷.北京：人民文学出版社，2005：184.

或者"女士们，先生们"等称呼，这些称呼也可以涵盖所有在场的与会者。

此外，在一些涉及特殊内容和议题的专门会议上，要使用特殊或者专门的称呼言辞。比如，在各级人大会议或代表会议之类的特别会议上，一般使用"同志们""代表们，委员们""各位同仁""各位同事"等特殊的具有规范性的称呼。

而在一些专业性、学术性较强的会议上，有时还要增加对特定人群的称呼语。比如某人要在有关鲁迅研究的国际学术会议的开幕式上发言，使用的称呼语就应该是"各位领导，各位嘉宾，各位专家学者，女士们，先生们，朋友们"，在普通的称呼语中加入专门针对参会嘉宾、专家学者的称呼用来向他们问好致意，既可以表示发言者对他们的尊重，也体现出发言者对研究型学术会议性质的理解。

如果在某个多人参与的场合，需要用到称呼的时候，必须记住：身份从高到低的称呼次序原则是必须优先考虑的。对所有人的称呼，往往也是按照职位（身份或地位）高低来确定称呼的次序，职位高的参会者在前，职位较低的参会者在后，具体称呼一般是在对方姓名（或只用姓）后面加上职务的组合来称呼，如"××书记""××市长""××处长""××主任"。这就是一种体现由高到低的称呼次序的称呼法。这一原则同样可以运用在上面提到的概括性称呼上，比如称呼"老师们、同学们"等。如果某个场合中身份高低原则、性别原则、老幼原则、上下级原则等发生冲突时，也应以身份从高到低排列为优先考虑，然后明确各方的先后次序进行称呼。比如某次会议上，既有省级领导（刘书记，男性）参加，又有县级领导（吴县长，女性）参加，这时就应该按照"刘书记，吴县长"的次序称呼。

如果职位相同，可以按照女士优先的原则称呼到场者，"女士们，先生们，朋友们"这一称呼就是按照这一原则排序的。称呼某些拥有副职的领导干部时，出于尊敬，很多场合可以将副职领导职务前面的"副"字去掉，比如将齐副市长称为"齐市长"、刘副校长称为"刘校长"等。但在某些有着严明纪律和称谓规范、正副职同时在场或涉外交际等特殊场合，对副职的称呼一定要带上"副"字，把副职当作正职称呼，或者违背规范或者容易让正职不满、副职尴尬，是不可以、不合适的。

有时为了显示平等亲近的干群关系，在大家彼此都熟悉的情况下，可以省略领导的"姓"，只称其"名"加具体职务，如电视连续剧《人民的名义》中的人物多次将李达康书记称呼为"达康书记"等。有时，在非正式的交际情境中，也可以使用"姓氏加职务称谓的第一个字"来称呼，如用"秦院"来简称秦院长，用"李处"来简称李处长，用"刘所"来简称刘所长，用"高队"来简称高队长等。不过，这样的称呼一般不用在比较正式的场合。还需要注意的是，如果对方的姓和职务连在一起念起来和某些粗俗的、含有不祥之意的名词或术语谐音，就要尽量避免上述的职务简称，换用"姓＋职务"的全称。比如伊姓的人当院长就不适合被简称为伊院（与"医院"谐音，包含与疾病等相关的不祥之意），狄姓的人是刑警队队长也不宜被简称为"狄队"（因其跟"敌对"同音）。

在有关家族亲属聚会的多人场合，称呼也应遵循先疏后亲的次序。因为不熟悉的人恰恰是最需要我们关切、表示友好、善意和客套的人。而熟人或关系很亲密的人，对彼此的称呼不会那么计较，相对来说更加随意。看下面的案例：

刘新红带着她的丈夫秦越和孩子秦天赐，到乡下老家去看望自己生病的老父亲，了解病情后，她想把父亲接到自己所在的城市疗养院休养一段时间。于是她想先征求一下亲戚们的意见，就在家人群里发了一则消息：姑爹，姑姑，婶婶，叔叔，老妈，秦越，天赐，你们好，我想让老爸跟我们到城里去住一段时间，疗养疗养身体，你们意下如何？

刘新红的称呼先从家人群中较为疏远的姑爹、姑姑开始，接着是婶婶、叔叔，最后才是跟自己关系比较亲密的老妈、丈夫以及孩子，先疏后亲，符合多成员在场的亲属称呼次序，非常得体和有礼。

## 六、切记某些称谓须慎用和禁用

称谓言辞在具体运用时，除了上述各方面之外，还须注意一点：要尽量避开或慎用某些称呼，切记那些禁用称呼。需要慎重的称谓包括对方全名、那些与人的生理缺陷或者低劣道德品质有关的绰号或外号、儿时取的乳名或小名等。要避免使用的主要指那些"大不敬"或者"目中无人"的侮辱性和歧视性称谓。

一般说来，直呼其名是需要忌讳的。对领导、长辈、客人直呼其名都是不可以的。在正式场合即使是自己的亲人或非常熟悉的人也最好不要直呼其名。因为在中国的传统称呼礼仪里，直呼其名只有位高者或者年长者才可以使用。如果位低者或年少者称呼位高者或年长者就有以下犯上的嫌疑。同时，一个人的姓名，和与生俱来的身体一样，不仅是生命和思想灵魂的载体，而且代表着家族血缘谱系的传承，是身份和地位的象征，同时作为个体尊严、荣誉、成就等的标志而存在。因而，直呼其名，很容易被等同于无视和冒犯名字背后的文化、等级秩序或者侵犯他人的权利。因此，不管是在日常场合、公共场合，抑或商务、外交场合，对不熟悉的陌生人或者刚认识的人不要直呼其姓名，可以在姓氏后加"先生""女士"这样的泛称。应该注意根据具体的交际情境作出综合评估，再选择恰当的具体称谓。具有特定头衔或拥有令人尊重的职业的人物，如校长、大使、市长、老师等，为表示尊重，应在其头衔前加姓氏称呼。诸如"老师，我的论文您看完了吗"抑或"市长，今天您别忘了下午三点会议室开会"这些言辞中的"老师""市长"这一类的称呼都是不恰当的称呼，将普泛性的职业或职位用来称呼自己的老师或上级，无疑是不合适的。在某些大学校园里，这种现象很普遍，应该将其纠正过来。

绰号也被叫作外号，一般是根据某人的形貌特征或性格特征命名的称谓。有些人也会给自己起个绰号。嬉笑怒骂、丰富多彩、不拘一格的绰号，有时能够使平淡的称呼变得妙趣横生、幽默诙谐，凸显人物的个性化特征。但有些专门针对形貌缺陷或人格品性缺失而取的绰号，或者跟姓名同音的具有"缺失"或"不吉"等意涵的外号，如"黑皮""麻子""铁公鸡""四眼狗""黑娃儿""黑臀""输完"之类，或者跟姓名同音或谐音的具有"不洁"禁忌的"牛粪"（刘奋）等绰号，如果当着人家的面一而再再而三地叫，则会触犯人家的某种心理禁忌，有讽刺和羞辱之嫌，容易引发双方关系的紧张或对抗，导致严重的交际失误。《三国演义》里，刘备称吕布为"三姓家奴"，而吕布反唇相讥刘备是"大耳贼"，双方都很没面子。

"小名"，也被叫作乳名，指人在孩童时期父母或家人为其取的名字。小名作为一种民间习俗，或者是命名者借用身边周围的山水、花鸟、虫鱼、走兽之名，信手拈来，易叫便记。诸如"胖虎"之类，郭沫若小名"文豹"等；或者根据在家中排行或出于迷信有意命名的，像"阿三阿四""阿猫狗蛋""铁柱""狗剩""二狗子""羊咩咩"之类，兼有可爱，又含卑贱、易"养活"之意；或者图个吉祥，如"喜宝、财福、禄儿"等。"小名"一般只是人未成年之前在家庭和亲朋好友之间的小圈子使用。因为小名包含上述或随意或迷信或粗俗的特点，难登大雅之堂，所以言语交际中便有"小名禁忌"。因而，未经对方同意，随意喊人家小名，就是犯忌，可能招致不可逆的后果。《三国演义》中就有一个典型的因为随意喊人小名而小命不保的案例：

许攸，本为袁绍帐下谋士。官渡之战时，其家人因犯法而被收捕。许攸因此弃袁投曹，并为曹操设下偷袭袁绍军屯粮之所乌巢的计策，官渡之战袁绍因此大败。建安九年（204年），曹操攻破邺城，占领冀州，许攸本是功臣，但攸自恃功高，目无主公，竟然在大庭广众之中，直呼曹操小名，说："阿瞒，没有我，你得不到冀州。"曹操表面上肯定其言语，但从此心生不悦和排斥。许攸后来被曹操旗下赤胆忠心的大将许褚所杀。

许攸虽然胸有谋略，也为曹操立下了汗马功劳，但是因为不懂称谓禁忌，在公众场合喊曹操小名，无异于以下犯上，落得个惨死的悲剧下场。

不仅古代的谋士许攸因喊人小名导致悲剧，当今社会，还时有相同或相似的悲剧发生：

　　大众网新闻报道，2015 年 11 月 6 日上午，山东某镇，侄子辈的小张在电话中喊叔叔辈的老张的小名取乐，惹得老张勃然大怒，即使侄子再三解释当时叫小名只是在"开玩笑"，老张也不依不饶，最后趁小张到镇上赶集时对小张又骂又打，将侄子辈的小张肋骨打断六根，构成轻伤一级。在小张治疗完毕后，办案民警在查清事实的基础上，反复进行了调解，双方达成谅解，老张赔付小张医药费、误工费、营养费等共计 4 万元。①

　　另外，某些包含曲意逢迎意味的赞美式称呼也要慎用。比如有些人习惯看见女性就叫"美女"，不论年龄，也不论是否真的长得漂亮。虽然在说话者心里，不过是客套语，无嘲讽之意，没必要小题大做。但是，如果不顾年龄和对方外表的实际情况，一律以"美女"相称，不仅庸俗可恶，而且遭人嫌弃。现实中就有因导购员随意称呼"美女"而遭顾客诟病的真实案例：

　　一天上午，王女士到市内一大型购物中心购物，来到一个卖运动鞋的专柜前，导购员热情地跟她打招呼："美女，看上了哪双鞋子，可以试试。"话音刚落，旁边几个正在挑鞋的男性顾客便用诡异的目光扫视着王女士。自知相貌平平的她觉得很不是滋味，赶紧移开了自己的目光，当导购员向她推荐鞋子时，又说："美女，试试这双如何？"王女士气愤地扔下一句："你们除了美女就不会别的称呼了吗？"说完，头也不回扬长而去。

　　"我长得很普通，可服务员不看对象，称我美女，正巧被旁边男士听到，当他们用异样的目光盯着我看时，我心里就特别不舒服。我知道，导购员那样称呼顾客没有恶意，她们只是为了招揽顾客，但是，'美女'这个称呼出现在当时那种情境中，在我听来，无异于一种嘲讽，且明显给我带来了困扰。这种虚伪逢迎式的称呼该注意改了。"事后，王女士说出了她当时的心理感受。

　　除了上述情况之外，其他明显具有忽视、轻蔑、歧视、侮辱性或者把玩类的物化称谓，以及拉帮结派、低级庸俗的江湖类称谓，或者任何不顾对象接受心理自我随意取用的称谓，也要尽量禁用和避免。忽视性的称谓语一般指用符号、数字或字母称呼他人如"小 A""小二""牛老三"之类的称谓。蔑称如"残废人""聋子""哑巴""瘸子"等。歧视性和辱骂性称谓如"猪脑袋""傻子""瘪三""老不死的""臭不要脸的""赖皮""傻蛋""嘴上没毛的"等。男女之间在关系不怎么亲密的时候应

　　① 邓梦娇，庞尊见．因被喊小名伤自尊　临沭一男子被打断六根肋骨［N/OL］．（2015 - 10 - 12）［2023 - 03 - 26］．http：//linyi. dzwww. com/lysh/201512/t20151210_13482648. htm.

避免如"我的小花猫""小松鼠""小白鸽"等把玩类的物化称谓。公务场合应避免使用旧社会具有拉帮结派色彩的称呼如"弟兄们""老大""大哥""兄弟""总管""老板""老总"等，以及江湖黑话称谓如"空子"（外行人）、"总瓢把子"（江湖老大）等。

## 七、注意称谓与无声语言的配合使用

称谓言辞的使用要取得正向的积极效果，还必须注意跟无声语言配合。我们知道，无声语言，是指人际交往中用来传情达意的有声语言之外的仪容仪表、动作姿态、目光神情、手势等身体语言。作为言语交际中不可或缺的交际元素，无声语言是有声语言交际的必要补充和重要辅助手段，不仅可以表达某些不宜直接用言语表达出来的内涵或意思，同时，无声语言还能强化说话人的某种情感和态度。因而，恰当的称谓言辞技巧，在具体的交际情境中，要注意搭配合适得体的无声语言。

比如一个重要国际会议的发言人，在说出"各位领导，各位来宾，女士们，先生们，朋友们，大家好"之后，是以亲切的目光扫视全场一周还是马上低下头念稿子，给观众的体验就很不一样。通过目光扫视全场一周这一动作，就增加了说话人对有声称谓中包含的所有对象即活动或会议全部参与者的关注度，而没有这样的目光语言，可能就会给人一种称呼只是流于客套式的应付或止于礼节性的照本宣科，既不真实自然，也缺乏感染力。再比如一个董事长穿着平时的商务休闲服，敞开前胸不扣扣子，为一次有各级中外领导和教授参加的高层研讨会致欢迎辞，当他念出"尊敬的各位领导"时，领导也会觉得他的穿着太随意，跟"尊敬的某某"称谓形成强烈的反差，甚至怀疑他是因为心里对此次活动有抵触才这样穿。

称谓语都是在特定交际情境下对某些人或事物的指称。如果记者在采访一个乡村老人结束时说"刘老好，祝您寿比南山！我们下次再见！"，同时面带微笑并一步一回头地张望老人，老人会觉得记者对他关怀备至，从而依依不舍、心生感动。

一个开着宝马车的司机，进小区时不减车速，差点就撞到保安身上，保安侧了一下身，差点摔倒在水泥地上。这时，车才停下来，保安追上去一边使劲捶打车门，一边说："你开个车就了不起了吗？"然后车上的司机顺手将车门打开，用手指着保安的脸说："你一个看门的，就了不起了吗？"后来两人发展到互相对骂，大打出手。路人看见打110报警，警察来了才算了结。

上述司机和保安互不相让，对对方的称谓也语带蔑视，缺乏尊重。更要紧的是，伴随着蔑视称谓的，还有更无礼的指手画脚等无声语言，无疑强化了双方的对立、冲突和紧张关系。

　　一位刚到公司入职的小刘，被安排到行政办做秘书。有一天，他拿着文件去找领导签字，领导正在用手机跟他人交代事情，于是，小刘用很低的声音面无表情地对领导说："领导您好，有份文件要请您签一下字。"然后，他转身就走了。后来领导跟行政办主任说："秘书小刘是不是性格有些内向，办事比较拘谨呢？"

　　跟领导打招呼时，不仅要注意眼神、表情，而且声音语调、语气以及动作都要特别小心和留意。这个案例中的小刘，就因为称呼时的面无表情和过低的声调而被领导视为性格内向和过于拘谨，可能领导还会觉得他很没礼貌，只是没有明说而已。遇上领导正好在跟他人交代事情的具体情境，小刘就不会在办公室等领导交代完事情再跟领导面带笑容、声调适中地提签字的事吗？同理，他也不能点头哈腰拿着瓜子水果去领导办公室坐着，试图和领导闲聊，过于随便、放肆或过于热情，又会被认为是目无领导或伺机投机钻营的势利小人，一样不可取。

　　异性朋友初次相见，也可以在选择恰当称谓的同时辅以得体的无声语言。因为无声语言就像名片一样，是彰显个人魅力的重要交际手段。

　　某电子厂的销售经理倩倩经人介绍得到了某公司副总杨某的联系方式，一天晚上，两人相约一起喝咖啡。见面后，杨某一边说"大美人，今天终于约着你了！"，一边率先伸出手来和倩倩相握，握了半天才松开。坐下来后，咖啡还没端上来，杨某的一双眼睛老是盯着倩倩上上下下地打量，弄得倩倩很不自在，她只好找了个借口说："谢谢您的邀请，我忘了，我奶奶有点不舒服，我还要给她买药送回去呢。我先走了。"

　　"大美人"的见面称谓，搭配上"半天不松开的手"和"一双上上下下盯着人打量的眼睛"这样的无声语言，会给人留下什么样的第一印象呢？女性肯定是避之唯恐不及的。

　　向比自己年轻的人或小朋友打招呼时也要注意态度要亲切和慈爱，也可以辅以得体的无声语言表达出自己对他们的喜爱和称赞：

　　张姐在下楼时刚好碰到住在她楼上的刘玫带着女儿回家。刘玫见到张姐立即对女儿说："快叫'张阿姨好'。"女儿连忙学着妈妈说："张阿姨好。"张姐也立即回应说："我们的小天使放学啦！"说完，张姐摸了摸刘玫女儿的头。

　　和睦的邻里关系就是通过双方这样妥当的称谓细节体现的：一方对另一方打招呼表示尊敬，而另一方回以亲切的关怀和赞美式的称呼并辅以抚头的慈爱举动。

### 八、打破惯例，特殊称谓需要特别讲究

纵观社会交际实践，我们发现，称谓有时候是约定俗成的，但有时候也不是一成不变的。为了达到某种特别效果，或者表达说话人的某些情感态度，有时也可打破称谓惯例，对某些特殊人群，在某种特殊关系下可以使用特殊称谓。

特殊称谓，是指在特定的交际情境中遇到特殊情况，或者跟交际惯例发生冲突的情况下，需要特殊变通处理或者某些需要特别注意的称谓。

我们在交际实践中，通常会遇到一些有关称谓的问题不知如何处理。比如在职场偶然遇到一些我们不知道职位又无从打听或了解情况的人，又有称谓需要，这时我们可以选择以"老师"相称，或者估计对方的年龄以辈分相称也可以。比如：

在大学校园里，一名学生去行政楼申请有关复学的事，跑到教务处，不知签字的领导是什么职位，于是，他就说：

"各位老师好，我要办理复学申请，请问应找哪位领导签名盖章呢？"

古语说："三人行，必有我师焉。""老师"是对他人的尊称，将人称为"老师"总不至于离谱到哪里去。

还有一种情况，如果企事业单位的领导（董事、总经理之类）或者既是外国领导人又兼有"博士""教授"等学位或职称的人士，即使是总裁、董事或者国务卿，也可以用姓氏加"博士""教授"等称呼，比如"基辛格博士"。

有时候，一个人可能同时身兼不同的角色身份需要跟某个特定的人交际，这时，我们就可以按照这样的原则进行称呼：那就是在公共场合以公共性的社会角色身份称呼，而在私人或家庭场合用亲情关系中的辈分角色称呼。换句话说，如果当我们在交际时发现某个人既是我们的亲人，同时又是我们的领导、上司、老板或师傅，那就需要根据具体场合具体选择相应的称呼。我们来看下面的例子：

陆修远的亲哥哥陆修齐是他高中三年级的班主任老师兼数学任课老师，一天，陆修远跑到办公室去交作业，正好看到哥哥也在。于是，他就忍不住跟哥哥打了一声招呼："哥，你这个周末回家吗？"陆修齐后来交代陆修远，说："以后在办公室当着其他老师的面，还是不要叫我哥，要叫陆老师。"

正如陆修齐老师说的，亲人之间的称呼不适合用在没必要强调亲情的非家庭场合。

有时，恰当的称谓使用还须打破常规或惯例。比如按照惯例，"先生"这样的称

呼是针对男性的，但是假如我们留心观察交际实践，会发现也有例外。比如电视剧《破晓东方》里，称呼"宋庆龄"时，就用"宋庆龄先生"而不用"宋庆龄女士"。这其实是由传统性别文化成规和生活现实共同影响而使用的一种特殊称呼。在中国现实社会的发展实践中，宋庆龄虽然身为女性，但是，她为中国人民的解放事业，为妇女儿童的卫生保健和文化教育福利事业，为祖国统一大业，以及保卫世界和平、促进人类的进步事业做出了不可磨灭的特殊贡献。人们为了表示对她的敬重，称呼她为"先生"。因此，称呼"女性"为先生是特定的尊称。近代和当代能够被称为"女先生"的多半都是德高望重的女性，或是有突出贡献的妇女。如宋庆龄先生、冰心先生、杨绛先生等。有时候"先生"也被引申为对人的一种尊称，可以用来称呼男性，也可用来称呼女性。如周恩来在给邹韬奋夫人沈粹缜的慰问信中就称呼其为"粹缜先生"。

此外，做学问的知识分子之间，也有称女性为"兄"的情况。兄，本意指哥哥。兄弟之间年龄较长的一个，也被叫作大哥、兄长。在关系较为密切的人们之间，表达互相尊重也可用这个词，比如，仁兄、学兄、……有时甚至直接称"某某兄"，如此高雅的称呼显然打破了通常在其字面意义上"兄=哥哥"的称谓惯例。

古时同科进士中年龄相差悬殊的现象时有发生，20岁出头的年轻后生和年过半百的中年男子同出一门，年龄相差再大，也只能以"兄弟"相称。此外，普通长者也可以"某某兄"称呼年轻同门后学，以示亲切。鲁迅在跟许广平的信中就经常用"广平兄"的称谓。鲁迅还特意跟许广平解释过这个"兄"字："这是我自己制定，沿用下来的例子，就是：旧日或近来所识的朋友，旧同学而至今还在来往的，直接听讲的学生，写信的时候我都称'兄'……总之我这'兄'字的意思，不过比直呼其名略胜一筹，并不如许叔重先生所说，真含有'老哥'的意义。"[①]

有时候，交际活动中，双方谈话内容还可能指涉与双方无关，也与第三方无关的某一类特殊群体或特殊人群。我们姑且把对这一类人或群体的称谓也叫作特定称谓。这方面的特定称谓往往还要注意本民族的文化规范、核心价值观等对言语交际中称谓言辞的潜在规约问题，也不可随意胡乱称呼。

而且，这种特定称谓如果使用失误，影响会比普通日常交往中可能发生的称谓失误更为严重。比如，主持人面对广大观众针对某一个人或一类人的称呼、记者在新闻发布会上对某些群体的称呼等。称谓不只包括对交际双方个体的称呼，有时候还包括

---

① 鲁迅.250318致许广平［M］//鲁迅全集：第十一卷.北京：人民文学出版社，2005：465.

对某些群体或集体的指称。我国公众场合的某些特定称呼还要符合社会主义核心价值观的潜在要求。

某个周末，在小张初中同学的微信群里，生活在省城的小张谈到他暑假回老家的感受时说："如今的小山村，青壮年男劳力都进城打工了，留下的几乎全是'386199'。"

"386199"，是对农村留守群体的数字化称呼，严格说来，这种特殊的数字化称呼带有对被称呼对象不尊重的意味，不符合追求平等的社会主义核心价值观的潜在要求。我们在言语交际实践中要尽量避免。所以在使用类似这样的称谓时，尤其应该小心谨慎。

此外，在某些面向全国观众的综艺节目中，有时候，主持人也要注意对某些人的准确称谓，来看下面的例子：

在某卫视一档名叫"国学小名士"的综艺节目中，当主持人看到舞台上一个来自畲族的小姑娘穿着畲族服装小凤装出场时，出于对这种少数民族服装的欣赏，他就脱口而出"你们畲族的服装很美！真的是太美了"。

"你们畲族"的称谓，从严格意义上来说，也是错误的，用得不太合适，因为其不符合我们国家提倡的各民族平等追求和谐的社会主义核心价值观的潜在要求和话语规范。"我们都有一个家，名字叫中国"，说明不论是汉族，还是少数民族，都是一个大家庭中的组成部分，不应该分"你们"和"我们"，特别是在以弘扬国学为主题的节目中，主持人说话时就应该更加注意这方面的问题。

# 本章结语

交际实践中，关于称谓言辞的技巧，会随着社会的发展，而不断丰富和完善，不过，掌握了本书提及的要点，基本上可以应对多数交际情境中可能出现的有关问题了。

# 第三章　见什么人说什么话

言语交际在任何时候都不是交际一方的事情，它指涉的是说话者和听话者双方的各种情形。从严格意义上来说，交际双方都是交际的主体，都会左右着交际实践的成功或失败。所以言语交际不能不考虑对象，要改变把交际对象仅仅视为对象的错误观念；要树立起对象也是主体的意识。因此，言语交际需要掌握的另一重要技巧就是"见什么人说什么话"。

## 第一节　"见什么人说什么话"言辞技巧的重要性

跟他人交流和沟通，无法回避的就是交际对象。因而，"见什么人说什么话"，是我们与他人进行沟通时有必要重点掌握的交际技巧，是需要我们花时间和精力进行重点修习的一门特殊功课。之所以这么说，是因为如果真正做到了"见什么人说什么话"，既能彰显我们善解人意的一面，可以广交朋友，还能使我们办事左右逢源，提升效率，同时能避免祸从口出，远离人生悲剧。

### 一、彰显善解人意的一面，广交朋友

鬼谷子很早就在他的《权篇》中强调"见什么人说什么话"的原则："故与智者言，依于博；与拙者言，依于辩；与辩者言，依于要；与贵者言，依于势；与富者言，依于高；与贫者言，依于利；与贱者言，依于谦；与勇者言，依于敢；与过者言，依于锐。"[①]

这段话就很明白地告诫我们与各种不同的人打交道时，不能信口开河，说话毫无顾忌，需要事先权衡利弊，见什么人说什么话。与聪明的人说话，宜展示广博的学识；与笨拙的人说话，要凭深刻的洞察和辨析能力；与善辩的人说话，要切中肯綮；

---

① 鬼谷子. 鬼谷子全集：三 [M]. 哈尔滨：北方文艺出版社，2016：744.

与地位高的人说话，讲究气宇轩昂；与富人说话，言辞要大气豪爽；与穷人说话，要动之以利；与地位低的人说话，要谦逊亲和；与勇敢的人说话，要力避怯懦；与有过失的人说话，必须敏锐地指出对方的错误。只有努力做到趋利避害，才能友好结交不同地位、不同经济状况、不同学识修养和不同性格特征的人。

这段话同时也特别强调了我们与各种不同的人说话，需要注意因人而异的重要性。我们每天都会遇见不同年龄、性别、心境的人，他们各自还会有不同的兴趣和爱好，不同的身体或性格方面的优势或缺陷。如果我们不懂得"见什么人说什么话"，遇见小孩，你跟他板起脸孔说大道理，他会觉得你很严肃古板，不想亲近你；遇见老人，你跟他嬉皮笑脸夸夸其谈，说一些他听不懂的网络流行用语，他会觉得你没大没小、没教养乱说话，不能包容和接纳你；遇见一个走路不利索的人，你一口一个"瘸子""瘸子"地叫着；遇见矮子你说短话，随意诅咒一个与你有过节的人，人家会因为你的侮辱或诅咒而倍加自卑和伤心，平添不满和怨愤，对你心生敌意；遇见一个急性子的人，你说话躲躲闪闪，半天说不到点子上，人家会找借口提前离开；遇见富人，你就讨好巴结无事献殷勤，人家会觉得你非奸即盗，对你敬而远之；遇见穷人，你跟他大谈高端奢侈品消费，他会打心眼里排斥和厌恶你……如果不懂得"见什么人说什么话"，你就会见什么人得罪什么人，把每一种关系都弄僵，最后一个朋友也没有，变成孤家寡人。

而懂得"见什么人说什么话"的人，首先是心地善良的人。遇见心境不好的人，他们会对对方表示出同情和体谅，成为对方的共情者；遇见有某些生理缺陷的人，他们会鼓舞对方战胜自我，给人以精神拯救的力量，成为对方的引路人；遇见身处逆境的人，他们会出言示好，给予安慰，或想方设法提供出路寻求力所能及的帮助，成为他人患难与共的良师益友；遇见心灵相通的人，他们会倍加珍惜，与之互相鼓励，令双方成为莫逆之交；看到他人取得成就或荣誉，他们会不吝赞美和褒扬；遇见家有喜事的人，他们会及时送上满满的温暖祝福。心地善良的人，因为善解人意，成为人们共同的朋友。

善解人意不只是一个针对女性性格的形容词。从交际学来看，善解人意是"见什么人说什么话"这一交际技巧的前提，也是识人说话的重要成果。

善解人意就是要有同情心。同情，在交际学上，不仅指传统意义上对境遇不好的人的一种居高临下的情感态度，也表示对他人感同身受的体谅，还对作为交际主体的个体提出了更高的要求，必须以一种平等的心态对待任何人。对境况不如自己的人，我们需要同情，尽量雪中送炭；对境况比我们好的人，我们也需要站在对方的角度，为其锦上添花。

因为有人的地方就有人情，就有世故，如果我们不下功夫去了解对方，也就无从了解人情。不去了解人情就信口开河，其本质就是以自我为中心。不懂得换位思考，将心比心，就容易有意无意地得罪和伤害他人。

交际的本质其实不是物质利益的交换，而是交心或交情。仅仅停留在物质利益交换的人际关系只能维持一时，难以长久。而如果能做到"见什么人说什么话"，就是以对方为中心的一种情感付出，会满足他人持久的心理需要，这也是一种回报可期的零成本投资。

古代著名的汉高祖刘邦，虽然出身贫寒，文化程度较低，但壮志凌云，而且很懂交际之道。他见到秦始皇巡游时前呼后拥、尊贵无比的场面时说的话是："嗟乎，大丈夫当如是也！"这言辞既低调地表明了对秦始皇的赞叹和欣赏，也表现出自己的鸿鹄之志。在以后的事业进取过程中，他也能以气吞万里如虎的磅礴气势、放眼天下的大格局，以及秉持互利共赢的原则经营人际关系。刘邦遇见对手时会授之以利，努力做"争取和改造"的加法，所以朋友越来越多，以至于对手都变成了同盟军，萧何、曹参、韩信和张良等良相猛将纷纷归附，刘邦最终成为汉朝的开国之君。而项羽虽然出身高贵，打了无数胜仗，但年轻气盛，有勇无谋。他在同样面对秦始皇威风凛凛的巡游场景时说的话却是"彼可取而代也"，极其狂妄，咄咄逼人。他不仅趾高气扬，不能谦虚低调，不能接受锦衣夜行，而且格局狭小，不能听取下属的建议，一意孤行，遇见对手时只会做简单而粗暴的"除之而后快"的减法，以至于最后众叛友离，树敌越来越多。最后项羽只能自刎乌江，结局惨淡。

人缘的好坏并不由一个人外在的身份地位的高低、内心的道德品质以及个人能力或性格等直接决定，甚至也不与他对别人的付出成正比关系，而主要跟他是否能懂得并灵活运用"见什么人说什么话"的交际技巧关系紧密。有的人说话不看对象，也不经大脑，没有口德，人见人厌；而有些人说话却能以对方为中心，对方喜欢什么就谈论什么，对方忌讳什么就避开什么，三思而后说，嘴下留情，因而人见人爱，成就好人缘。

见什么人说什么话，此乃做人必须学会的重要交际技巧。学会了这一技巧，我们就会心怀仁义，以美意赋言辞，用平等和尊重的态度对待世间各色人等和万事万物。那么，世界也会因为我们的美言和巧言而生出花朵，我们的人生之旅才会一路花香，满途灿烂，花的香甜也会濡染沁润我们周围的人和事，我们才会一路通途，一路收获，广结善缘。

## 二、办事左右逢源，提升效率

生活中，我们要实现自己的交际目标，达成自己的某些愿望，或者实现个人的发展和求得自我价值的社会认同，仅仅靠一己之力往往无济于事。这时，我们就需要求助于人。但他人又不是你肚子里的蛔虫，不可能对你的切肤之痛或燃眉之急感同身受；他人也不都是你的下属或员工，会对你言听计从；他人有他人的自我需求、权益主张，以及心理期待；他人更不是你的爱人或亲人，不会无条件地为你付出而不求回报。因而，我们要想办事能够成功，就必须跟他人合作。而合作的首要前提，就是取得他人的好感，或者能够跟他人利益共享，确保共赢。无论是赢得他人的好感，还是要跟他人利益共享，都不能以自我为中心，目中无人，自说自话。必须站在他人的立场上充分考量对方的心理需要或交往诉求，学会对什么人说什么话，尽量将心比心，体谅他人的心境，满足他人的需求。只有这样，双方才能达成一致，营造出一种相悦的交际气氛，才有合作共赢的交际前景，办起事来才有成功的可能。

我们要办成某件事，有时仅靠一个人或自己工作、生活圈内人的帮助还是不行。往往需要走访很多不同的职能部门，跟不同的人打交道，必须动用复杂的人际关系。而人际关系的维系就好比生产领域的产业链一样，连接着上游、中游和下游，要保障有效运营，就需要注重供应链各环节的精心投入，才能有可期待的终端产出。如果不懂得"见什么人说什么话"的交际技巧，就很可能得罪或伤害任意一个职能部门的办事人员。如果在任何一个链条或环节上出了纰漏，事情也许就卡在那里无法再继续进行下去，前期所作的努力，也会付诸东流，功亏一篑。因而，要想办事能够成功，我们需要尽可能多地学会与各种不同的人打交道，学会见什么人说什么话，行走世间，才能遇水架桥，逢山开路，才能够左右逢源、得心应手、提升效率。

我国的古人很早就懂得"见什么人说什么话"的技巧。春秋时期的孔子，跟上大夫说话时，和颜悦色又据理力争，能够清楚表达自己的观点；在与下大夫说话的时候，就侃侃而谈，自然亲切；在国君面前，就尊礼照规，小心谨慎，从容不迫。面对不同身份和地位的人说话，就运用不同的语气和态度。我国古代的策士谋臣就是一群懂得运用"见什么人说什么话"的交际技巧高效办事并取得成功的能人，他们为后人提供了经典的交际案例。鬼谷子的弟子苏秦游说列国，见什么君主就说什么话，先后说服燕文公、赵肃侯听从他关于合纵抗秦的策略，之后又说服齐、楚、韩、魏四国国君，使得六个弱小的国家合纵成为强大的军事联盟，共同抵抗强秦达15年之久。当时苏秦一人身佩六国相印，声名显赫。鬼谷子的另一个学生张仪也凭他的三寸不烂之舌，见什么君王说什么话，运筹帷幄，决胜千里，得以成功辅佐强秦实现统一六国的大业，成功完成知识分子"学成文武艺，货与帝王家"的人生使命，彪炳史册。触龙也懂得"见什么人说什么话"的技巧，面对赵君新亡，强秦来犯，赵求救于齐，而齐提出以长安君做人质，爱子心切的赵太后不愿让儿子以身涉险，拒绝了众臣们的强谏，并气愤扬言谁若还来劝谏"质齐"之事，一定不会给他好脸色。触龙临危不乱，见到太后，绝口不提"质齐"之事，触龙先是关切地询问太后的饮食起居，而后迎合太后疼爱儿子的心理顺水推舟，再辅以现身说法，将话题转到父母若真的疼爱儿女就应从长计议的话题，成功说服太后主动送长安君质齐，成就力挽狂澜的丰功伟业。

现当代也有很多能言善辩之士，就"见什么人说什么话"这一交际技巧进行了成功实践，留下了诸多脍炙人口的交际佳话。比如著名的外交家周恩来总理，在几十年的外交生涯中，不管遇上什么样的对手，都能游刃有余地瓦解对方的攻势。对不怀好意的记者提问，他能刁题虚答，巧妙应对；对自以为是地在他面前炫耀登月成果的基辛格博士，他以我国几千年前就有的嫦娥奔月的故事为例，暗讽对方孤陋寡闻的同时彰显中国人的文化自信；面对那些跳梁小丑的侮辱，他也不卑不亢，以其人之道还治其人之身，有效地维护了国家的尊严，彰显了幽默睿智的外交家风度。

因此，我们务必学会"见什么人说什么话"的交际技巧，才能无往不利，提高办事效率。说话不看对象，就像跟不会驾驶的人大谈开车体验一样无趣和无聊，即使津津乐道唾沫飞溅，听者也会昏昏欲睡，提不起半点精神，功夫白费；也像对一个毫无绘画天赋也无画趣的人大谈绘画技法那样枉费心机，即使头头是道，人家也不会领你的情，反而会觉得你很不知趣，讨厌和排斥你。

## 三、避免祸从口出，远离人生悲剧

除了上述两方面外，学会"见什么人说什么话"，还可以避免祸从口出，远离人生悲剧。

纵观社会上发生的很多悲剧，大部分是不懂言语交际技巧，说错话导致的。不懂见什么人说什么话，得罪朋友，破碎的是友情；得罪上司，失去的是晋升机会；得罪客户，丢掉的是订单；得罪大众舆论，毁掉的是前程。

娱乐圈的明星中，因为一句话自毁前程的大有人在。某曾获博士学位的艺人在一次直播中回答网友提问的时候，竟然说"不知道知网是什么"。不管他是得意，还是狂妄，网友都会觉得这句话太不可思议了，本科毕业生写论文都要经过知网查重之后才能通过，你不是博士吗？你难道不用写论文？所以网友纷纷认定其博士文凭必假无疑。后来虽然该艺人立马给自己的失语打圆场，称自己之前"只是开玩笑"，但说出去的话就像泼出去的水，舆论已经难以控制，最后他因学术不端被取消了博士学位，注定这一生都摆脱不了学术污点。另一个艺人原本是某电视台力挺和看好的一株好苗子，但是该艺人自己在直播的时候毫不犹豫地承认"自己高考时将往届生身份改成了应届生，所以被录取了"。此言一出，各大平台声讨他的舆论顿时炸开了锅。高考关乎每个考生的命运，不管是法律还是道德层面，对动用关系舞弊这种违规暗箱操作完全是零容忍的。更何况该艺人还当没事人一样逍遥于娱乐圈，是可忍，孰不可忍。最后该艺人被取消了高考成绩，电视台也将他除名，就连在位的亲属也被查落马，落得个自取其辱的下场。

有时我们因出言不逊而得罪了一个本来就心情不好或处于不理智状态的人，或者触碰了某些人的容忍底线，那就极有可能因一句话而激怒对方，或者被人施加暴力伤害，或者被人夺命，两败俱伤，使双方都陷入万劫不复的深渊中，造成不可逆的人生悲剧。

《三国演义》第四回"废汉帝陈留践位　谋董贼孟德献刀"中有如下的故事：

曹操行刺董卓失败后，董卓大怒。于是下令遍行文书，画影图形，悬赏捉拿曹操。曹操逃到城外，飞奔谯郡，路经中牟县时被县令陈宫所救，两人交谈中曹操表现出自己绝非燕雀，而有"鸿鹄之志"，并说出"将归乡里，发矫诏，召天下诸侯兴兵共诛董卓：吾之愿也"。这一席话使陈宫对曹操的雄心勃勃和鸿鹄之志顿生仰慕之心，同时也感动于曹操的忠义，陈于是表示愿意弃官追随曹操而逃。于是连夜收拾盘缠，与曹操更衣之后，两人各背一剑，骑马朝着故乡而行。

行了三日，至成皋地方，天色向晚。操以鞭指林深处谓宫曰："此间有一人姓吕，名伯奢，是吾父结义弟兄；就往问家中消息，觅一宿，如何？"

宫曰："最好。"二人至庄前下马，入见伯奢。奢曰："我闻朝廷遍行文书，捉汝甚急，汝父已避陈留去了。汝如何得至此？"操告以前事，曰："若非陈县令，已粉骨碎身矣。"

伯奢拜陈宫曰："小侄若非使君，曹氏灭门矣。使君宽怀安坐，今晚便可下榻草舍。"说罢，即起身入内。良久乃出，谓陈宫曰："老夫家无好酒，容往西村沽一樽来相待。"言讫，匆匆上驴而去。

操与宫坐久，忽闻庄后有磨刀之声。操曰："吕伯奢非吾至亲，此去可疑，当窃听之。"二人潜步入草堂后，但闻人语曰："缚而杀之，何如？"操曰："是矣！今若不先下手，必遭擒获。"遂与宫拔剑直入，不问男女，皆杀之，一连杀死八口。搜至厨下，却见缚一猪欲杀。宫曰："孟德心多，误杀好人矣！"

急出庄上马而行。行不到二里，只见伯奢驴鞍前鞒悬酒二瓶，手携果菜而来，叫曰："贤侄与使君何故便去？"操曰："被罪之人，不敢久住。"伯奢曰："吾已分付家人宰一猪相款，贤侄、使君何憎一宿？速请转骑。"操不顾，策马便行。行不数步，忽拔剑复回，叫伯奢曰："此来者何人？"伯奢回头看时，操挥剑砍伯奢于驴下。

宫大惊曰："适才误耳，今何为也？"操曰："伯奢到家，见杀死多人，安肯干休？若率众来追，必遭其祸矣。"宫曰："知而故杀，大不义也！"操曰："宁教我负天下人，休教天下人负我。"陈宫默然。

在上述案例中，曹操把人的好意误解为恶意，其原因就在于他当时正处于逃亡途中，处于非常紧张、担心和恐惧的心境当中，处处提防着别人会告发、捉拿他。吕伯奢自己及家人无辜惨死的主要原因就在于在交际活动中只顾表达自己对交际对象的善意，而没有全盘顾及交际对象当时的心境。这个案例告诉我们：在某种特定的交际情境当中，一个人的心境，会决定他对当时所接收到的话语信息的选择性理解，这时，就可能导致对话语的误解或曲解，就会导致跟说话人主观意图南辕北辙的交际后果。

说话人如果只"以自我为中心"，不联系当时特定的交际情境，不周密考虑交际双方的关系和处境，不全盘顾及交际对象的心境，那就很可能导致失误乃至不可逆的悲剧后果。

再看下面的案例：

2021年11月中旬的一天，某小区停车场出入口，保安华某因停车管理纠纷，与宝马车主刘某发生口角。据在场目击者说，宝马车进入停车场时没有减速，右转弯时差点撞到保安，保安对此很生气，便敲了敲宝马的车窗玻璃。车主对保安出言不逊，保安被激怒后，更加用力继续敲宝马车门。女车主大骂他弄坏了车，男车主便下车去查看有没有损伤。女车主在车上口不择言："去投诉你……"保安受到威胁突然冲动起来，捅了男车主一刀，致其不治身亡。

人有阶层之分，有些人开豪车住别墅，出语辱人，偏偏碰上一些本来就有些自卑、存在仇富心理，总认为社会不公平的人。同为人，凭什么你拥有财富还看不起人，而我薪水微薄、省俭度日还要受你的欺辱？归根结底，双方不仅心理上有问题，而且不懂"见什么人说什么话"。一言不合，悲剧的产生就不可避免了。

综上所述，人活在世上，活的都是一种心态。心态不好，口乃心之门户，就必然会失言，引起他怒或众怒，最终伤及自身；或者发而为刺激或伤人之言，激怒他人，两败俱伤。同时，人活在世上，活的也是一种智慧，面对特定情境中的人，一句话，说和不说，效果会大不相同，这样说或者那样说，效果也会迥然有别。因此，学会

"见什么人说什么话",就变得很重要。

兵法战略中讲究"知己知彼,百战不殆"。在言语交际实践中,也需要遵循谨慎原则,凡言不可冒昧,无所顾忌的言辞伤人之后最终伤害的还是我们自己。值得指出的是,一些"祸从口出"的现象在现实生活中仍然时有发生。这些现象是否发生跟学历、身份、地位、钱财等通通无关,而跟说话是否具有"对象意识",是否在说话前有那么一分钟甚至几十秒的考量和准备,跟说话是否谨慎有关,跟能否懂得并有意识地运用"见什么人说什么话"的言语交际技巧有关。

## 第二节 "见什么人说什么话"言辞技巧的应变方式

交际实践中,要真正做到"见什么人说什么话",就有必要对你面对的"人"心中有数,首先就应该明白作为交际对象的"人"所指涉的多元内涵。大千世界,林林总总,无奇不有,人也是千人千面、风情万种、各不相同。每个人都是与他人不同的"这一个"。作为"类"存在的"人",也可以按不同的分类标准,分成具有不同特性的"个体"的人。在交际活动开始之前,只有对对方进行确切的归类和划分,并且顾及"这一个"对话语的特殊诉求,才能友好交流,达成自己的交际意图。交谈不看对象,就会犯对牛弹琴的错误。

如果将"对象"作为一个概念来观照,它又不是一个没有内涵的普泛性概念。对象作为人存在,必然包含对象的年龄、性别、所属民族和地域,文化程度、地位、身份、经济状况、职业、兴趣、爱好、心境以及性格等多重因素。只有在参与交际活动之前充分认识到交际对象包含的复杂多元内涵,并对此有一个清晰的了解,再加上综合的分析和研判,在此基础上再进行理性的交际言辞选择和组织,才有可能取得交际成功。下面对"见什么人说什么话"言辞技巧的各种应变方式进行详细分析。

### 一、对不同年龄段的人说话,严选话题和方式

不同年龄段的人拥有不同的生活经验和体验,因而会呈现出不同的精神风貌,对人生的要求和心理期待也不一样。为何孩子常表现得天真无邪,只是因为他们涉世不深,心里装的都是纯净与美好。而老人常常慈眉善目,也只因为他们历经沧桑,心无旁骛,满溢着淡泊与宁静。而年轻人因为正处于人生的黄金期,活力满满,勇于拼搏,能有所成就是他们的心之所向。因而,对不同年龄段的人说话,就应该按照各自

的特点和不同需要运用不同的言辞，最重要的就是要严选话题和方式。

比如遇到节日，我们需要对不同年龄段的人送上祝福，如果对方是孩子，你送上"快乐成长，学习进步"之类的祝福语就很好；而对于一位年近50岁的中年人，你就该用"更上层楼、再创辉煌、家庭和美"之类的词语了；如果对方是一位百岁老人，则"身体健康、精神抖擞、寿比南山"等祝福语是不错的选择；如果你祝福一位刚过40岁的人"寿比南山，福如东海"，可能会得到对方一句"我有这么老了吗"的反问而倍感尴尬。

如果你的说话对象比你年长，你需要选择那些让他们感到自豪和满足的生活体验、人生阅历、某些专业领域的学术成就或荣誉之类的话题，说话时也应尽量表现出谦恭和尊重。无论他们自我如何表现，或个性较强或谦虚甚至有些守旧，你都应该把他们当作老师、前辈、师傅、老领导或老上级看待。这样对方才会觉得你谦恭知礼，才有利于沟通。

如果你和年纪比你小的人沟通，就须留意他们的认知水平、思维倾向以及这个年龄段人的特殊心理，选择他们感兴趣的、好奇的、不是很懂又特别想知道的话题，说话时宜用亲切平和的语气，就算是他们有错误，也不能使用家长式的威压和恐吓式的言语训斥。来看下面的案例：

小齐的表妹16岁，是典型的青春叛逆期女孩，对父母的管教很反感，有时还会目无尊长，和家人争吵。

有一次，小齐和妈妈去小齐姑姑家做客，一天晚上，小齐表妹外出，将近十二点才回到家，小齐姑姑很担心她的安全。在小齐表妹进门的时候，小齐姑姑很大声地质问她：

"为什么这么晚才回来，不知道你的老娘在家里担心着你的安全吗？"

小齐姑姑没好气地责备了一通之后，还骂了几句比较难听的话。这下，小齐表妹先是无礼地顶撞了小齐姑姑几句，接着和小齐姑姑大吵一顿。小齐妈妈看到这架势不对，于是先冷静了一会儿，接着便轻轻地把表妹拉进她自己的房间，轻声把门关上。小齐妈妈温和亲切地问小齐表妹是不是有什么事耽搁了才这么晚回家，并强调她妈妈刚才也只是很担心她的安全才这么生气。说完后，小齐妈妈自己便走了出来，留下小齐表妹一个人在房间内冷静。过了没多久，小齐表妹就出来向姑姑道歉并和好了。

此案例中，小齐的妈妈就比小齐姑姑要懂得"对什么人说什么话"的技巧。面对一个处于叛逆期的女孩，小齐妈妈知道她们这种年龄段的女孩都是比较敏感且很要自尊的，并且有些不受大人控制的倾向，所以对这样的孩子，就不能直截了当地批评和责备，同时也不适合在她们面前表现出家长过于强烈的管制欲，做她们的思想工作需要保持冷静理智，最好是在给她们一定行动自由的同时提醒她们树立正确的价值观和人生观，在她们真的犯错的时候，给她们善意的提醒，让她们自己冷静反思自己的错误。切忌大声呵斥和苛责，甚至谩骂，否则不但于事无补，还会导致家长和孩子的对立情绪甚至出现"破罐子破摔式"变本加厉的后果。

同样，如果你是商场的导购员，向年龄不同的人介绍并推销同一商品，也需要针对不同年龄段消费者的不同消费心理，选择符合其心理诉求的商品特点或优点进行解说，才能有好的销售业绩。举个例子：

一天上午，正在值班的导购员媛媛看到一位拿着名牌包包、穿着高档羊绒大衣的30岁左右的年轻女士正朝化妆品专柜走来，立刻迎上去，拿出刚上架的某名牌香水，对这位女士说："这是我们新进的一线大牌香水，香味典雅，持久留香，非常适合您的气质，可以试试。""给我先打包一下，我再看看还有没有别的一起结账买单。"

送走这位客人后，快到中午时，又来了一位推车买菜的50岁出头的家庭主妇，也在专柜旁停留了一下。于是，导购员也走过去拿起那款香水，对客人说："这是我们正在搞限时促销的进口香水，价格比平时优惠了20%左右，并且容量也不小，有30毫升。您平时操劳家务，有时间也要好好爱自己，享受一下生活，我说得没错吧？"家庭主妇说："确实如此，那就要一瓶吧。过段时间出去旅游时正好用得上。"于是，一上午导购员就成功推销了两瓶香水。

这位导购员就是因为懂得个同年龄段顾客的消费心理，而选择和组织了不同的推销言辞：对年轻时髦的女顾客，推销的时候就只谈产品符合期待的品牌、特点和功能，对价格避而不谈；而对年纪大一些的女性，就用实用性和优惠的价格优势去吸引她的购买欲望。可谓"看什么人说什么话"这一技巧的成功运用。

## 二、对不同性别的人说话，勿入心理禁区

男性和女性，不仅存在先天的身体和生理上的差异，比如男性往往身材高大，臂力强劲，而女性往往身材娇小，力量不足，而且在性格特征、喜好兴趣上也存在很大的差异，在语言交流的表达方式上也不大相同。由于社会文化思维模式的不同，对男性和女性形成了不同的文化期待，我们耳熟能详的才子佳人、郎才女貌、男主外女主内等都体现了传统文化成规对两个性别的不同塑造。因此，生活中的男人和女人也逐渐内化了这些外在的规约。因而，大多数女性在乎年龄和相貌，重视家庭和孩子，而大多数男性则向往建功立业，把向外发展看得格外重要。因而，一般来说，男性较为看重自身作为强者所应有的才华、智慧、能力和财富，而对相貌的美丑和年龄的大小

就没有那么关注。虽然，随着社会的进步和参与社会活动的广泛，很多女性也会逐渐和男性一样追求自我价值的实现，但也不可能对自己的容貌和年龄毫不在乎。长期的文化无意识不可能和社会发展同时进步。因此，男女两性还存在来自潜意识深处的社会文化性别角色指认所导致的自我心理期待的不同。和不同性别的人交流时，就需要注意男女不同的自我认知和心里忌讳，勿入对方的心理禁区，自觉做到以对方为中心并区别对待。

比如日常聊天，就要注意对不同性别区别对待。同性别的朋友可以一起讨论一些不足为异性道也的话题。而对于异性，讨论的话题就应该有所选择，必须注意男女有别。跟不同性别的人交流，要顾及各自的心理忌讳，注意遣词造句的文雅、温和，尤其要注意避讳。比如一位女性朋友，身材较胖，你千万不能一口一个"胖子，胖子"地跟她打招呼，可以说她长得很有"福气"，她会感谢你。如果男性身材矮小，你也不能开口闭口叫他"矮子"，可以称赞他很"稳重"。如果男性身材消瘦，也不宜形容他"书生气、文弱"之类的，可以说他很"精干"，他会很受用。另外，一般来说，和男性沟通，多谈那些他们感兴趣和爱好的社会事件或社会实践之类的话题，比如时事新闻、经济发展等。和他们讨论问题时，尽量用理性的态度进行观点方面的交流。而和女性沟通，就多谈些家居养生、服饰厨艺类的话题。和她们探讨问题，要留意她们的情绪状态。不过，这里说的只是一般情况，还须具体情况具体分析，假如你面对的是一个女汉子或者家庭主夫，就应该从他们的心理出发组织得体的言辞。

男女的差别最重要的还在于社会性别文化期待所导致的自我心理期待不同。说话时，尽量顾及不同性别的心理期待，不要触碰两性各自的心理禁区：

一对夫妻为了一些家庭琐事拌嘴争吵，怒火中烧的妻子对丈夫说："我是瞎了眼，怎么就看上了你这个没用的东西。一年四季没拿回来几个钱，脾气还很大。"

"我没用，你可以去找别人呀，犯不上赖在这个家。"

"谁稀罕你呀，不过了就离婚吧！"

这位妻子对丈夫说的"没用"的否定言辞，就触碰了一个男人作为社会角色的隐痛，因此激怒了丈夫，所以丈夫口中自然也说不出什么好听的话。双方如此贬损对方，只会给婚姻带来不可逆的损害。

住在同一栋楼里的几个中年大姐喜欢一起无聊闲谈。一天，她们不知怎么话题就扯到了三楼王教授家快到40岁还未结婚的小女儿身上。一个大姐说："这么大年纪了还不结婚，可能是身体有什么毛病吧？"后来这话传到了这个小女儿的耳中，她找到那位大姐，严词训斥了一番："你凭什么说我身体有毛病？你是不是吃饱了撑的，你不能盼我点好吗？"从此，她便一直记恨这位大姐。

中年大姐在不知真相的前提下，就随意散布关于大龄未婚女青年的谣言，触碰了未婚女性的心理禁区，对方听了火冒三丈，遭到训斥也是自作自受，怨不得别人。

上面两个案例，告诉我们说话时如果不看对象的性别，不考虑对方的接受心理，不小心触碰了对方的心理禁区，就很容易导致关系弄僵，而且很难修复。

### 三、对不同国家和地区的人说话，慎用母语方言

对异国异族异乡人说话，要注意同一语言的文化差异和地区差异，慎用母语方言。因为同样的语言，虽然字面意思相同，但到了异国或外乡人那里，也许就会根据本民族或本地区约定俗成的文化成规进行选择性理解，其被理解的含义就会发生变化，甚至变得面目全非。

我们先说见面时中国人习惯用于打招呼的很多客套话。客套话本来只是为了表达关心和友好的情感，听者不会按语言表达的实际意义去理解并回答，最多点头或摆手，表示回应就好了。如果说者不顾交谈对象的文化身份，对外国人也说这样的客套话，就会闹笑话导致双方都很尴尬。因为英美等国都没有说这种客套话的言语习惯，他们就会按字面意思理解诸如"你上哪儿去""吃了么"等问题。比如，他们会因为你问了"你上哪儿去"而觉得你是个爱打听隐私的人，会很反感地回敬你"这是我的私事"；对"吃了么"这样的问题，他们会理解成你在说话时也没吃，问他"吃了么"是想邀请他们和你一起吃饭。还有，中国人送客人离开时，常常会亲自将其送至门边或路口，告别时客人会对主人说"请留步"，而主人也会说声"慢走"表示依依不舍的情谊，这样的客套话要是对外国人说，他们极有可能按照字面意思将其直译成"Stay here"或者"Walk slowly"，听起来就会觉得一头雾水。还有欧美人对身份比自己高或辈分比自己大的人的称呼，一般都会忽略上下尊卑关系，直呼其名，以示关系的平等或友好亲密，这在中国会被认为是说者有意冒犯，是目无尊长的行为。

中国人还习惯于在别人夸奖自己的时候，用"哪里，哪里""您过奖了"或不承认对方的肯定，故意把自己说得平凡普通，以表现自己的谦虚低调。但在西方人听来，这样的谦辞就是在否定他的评价和观点，心里会很难受。下面的两个案例就很能说明这个问题：

一位中国女性在美国一家商场购物，穿着一条漂亮、剪裁十分得体、颜色也非常靓丽的裙子。一位美国顾客看到了，禁不住称赞："这件衣服真精致，颜色美极了。"中国女性听到后，习惯性地回答："这衣服很一般，我从中国老家带过来的。"

一位中国老板在美国投资开了一家时装设计公司，开业典礼上，他对员工说：

"女士们，先生们，今天是我们公司开业的第一天，各位都是业内的前辈，我只不过是刚入门的新人，请各位多指教。目前，公司还刚刚起步，工作条件也不算怎么好，工作任务又很艰巨。请大家多多担待和包涵。"

上述两个案例中，中国女性和老板用的都是地道的中国式谦辞。这样的话，中国人听了会觉得你很谦虚很客气也很知礼，但美国人听了就会误解。前者可能被误解成你觉得对方审美能力低下或者不识货，而后者会被人误以为你很虚伪、没能力或不自信。这显然跟说话人的初衷或原意大相径庭。因而我们在外国人面前说话，要避免使用这些谦辞。

除了对外国人说话时要注意不同民族文化差异慎用母语之外，在国内，我们说话时也要注意不同地区的语言习俗，慎用某些在不同地方具有特别所指的语言。比如汉语中的"小姐"就应该特别注意不同地域的不同所指，不能不分地域，只要一见到年轻女孩，就叫人家"小姐"，造成交际失误。

此外，还需要慎用方言。中国方言有"十里不同音"之说。有些方言对外地人说无异于白费口舌，完全听不懂；有的可能会被误解成别的意思，闹出大笑话。来看下面的事例：

在山东某些地区，普通话的"玩"说成方言是"站"，"过来玩"用方言说就成了"过来站"。一天，一个山东人的家里来了位从外省来的客人，初次相见，就在阳台上站着，主人热情招呼："别在外边了，到屋里来站。"客人听了，就走到客厅的沙发旁站着。"来来，坐下站。"客人有点尴尬了："您看，我到底是该坐着还是该站着？"

所以，遇上外地人，为了避免上述尴尬，最好不用方言，而用双方都能听明白的普通话交流比较稳妥。

有的方言里，同一词语，还有多种不同的意思。比如"锤子"这个词语，在四川方言里，除了"榔头"这一层最简单的字面意思之外，有时还可以表达负面情绪，比如"你懂个锤子？"或"你晓得个锤子？"就相当于普通话中"屁"的意思；有时候表示否定或半信半疑的时候，比如"锤子，是不是哦？""锤子哟！不可能哟！咋个会不是嘛！"对一个外地人说"锤子"，人家初听上去肯定会不知所指。

因此，方言母语最好不要对外地人使用，以免造成误会、尴尬或闹笑话。

## 四、对不同文化程度的人说话，斟酌言辞雅俗

人还有文化程度高低之分。对待文化程度不同的人，说话也应该注意有所区别。一般而言，文化程度较高的人，不喜欢听别人讨论那些俗不可耐的话题，对那些低级

庸俗的字眼也比较排斥；而文化程度较低的人，他们不习惯也听不懂那些需要翻译的文言古语、专门术语或文绉绉的书面语，也没有闲情逸致欣赏诗词歌赋。如果不了解对方的文化程度，信口开河，会给人一种不是同路人的隔阂感和生疏感，无法融洽地交流。

如果你交流的对象属于文化水平较低的人，最好选择浅白易懂的言辞，可以不避俗语和俚语。很多学问高的人，在自己的书斋里待久了，就忘了自己是谁了，就不知道以什么方式和那些文化水平较低的人说话了。原本可以简简单单说明白的话题，却偏偏用转弯抹角、连篇累牍的书面说辞，说些他人压根就不能理解的话。对方的文化水平较低，自然习惯了听那些通俗易懂的话，和他们交流，就应该了解并尊重他们的语言习惯，选择他们熟悉的、愿意接受的也能理解的语言和语气来组织话语。否则一件事，你啰啰唆唆嗦说了半天，人家也未必听得懂，因为听不懂，对方还会因此看不惯你，觉得你高高在上，你自己还会产生"鸡同鸭讲"的违和感。所以，说话不顾及对方的文化程度，同样会招致交际失误。

文化程度低的人显然听不懂，有时也听不惯那些平时很少接触、难以运用的词句，因而也难以理解文言文、书面语、专业术语、外地的方言土语，甚至普通话都有可能听不懂。因而，跟那些文化水平较低的人打交道的时候，一定要注意自己的语言选择，有意识地把专业书面语、文言词语，置换成当地的方言俗语，切忌使用需要翻译的文言文、外文，佶屈聱牙的生僻字词，酸涩难懂的专业术语或书面语。民间文学中有一则笑话：

一位爱用典故的先生写信回家问不识字的妻子生下的孩子性别时说："不知弄璋乎？弄瓦乎？"妻子不甚解其意，请人回信说："家中茶壶、酒壶、尿壶都不缺，境壶、瓦壶就不要再弄了。"

这样不顾对象文化程度的说辞着实让人哭笑不得。不识字的人是断然不知文言古语的"弄璋"意为生男孩，"弄瓦"意为生女孩的。

李白写过一首诗《嘲鲁儒》："鲁叟谈五经，白发死章句。问以经济策，茫如坠烟雾……"这首诗说的就是古代鲁国研究孔孟之道的老夫子鲁叟，头发都白了，还在寻章摘句。问他经天纬地的治国之策，他却茫然如坠五里云雾，一句明白话也说不出来。这首诗告诉我们，文化程度较高的大学者或专家，可能会有咬文嚼字的偏好。有这种偏好的人，如果喋喋不休或引以为豪地对不做专门研究的普通人大肆炫耀他的发现或研究结论，那么，普通人不会认同他做学问的严谨，只会像李白一样嘲讽他的迂腐。

《流浪地球》作为一部国产科幻影片，以扣人心弦的精彩故事赢得了很多观众，收获了超高的票房成绩，也引起了一些人的非议。其中北大的一位副教授就在这部电影里找出了 69 处不合理的地方，并将其写成了文章。普通的网友看到后，就有了下面的说法："您既然是一个科幻迷，又是物理学的副教授，有着很深的科学理论基础，那请写一篇无懈可击的科幻作品供大家看，请拍一部无懈可击的科幻作品供大家看，中国科幻的兴起得靠您了，是时候展现自己的实力了！"

副教授找出电影中那么多的不合理之处，其实就是他作为学者严谨的学术态度或言语习惯的一种反映。但是他可能没考虑到他的这些挑刺性评论话语的接受对象，很多都没有他那样高深的学问，也没有学术或科学研究的经验。于是，这些读者不仅没有对他的文字表示欣赏，反而表示出极大的反感和讽刺。

一位领导到乡下去做扶贫项目的调研，顺便对扶贫干部进行实地考察。刚一下车，他看到老乡们正从田里劳作回来，对老乡们说："看来，禾苗的长势很好，我很久没回老家了，今天路过这里，就想来和乡亲们话话家常。"乡亲们觉得这位领导很亲和，说话就很随便，没有顾忌，于是领导得到了很多真实的信息和数据。

假如领导不顾乡亲们的文化水平，而是打着官腔说我是来视察或调研什么的，这些久居乡村的农人可能就会对某些内容有所保留，不会向领导和盘托出那么多真实信息。

一位城里的大作家去郊区的农村合作社体验生活。他看到地里成片成片的向日葵正在开放，不禁大发感慨，随口就忘情地大声吟诵起西方先哲荷尔德林的《人，诗意地栖居》中的诗句："太阳裁处着万物。太阳以光芒的魅力玫瑰一般/引领着少年人的道路。俄狄浦斯承受的苦难，看上去恰如/一个穷人悲叹/丢失了什么。哦，拉伊俄斯之子，希腊大地上穷困的异乡人！生即是死，死亦是一种生。"话音未落，便听到田埂边围着一群农村妇女在小声嘀咕："快看，那个人怎么啦？"其中一个忍不住对身边的同伴说："可能是疯了吧。""有可能。"另一个人随口答道。

不顾交际对象文化程度的独自感慨，旁人听了会觉得很别扭，言语中含有人们听不懂的高深之辞，大作家转眼间成了他人眼中的疯子，岂不尴尬？

## 五、对心境不同的人说话，多表示关注和友善

与不同人的交流沟通，要想取得预期效果，还要注意学会对心境不同的人说不同的话，才不至于因为你的发言破坏别人的心情。一般来说，心境有积极阳光或消极伤感之分。因此，我们说话时就要善于揣摩对方彼时彼地的心境，说话时就要根据具体情形选择不同的话语。一般说来，我们需要尽量表示出我们对对方心境的关注，尽量在言辞中流露出友善和体贴，才能收到锦上添花，或雪中送炭的效果。

在交际过程中，根据交际对象不同的心理状态，说话的内容、方式和语气也应有所区别。因此，说话之前要留心观察和感知对方当时的情绪，然后在心里问问："对方彼时彼地的心境如何，是高兴还是哀伤？对我的话语有何心理期待？"如果对方正万念俱灰、内心抑郁，你可以先说些宽慰的话，平缓一下对方的绝望和无奈，接下去再以得体的赞美言辞来提振其东山再起的信心。不过，过分的溢美之词只会适得其反，于事无补。

比如你有个朋友或同事是大学老师，因为下海经商亏了几十万，正郁闷不得志时，你最好是先安慰，说些诸如"钱乃身外之物，我们没必要把它看得太重，就当作我们闯社会交的学费吧"之类的安慰话，然后再赞美他的职业或才能方面的优点，让他破碎的心慢慢从你的赞美中得到修复。比如，你可以这样说：

您不是还拥有一份很多人梦寐以求的工作吗？再说，您不做生意也没关系，您的文章不是写得很有水平吗？亏掉的钱是很让人心痛，但以后兢兢业业继续努力，亏进去的钱很快就会赚回来的。

这样温暖的话语，凸显的是你对朋友或同事的关心，对陷入人生低谷的人有神奇的拯救作用。当交际对象心情不佳时，先了解情况，加以安抚和宽慰之后对对方作出总体上或某些方面恰当的肯定性评价，能使对方如拨云见日，心情好转。因为人在心境灰暗时，如果有人关注并与之共情分担，痛苦就会减半，信心也会倍增。

当对方心情不好时，切记不可在失意人面前谈得意事，这样会让对方觉得你存心看他的笑话，而对你怀恨在心。

张平因肺炎住院。一天下午，他的室友去病房看望他，见到张平后，二话不说，劈头盖脸一顿数落："你看，我以前就说过，你要坚持慢跑，你不听，我现在生龙活虎的，身体很棒，可你呢，成了病秧子，又花钱又耽误学习。""你说什么？不能说点别的吗？"张平说完，叫来护士把室友赶出去了，康复回校后，就不再理他了。

张平的室友不顾病人的痛苦，以己之长比他人之短，让张平觉得他是故意刺激自己，很是不爽。两人关系也难以为继。

当交际对象因逢喜事而心情爽快时，我们可以找一些可以助兴的话题来维持或增加对方的快乐情绪，使交谈氛围变得更加融洽，让对方觉得你是一个可以同甘、懂得分享的朋友。彼此都在对方心里占有重要的位置。

比如，你的好友将刚买的新外套试穿给你看，眉飞色舞地在身旁走来走去，对你说："好看吧，我的眼光不错吧？"这时，你就要接着他的话顺势对他大加赞扬一番，可以这样说："你的眼光向来就不错。这件外套不仅版型大气，颜色高雅，材质高档，尺寸也合适，就像量身定制的一样，你在哪里买的？"

这样的话语传递给朋友的是认同感和尊重感，是英雄所见略同的惺惺相惜，也是心有灵犀的默契。

还需注意的是，有时候人的心情不是那么黑白分明，或高兴或难受，还可能包含多种复杂情绪。这时候，我们就应仔细斟酌具体情况，灵活调整和设计具体言辞。

刘欣的表姐李明幸怀孕了，周末和先生一起到公园散步，恰巧碰上同栋楼的几个邻居大姐。其中张姐说："小李，恭喜你马上就要升级做妈妈了，现在一定要注意补充多种膳食营养，坚持每天一片叶酸，保证适量运动，每天早晚花个 20 分钟按摩腹部，比较利于顺产。"然而魏姐则惊呼："你怎么胖成这样了？"她煞有介事地说："现在养个孩子是真不容易，以后有你愁的了。"后来，孩子出生满月后，李明幸邀请了张姐而没有邀请魏姐。

怀孕是一个女性的人生大事也是喜事，怀孕女性一般心情会比较复杂，充满喜悦也不无焦虑。张姐先道喜后分享经验式的话语非常切合孕妇的心情，既表达了自己的友好祝福，同时也在一定程度上缓解了明幸的焦虑情绪。而魏姐的话语则语带刻薄，徒添烦恼。这就是是否懂得"见什么心境的人说什么话"交际技巧的不同表现。

## 六、对身份地位不同的人说话，掌握说话的语气和分寸

现实生活中，每个人都有自己的身份和地位，有的人身居高位，是大人先生；有的人是普通职员、市井小民；还有的人流落街头，身份低微。不同身份和地位的人，听话时的心理期待和需求就不同。不同身份和地位的人都是人格平等的个体，都希望得到平等的尊重。对身份地位比较高的人说话无需摧眉折腰，卑躬屈膝；对身份地位较低的人说话也不可语带侮辱，肆意贬损。因此，我们对不同身份和地位的人说话要注意掌握说话的语气和分寸，最好做到滴水不漏。

如果交际对象明显比你的地位高，沟通之前需要精心组织语言，最好进行预演，才能保证言辞谨慎。位高之人久经磨砺，体验过如临深渊的艰难，也经历过否极泰来的起落和曲折，付出过许多人无法感知的努力和汗水，拥有高效的接收、理解和处理语言信息的特殊能力。对可能影响大局的不安定因素，对皮里阳秋、圆滑世故的说辞，都特别敏感，并时有防备。和他们交流时就需要顾及对方的身份和体面，多肯定其成绩和进步，少提否定性意见，不说那些无事实根据的观点，有分寸地提供一些具有操作性或建设性的解决问题的办法，切实为他们分忧解难。

这时候通常需要你保持不卑不亢、不矜不伐、谦虚谨慎的态度，保持自我的个性和风格。如果你和对方沟通时总显得矮人一头，那是对自我的看不起；如果你和对方

沟通时总是点头哈腰，唯唯诺诺，对方说什么你都以"好好好"的无可无不可的答语来应对，那么对方就会把你当作毫无主见且站在人群中随时都可能消失的多余人等敷衍或忽略。你必须认识到，对方只是比你地位高，但你也有自己值得称道的优点和长处；在对某些问题的看法上，你有你的观点、自信，你有你的底线、个性和追求，你有你的坚持，那么对方反而会在乎你，不敢小瞧你。

交际实践中，交际双方大多数时候都会因为交际主体各自既成的身份地位、个性和特点而分属于不同的阶层，存在一种事实上的差别和等级之分。但任何成功的交际都必须在和谐而非二元对立的气氛中达成。因此，有效运用某些方面的优势去抵消自己的劣势，去扬长避短也就变成了一种技巧。值得强调的是，这里说的"不卑不亢"并不是指我们要强出头，一厢情愿地把地位高的人强行拉到和自己一样的层次或身份，这样的"套近乎"可能无济于事，甚至还会损害位高者的自尊和颜面，也是不可取的。对位高权重的人，首先要做到起码的尊重和礼貌，然后再设法展示自己说话的个性或风格，而不能随便一出言就"称兄道弟"以示平等，否则只会给人留下"目中无人"的负面印象。

张林被招聘到一家物流公司做大卡车司机，物流公司的秦总平时非常关爱员工，经常对张林嘘寒问暖，空闲或休假时也和张林以及其他员工一起吃饭度假，老总和员工关系处得很好。有一次，张林老家有急事，没跟秦总打招呼就擅自回家了一个星期，回来后，张林对秦总说："当时走得急，来不及跟秦兄打招呼就回去了。咱们关系那么好，我接下来半个月加点班就好啦。"张林本以为秦总会不介意，没想到秦总很不客气地对他说："这个公司到底是你的还是我的？你想走就走想来就来，你以为我是谁呢？"几个月之后，张林黯然离职。

显然，张林作为员工，因为秦总和蔼可亲，平易近人，而对地位和身份较高的交际对象没有了起码应有的尊重，回家连招呼也不打，回来后也不知道道歉，反而一厢情愿地对秦总称兄道弟，这样的无礼举动和话语鲜明地体现出他不懂得"见什么人说什么话"的技巧。秦总作为自己的上司，身份地位比自己高，他竟然用祈使句跟上司说话，给秦总一种"目中无人"的感觉。因此，激怒秦总，丢掉工作也就怪不得别人。

当交际对象是社会地位低的人，说话也要特别讲究。我们知道，其实人都有一种补偿心理，自己在哪一方面不及别人，就想在另一方面求得补偿。这种要求补偿的心理机制可以解释为什么越是地位较低的人，越是敏感而自尊心强。如果别人看不起他们，哪怕只是在一个不经意的表情或动作细节上表露出那么一丁点，他们都会看在眼里记在心上，会很不理解和接受，甚至还会生出容易冲动的非理性情绪，有时候在多种消极心理的共同作用下还会很不理智地做出伤人乃至夺命的报复行为。

　　跟社会地位较低的人交往的时候，最要顾忌的就是他们的自尊心，要学会关心他们。处在社会底层的人本来就生活不易了，当他们对我们犯下无心之过时，我们要尽量设身处地考虑他们的难处，而不是只想着自己的快意。比如，你外出到一个小餐馆就餐，服务员不小心弄脏了你的裙子，你是一边大声责备一边叫来餐馆经理投诉他/她，还是在做这些之前首先预判一下你的这些话语或做法可能使餐馆去这份工作，而使得他/她本来就已经捉襟见肘的家庭雪上加霜，以致陷入困境呢？你是否会想到这些身处底层的人，最后很可能难以承受因你的投诉而造成的生存之艰，而消极负面情绪的累积，最终又会导致这些本来就十分弱势的人，冲动地把他/她遭遇的失业等人生失败迁怒于你，报复你甚至伤害你呢？

　　因此，越是这种社会地位相对低的人，就越是需要你给对方以足够的尊重。即便只是打声招呼，也要显得热情和温暖，而不是冷冰冰地跟人家讲话，或者对人家爱理不理，更不能出言侮辱和贬损。和这些地位较低的人沟通，需要尊重他们，需要适度忍让他们，或者尽可能体谅他们的难处与不易，才会逐步缩小与他们的心理隔阂，得到他们的认可与接纳。

　　与不同身份和地位的人打交道，就需要恰当处理客观存在的上下级关系问题。而中国人的传统文化里又特别重视这种上下级关系的正确处理。对位高者应该表示尊重和恭敬，对位低者也应表示理解和体谅。

　　有一次上课的时候，笔者点名叫班里同学回答一个问题。第一位同学想都没想，就直接回答："不会，我不知道。"于是，笔者又叫第二位同学回答。那位同学思考了一会儿，回答道："老师，我还没想出答案，容我想想再告诉您吧。"笔者再叫一位同学，她也不知道答案，但她眉头一皱，跟笔者说："老师，您提的这个问题太有意思了，我很想知道具体答案。"

　　第一个同学的答语，很明显就没有意识到跟老师交流时应该揣摩老师提问时的心境和期待，而是不假思索、直截了当地回答"不知道"，不仅暴露出自己的"无知"（属于能力问题），而且表现出"不合作"（属于学习态度问题）。而老师也许可以接受学生们的无知，但对持不合作态度的学生，恐怕是很难有好印象的。

## 七、对经济状况不同的人说话，注意展示"志气"和"接地气"

　　"人的不同"不仅指涉上述的各个方面，而且包括不同的经济状况在内。人有暂时的贫富之分，但这种区分又不是绝对的。除去一些特殊情况之外，现时之富人，可能是未来之穷人，现时之穷人也可通过努力拼搏成为他日之富人。因此，与贫富状况不同的人沟通，要首先明白这些道理。

正因为富人正常的致富之路充满汗水和辛酸，镌刻着辛劳和奔波，也体现着人的自信、激情、梦想和矢志不移的毅力，因而真正有品位的富人，对这一切有历经沧桑的真实体验，对人情冷暖也感触良多。他们在待人处事方面，对金钱和财富本身可能会看得很淡，因而面对那些对他们的财富感兴趣，或者表现出虚伪巴结、阿谀奉承之人会不屑一顾，而更倾向于同气相求。因而对富人说话，应该尽可能避免展示你的势利态度，最好表达出你跟他是精神上契合的伙伴。再说，"人穷志不短"也是古训。因而，展示出自己不短的志气很重要。因为真正有品位的富人，会更看重那些在他们面前表现出自信和志气的人。鬼谷子也告诫我们，与富人打交道，最重要的是要学会展示我们的"高雅和志气"。

因而，与富人沟通，最重要的是要学会展示我们的"志气"。人可以穷，但志不能短，不能缺乏志气。富人作为某一行业领域的成功人士，自然懂得志气是成功致富的关键因素，一个人，不管他/她目前的经济境况如何，只要心存志气，未来就是可期的。

与富人说话，如果展示的是你的宏图大志，而不是打他的主意，你就会和他身边众多品位低俗、开口闭口钱不离嘴的凡夫俗子拉开距离，脱颖而出成为他/她关注和看重的人。因而，与富人沟通，切忌阿谀奉承，因为奉承并不一定能讨好，只会暴露你的毫无个性，会让富人不齿而主动疏离你。举个例子：

康平和小迪多年前曾是同学，本来都出身农村。如今康平成了富豪，而小迪依旧是普通的农民。两人再次相逢，不免感慨万千。小迪迎上去很平和地问道："老同学，你还记得我吗？"康平也亲切地回答："怎么不记得呢？咱们可是一直从小学读到初中毕业的同学，我俩那时的感情还很深呢。"小迪说："都周末了，你还在忙生意，我以前总是很羡慕富人，今天我才明白，富人也在辛勤打拼，也不容易。"康平说："你说得太对了！辛勤打拼，应该是不服输的人的常态，我因为想改变当年家里的贫困现状，才决定辛勤打拼，现在贫困问题解决了，依旧为了不向现实低头而努力打拼。"小迪说："你坚持拼搏的精神令我敬慕，我从今以后就以你为榜样，努力打拼，争取向你看齐。你可以多分享一些经验给我吗？"康平说："那是当然，只要你愿意。"

富人的内心也希望遇见一些真诚并且能够透过表象看到本质的人。小迪虽然经济状况不如康平，但话语中不仅显示出平等的态度，而且根据当时的情境抓住了富豪之所以富的核心——打拼，深得康平之心，于是被康平视为可深交之人，而不是那种为了钱财接近自己的人。

如果我们的交际对象是经济状况较差的穷人，首先要懂得理性看待人与人之间的贫富差距，以和蔼可亲的态度与之沟通，切不可出语嚣张、以财势压人，留给人一个"不过是个财大气粗的暴发户"的庸俗印象，时时注意不忘本，接地气。

在日常生活中，如果我们面对的交际对象属于那种经济比较拮据、囊中羞涩的人，我们跟他/她交往时，最好是照顾到他/她的这种由于特定的经济地位决定的性格倾向、心理需求和行事作风。跟这种人交往的时候我们需要根据他/她的诉求来选择和组织言语，如果我们选择的话题让他/她感觉对他/她目前的经济困境会有实质性的帮助，这样的话题自然可以多说。比如给他/她介绍一份兼职工作，或传授几样可以挣钱的生存本领，或讲几个有关从无到有的创业故事，他/她应该会感兴趣并对你有感恩的心。

此外，跟这类人打交道的时候，还需要掌握好什么时候最好别跟他谈钱、什么场合先和他把钱谈清楚这些基本功。如果我们不和这类人发生经济往来，在日常聊天中最好不要聊及那些高端、昂贵的与钱有关的事物，可以跟他/她聊孩子的未来，聊友情和亲情，聊各种纷繁复杂的社会现象，切忌跟他/她聊高端装修、月薪、年收入，以及豪车、别墅、名包、奢侈品、高档服装这类话题，因为面对一个经济地位本来就不高的人谈这些，就等于哪壶不开提哪壶，会带给他/她一种"此人专挑我的伤处和痛处撒盐"的交往感受。这样说话的后果肯定导致你们关系疏远，他/她对你或敬而远之，或产生"羡慕嫉妒恨"的排斥、仇富心理。

如果我们有时又必须和他/她合作完成一项涉及双方经济支出或金钱往来的项目或活动时，我们就需要和他/她谈钱，并且要明明白白地把各自必须承担的支出摆在桌面上切实地告知他，最好是先把合作项目所需要分摊的资金明细向他/她交代清楚，征求他/她的意见。在这样的情况下，最忌讳不跟他谈"钱"而跟他聊情义，经济上的差距很难用情义来弥合。经济拮据的人还有一种由自卑而导致的冷漠和排斥心理，不想欠人家的人情，他/她觉得若是欠了你的人情可能以后会让你更加鄙视他。所以你最好是本着"亲兄弟，明算账"的原则，让他/她先明白各自经济方面的分摊承担再谈合作。

笔者读研究生期间的室友是上海人，而笔者是湖南人。上海人的精明是有名的，而湖南人的豪爽也是很鲜明的。有一段时间，我们一起在宿舍搭伙做饭，每天早晨，我们轮流去白城的菜市场采购当天的食材，每一笔开销她都会用笔清清楚楚地记在本子上，分毫不差，晚上两个人平均分摊，她不得我的便宜，我也不欠她的人情。这段搭伙做饭的时间维持了两年之久，直到我们研究生毕业离开学校。

当拥有不同行事风格、消费习惯的人相遇，就应该协调彼此做人办事的作风和习惯，否则很难维持长久的交往关系。

## 八、对不同职业的人说话，须顾及职业需求和习惯

我们的社会有百行千业。个体成人后，凭着自己的技能和专长，按照劳动分工和社会需求，就会分属于不同职业；进入某一行业领域工作履职，就不可避免地遵循各自行业的劳动性质、运行规则、职业道德在这个职业的社会半径之内运行；久而久之，就会形成某些特定的职业需求、职业习惯和职业性格。跟不同职业的人交流，也要注意运用不同的言辞技巧。

我们每天都必须跟不同职业的人打交道，要想取得交际成功，首先就应该提前做功课了解交际对象的职业特点。比如你要到机关单位办事，你就要了解公务员的职业特征。公务员属于国家事业行政单位，是学历和综合素质较高的人群；行政事业单位的工作性质也决定了不同职位、年龄和资历的公务员等级分明，普遍谨言慎行。跟公务员进行沟通时，最好把他们当作同志或同道之人，或者情投意合之友，切忌以亲情或财物加以捆绑，更不可不顾原则，强人所难，诱惑其做一些违法乱纪之事。

同样，如果你到学校去视察教学工作，就要熟悉教师的职业特征。教师长期钻研理论知识和教学方法，或从事专业性很强的学术研究，工作于相对单纯的校园，教书育人，做人追求正义、公平和真理，追求独立，所以调研时不能颐指气使，以探讨的方式向他们了解情况会比较合适。

你如果想跟工人们做朋友，也要懂得工人的职业特征。工人主要是指在有严密组织和精细分工的企业中从事相对简单重复的技术工作或体力劳动的人。他们团队合作能力强，群体意识突出，比较关心工作条件和物质利益，工友之间非常讲究义气，爱打抱不平。和他们聊天，可以称兄道弟，回应他们的诉求和现实关切，可以海阔天空地开玩笑，不宜跟他们说大道理讲大信仰。

如果你要和农民打交道，最好也先弄清楚农民的职业特点。农民长期栖身于山林和乡村，春种秋收，满足于安居乐业，追求实用性。他们给你送菜不收钱，有了钱就用来改善住房环境。跟他们说话，要学会把他们的生活审美化，与时俱进地看待他们在新时代的新变化，多认同他们的生活哲学和生存智慧。

下面，我们用两个影视剧中出现的具体交际案例来作进一步的分析。先看电视剧《破晓东方》里的交际场景：

陈毅出任上海市长时，上海百废待兴。在银圆风波中，上海民族资本家荣毅仁配

合新政府的要求用人民币发工资，但是当时上海滩的金融冒险家赵丰年撺掇一伙资本家搞银圆投机，压榨民众血汗，反动残余势力和地下特务组织又气势汹汹地威胁商户拒收人民币，于是申新纱厂的一群工人因买不到食物导致生活困窘而闹事，其中一些人扬言要砸毁机器和工厂。这时，陈毅对工人们说："我问大家一个问题，假如说你家里有一只会下蛋的母鸡，你是想每天吃一个鸡蛋，还是想把鸡杀掉吃肉呢？""当然是每天吃鸡蛋呀。"工人们回答。陈毅接着说："所以啊，这个问题是刘少奇 4 月在天津提出来的。我们的工厂就好比是一只会下蛋的母鸡，你今天把鸡杀了，明天还能吃到鸡蛋吗？""不能。"工人们冲动的情绪逐渐缓和，静下来继续听陈毅市长和曾山副市长对劳资问题的看法。

在上述交际场景中，陈毅市长面对的是一群拿着各种工具、怒气冲冲处于饥饿状态的工人。他的这番说服性言辞，就很好地顾及了这群底层工人的职业特点，没有一开始就大谈什么劳资共赢之类他们听不懂或者不爱听的话题，而从他们最为关切的生活保障及工厂和老板的关系入手，用他们都能听明白的通俗的"母鸡生蛋"的比方，来说明工厂的正常运转对于工人的重要性。如果毁坏工厂，就会断了每天的生活收入，非但解决不了问题，反而只会使事情变得更糟。工人们听了，自然会放弃闹事回归冷静。

再看电影《万里归途》中的交际案例：

我国外交官宗大伟和成朗奉命开赴边境，执行协助一千多名被困务工人员的撤离任务。抵达后，他们发现阻力重重，由于战乱，好多人的护照和身份证都不见了，缺少证件，边境官哈桑拒不放行。后来宗大伟通过讲故事套近乎的方式斡旋，总算让哈桑表示如果可以提供临时身份证他可以考虑一下。可是当宗大伟千方百计、不畏艰难将办好的临时身份证交给哈桑时，他又换了新说辞：照片要蓝底的本人照，后来又要求加盖公章。宗大伟在他人的地盘，无奈只能按下心头的怨气，不停想办法。可边境官却屡屡设障，他被激怒了，质问哈桑："我们只是想回家而已，有错吗？"哈桑仍旧不依不饶：他是边境官，他就是最后的守门员。就算自己的国家现在战火纷飞，失去了秩序，但他们依旧要守住底线和原则。宗大伟听完，对哈桑说："你有你的底线，我也有，我的底线是带我的人回家。"

哈桑以自己必须忠于职业操守来解释和回应宗大伟的怨言，宗大伟也以相应的言辞来回应对方。这是宗大伟和异国边境官义正词严的外交抗辩，鲜明体现了双方从职业特点出发组织交际言辞的高超外交技巧。

## 九、对不同兴趣爱好的人说话，学会"投其所好"

社会交际实践中，不同个体有各自不同的爱好和兴趣，也是运用"见什么人说什么话"交际技巧时必须考量的另一重要因素。要成功地运用"见什么人说什么话"的技巧，还应该做到"投其所好"。

要真正做到"投其所好"，首先应该明白什么是"兴趣"和"爱好"。兴趣是指对事物表示出在意、向往、留意、关切或觉得有趣而试图了解的情绪。在心理学理论视野里，兴趣一般指人们对某种事物好奇或做出某种行为或参与某项活动的心理倾向或意识引导。而爱好是基于对某一事物或活动的兴趣，在对其有了一定的认知前提下，亲自参与某种具体行为或活动而形成的一种具有持久性的行为习惯。当人们对某种事物或活动还表现为隔岸观火式的心灵倾向、心理动机或情绪认同层面时，只能叫兴趣；当对事物的兴趣被进一步强化并转化为亲力亲为，指向对活动或行动的积极、实实在在的参与时，就变成了爱好。通俗一点说，兴趣就是一种喜欢的心理情绪，属于意识层次。爱好是心理意识的外化、强化和行动。比如，一个人对音乐感兴趣和爱好音乐的不同，就在于前者只是因为对音乐有一些感性体验或理性认知而表现出向往和喜悦的心情，可能他对唱歌、作曲和乐器演奏之类的实践活动一窍不通。而爱好音乐的人，则不仅表现出其对音乐的兴趣，而且是一个会连续从事某种与音乐有关的活动、不断参与某种音乐制作或演唱活动、熟练掌握某种乐器演奏技能的人。爱好是一个人对客观事物或社会活动更为全面深入的了解、参与、把握和实践。

正因为兴趣和爱好之间存在上述联系和区别，在参与言语交际活动之前，我们与不同兴趣和爱好的人说话，在选择具体交际言辞的时候，也应该首先了解这一点。要不然，人家对你说"我对昆虫很感兴趣"，你却瞪大了双眼很不理解地问他"你每天都跟昆虫生活在一起吗？"，这样还怎么交流呢？而你朋友跟你聊天时说过他爱好诗歌写作，你却在后来跟他一起爬山时问"你写过诗吗？"，人家会觉得你根本没把他说过的话放在心里，或者一点也不关注和关心他，你们的友情还有继续下去的可能吗？

和具有不同兴趣的人说话，要做到"投其所好"，还要提前了解交际对象的兴趣和爱好。因为人的兴趣和爱好属于一个人的性情，不像年龄、性别和所属地域、文化程度或身份那样具有外在标识，一眼就能分辨出来。他人的兴趣和爱好，需要我们去打听、查阅资料、通过第三方间接了解或当面亲自问询，抑或花时间跟对方去沟通和交流，才能准确把握。因此，要想做到"投其所好"，在交际活动开始之前，进行这些方面的准备是必不可少的，否则"投其所好"就只能是一句空话。

　　人的兴趣和爱好有一般性（大众化）的，也有特殊的。比如同一性别的人，可能有某些共同的兴趣和爱好，但是不同个体的情况也不尽相同，不能一概而论。比如一般女性都会对厨艺、养颜美容之类的话题有兴趣。但是假如这位女性还是一个高中生，或者是一个耄耋老人，跟她们谈论厨艺、养颜美容就不合时宜。假如某人曾经因为接受美容手术发生过医疗事故，你只要跟她提及美容养颜，那就等于往她伤口上撒盐，她会痛恨你，觉得你是故意讽刺或为难她。又或者某人出身富有家庭，家里有专职的厨师打理一日三餐，她也许就对厨艺不感兴趣了。再比如大多数女孩都爱好玩芭比娃娃之类的玩具，但是有些女孩可能一生下来就被父母当作男孩培养，她可能爱好变形金刚或无人机这样的"男性化"玩具；有些边远山区的女孩由于家境条件和地域民俗的影响，从小就没有玩具，可能从小就爱好户外运动或者手工绣花之类的。因而，面对不同的交际对象，在参与言语交际活动之前，都需要针对具体个人，结合可能影响兴趣和爱好的其他因素（如性别、年龄、地域、家庭背景、特殊经历），进行综合考量，斟酌具体、恰当的交际言辞。

　　一般来说，从事某一特定职业的人，也有可能发展跟其职业相关或互补的一些兴趣和爱好。比如一个文学院的教授，他有可能对航天科技、大国重器或社会新闻之类的文学专业领域之外的话题感兴趣，也可能对文学创作有兴趣，但他的爱好可能不限于教学或从事文学批评或撰写文学理论著作，还可能有某些一般人不知道或想不到的兴趣和爱好，比如爱好毛笔书法和服装设计。跟他沟通，如果你尽说一些炒股买基金之类的话题，和他的专业领域既不互补也不相关，他会觉得跟你不是同路人而逐渐疏远你。如果你能想办法提前了解他的兴趣和爱好，随便从哪一方面入题，他可能都会饶有兴致地倾听或跟你互动。

　　投其所好作为一种交际策略，要避免对"投其所好"进行一种"道德化"的误读。很多人可能会觉得投他人所好，是自我的奴化，或者是没有原则、无能或内心屡弱、手段卑劣的一种表现。其实，任何事情都必须一分为二地辩证认识。之所以强调"投其所好"的交际策略，恰恰是为了避免交际失误，求得双赢或达成我们自己的交际目的：

　　一天早上，一名作家给一位从未谋面却有事相求的大学教授发信息说："张老师，您今晚有空吗？我们今晚找个地方聊聊好吗？"张老师也想见这位作家很久了，于是欣然应允："好呀，我们到哪里见面比较合适呢？"作家心里盘算着："翼栈"虽然是本市最有名的咖啡屋，气氛和环境也是一流的，但是离自己住的地方太远，而且那里一份西餐至少要 500 元，一杯咖啡也要近 400 元，"奇诺"咖啡离自己住的地方近，花费只需"翼栈"的一半还不到。于是，他给教授发信息："有两家不错：'奇诺'咖啡，最近新到意大利进口拉瓦萨咖啡豆，据说味道很特别，醇香丝滑。他们还推出了改良版的慕斯蛋糕和新装修的书屋式包间，优雅舒适。还有市政府附近的'翼栈'咖啡也行。"于是，教授选择了"奇诺"咖啡，正中作家下怀。

作家主动提出邀约教授，在被问及具体见面地点之时，心中对具体地点还是有所考量的，因为一般谁请客谁买单，"翼栈"虽然档次高，但消费同样高，"奇诺"能够满足自己的需求，又可以避免高消费，于是他在回复教授时很巧妙地将说话重点放在对"奇诺"咖啡优质服务的介绍和推荐上，而将"翼栈"一笔带过。这样的信息不仅能够引起教授想尝试一下"奇诺"新服务的好奇心和兴趣，而且不露痕迹地达到了自己的交际意图。

假如是商务谈判，一样要从对方的兴趣和需要着眼选择具体的谈判言辞，才能取得有效的谈判效果。来看下面的案例：

腾达汽车配件公司主要给国内汽车生产企业提供行车记录仪等汽车装置，前几年因为产品性能比较稳定，赢得了一些常年合作的客户；而这两年因为疫情导致全球经济下行等多方面的影响，国外订单大量缩水。今年年初，东北区的汽车厂家提出压低价格的要求，配件公司的销售经理接收到对方的减价诉求后，召集公司各区的销售主管一起商量应对办法。因为，他们不想失去多年的合作伙伴，也不愿委曲求全做利润越来越少的生意，于是提出跟外商合作给汽车生产厂家提供一款价位虽然更高，但质量更有保障、功能更全面，使用体验也更好的行车记录仪品牌的方案。于是销售经理安排东北区的销售主管给所在区汽车生产厂厂长打电话说："穆厂长好，要不你们今年试试一款更加高端的产品吧？"厂长一听"高端"，就没好气地回复："现在的我们对'高端'产品不感冒。你不要再说了。"第二天，销售经理决定亲自坐高铁去跟厂长面谈。这一次，他吸取主管失败的教训，对厂长说："穆厂长，目前你们因为国外订单量的减少，是不是也在考虑汽车配件的升级换代呢？这样一来的话，订单量可能减少，但因为单位汽车的科技含量高，汽车的配置和档次也就相应提高了，这样不仅不会减少利润，反而会增加。这样吧，我们年初刚跟德国一家进口公司合作，代理他们的一款旗舰产品，这是目前世界行车记录仪里面科技含量最高、口碑也最好的顶级品牌，您考虑一下如何？"厂长连忙说："是这个道理，我们也正朝着这个方向想办法呢，那今年就跟贵公司合作先试试这款吧。"

同样的方案，同样的提议和交际目的，销售经理非常巧妙地换了一种说法，从对方的需要和兴趣出发组织言辞，投其所好，效果就截然不同了。

## 十、对不同性格的人说话，注意话语风格匹配

"见什么人说什么话"的交际技巧，除了需要考虑上面所说的各种情况之外，还有一个非常重要的方面也不容忽略，那就是性格。不同性格的人可以接受的话语风格也不一样。性格豪爽、行事果断的人不喜欢拖泥带水、拐弯抹角的话语；心胸开阔、不拘小节的人，对那些斤斤计较的说辞会非常反感；虚荣的人倾向于虚张声势、夸夸其谈；讲原则的人喜欢说话有根有据；沉默寡言的人喜欢说话简单清楚；偏执的人说话爱钻牛角尖；专制固执的人不能接受不同意见的表达；深藏不露的人说话惯于说一半留一半；圆滑世故的人偏好揣摩字面意思之外的画外音，等等。因此，和不同性格的人交际时，要学会察言观色、投其所好，尤其要注意双方话语风格的匹配。

话语风格是个内涵比较丰富的概念，一般指说话人根据具体的交际情境和双方的脾气、性格及秉性而呈现出的话语素材、方式方法和技巧等，将这些因素结合在一起说话时，留给他人的个性化的印象。因此，针对不同性格的人，也要在聚焦性格的同时，综合考虑彼时彼地的交际情境，选择说话素材并运用恰当的表现方法组织具体言辞，才能有效解决问题。

下面是一个心理学教授和一个具有性格缺陷的年轻人的沟通故事：

朱彤是大学心理学教授，因为工作关系，应其家人的请求，认识了一位浪漫乐观但有些不切实际的自由职业者齐思远，并应其家人的请求试图对他不切实际的性格实施心理干预。朱彤给他留语音："思远，有空么，我们一起驾车到郊外去吹吹风吧？""好主意，我来接你！"于是他们一起出发，齐思远先开口："朱老师，我唱首歌给你听听吧。""好呀"。"歌唱得不错，你喜欢唱歌，有这方面的职业规划吗？""我想做个流浪歌手，不想参加专业的练习和烦琐的考评，一路歌唱，一路吸引粉丝，就轻松有趣多了。"朱彤说："思远，你的名字挺有深意的，是幻想远方，还是思虑深远呢？""这个我倒是还没想过。""这样吧，我那里有本《三毛流浪记》，讲的是一个跟你有同样梦想的女作家三毛的流浪故事，里面有很多有趣轻松的情节，看完后，我们再一起讨论流浪歌手这个伟大的计划。""谢谢。"一周之后，齐思远来还书，朱彤问他："看三毛流浪的感觉如何？""我知道你想说什么了，我现在只想轻松，不想和你讨论流浪的话题了。""现在不讨论也可以，一个月之后，你想好了我们再讨论好吧。"

朱彤与她的心理干预对象的交谈，就是从对方的性格特点出发组织具体话语的，一开始就以一种邀请其外出吹风的方式轻松地取得了对方的好感，因为她知道浪漫乐

观的人会排斥过于严肃、无趣的说教。紧接着，她又抛出一个问题，倾听对方的职业规划，把它当成一种平等的分享方式。接下去用提出建议，引导对方通过看书自我感知、自我体验，在对方试图逃避问题时又留出时间让对方自我反思，自始至终都没有摆出一副高高在上的说教者的姿态明显指出其不切实际的地方。朱彤的心理干预之所以会成功，很大原因在于其说话风格切合了干预对象齐思远的性格特点。

我们再来看一则失败案例：

大学毕业前夕，陈俊经人介绍得以约见某广告公司的人事部负责人，本想借此机会向负责人表达自己想要应聘该公司文字策划这个职位。他进门后，对负责人说："贵公司的业绩很不错，在全市广告市场中的占有率很高，贵公司的广告专业毕业的员工应该也很多吧？"负责人点点头。接下去他又说："随着传媒事业的发展，热爱广告的人也在不断增多。""嗯。"负责人看了看墙上的钟。"文字策划这个岗位对员工的文字素养要求比较高吧？"他还在继续兜圈子。"抱歉，我还有事要忙，我得先走了。"这个办事风风火火、讲究效率的负责人见他说的尽是废话，于是不等他把话说完就借故离开了。

陈俊在和负责人交谈之前不了解负责人的性格，没有考虑他能接受的说话风格。所以只能没有针对性地自说自话，说话支支吾吾，转着弯绕了半天，都没切中主题表达来意，错失机会也就在所难免了。

每一个身在交际场中的人都要知道，要想达到自己的交际目的，就不能不把对方的性格放在心里，而大千世界，人的性格迥然有别，切不可不顾他人，自说自话。

# 本章结语

需要强调的是，人的多样性，注定了任何的分类都只是对纷繁复杂的人进行一种比较概括的把握。而人的各种属性和特征，在具体的交际实践活动中，又不是单独出现的。因此，我们对上述具体应对方式，不能割裂套用，要根据具体交际情境，多方面结合起来灵活运用。不过，只要我们掌握了上述的基本分类，就可以按此思路以此类推，在知人辨人的基础上把"见什么人说什么话"的技巧运用得游刃有余。

# 第四章　什么场合说什么话

与人交际，不仅要懂得"见什么人说什么话"，而且要学会"到什么山上唱什么歌"。后者强调的其实就是"什么场合说什么话"，说话要看场合：根据彼时彼地交际情境来取舍话题、内容，切合交际活动发生的时间、地点和氛围，并综合交际对象的各方面特定情况来组织具体的言辞。无论是公务应酬、学术商讨、商务谈判，还是日常的闲聊消遣，要想取得好的效果，就必须掌握这一技巧。

## 第一节　"什么场合说什么话"言辞技巧的精髓

要掌握"什么场合说什么话"的言辞技巧，首先就要明确其要求和宗旨，掌握其精髓。如此才能在交际实践中按照这些要求去制定相应的言语行为方案，才能围绕明确的交际目的做足扎实的言语功夫，以要求为指引，才可以少走弯路，避免不顾场合的交际失误。

### 一、既定场合说话必须应时应景

孔子说："言未及之而言谓之躁，言及之而不言谓之隐，未见颜色而言谓之瞽。"① 这句话就告诫我们说话要把握时机。不该说的时候如果嘴快，会显得唐突浮躁；而该说的时候知而不言，又会涉嫌隐瞒；不会察言观色，说出来的就是瞎话。因而，要做到"什么场合说什么话"，首先就要求尽量应时应景。

应时应景就是要求话语要注意应和当时的时间、情景。说话之前先考量时节、时机、时候等即时因素，与交际活动相关的一切情境因素，如交际活动的公开或私密，交际氛围的严肃与轻松、欢乐或悲哀，还有具体的上下文语境，说话人对交流地点、环境以及对象的熟悉程度，对方内心的好恶等。

---

① 刘毓庆. 论语绎解［M］. 北京：商务印书馆，2017：322.

一个叫小慧的女孩到市里一家酒店的后厨去找她的父亲，抱怨毕业后一直找不到合适的工作，父亲给的钱快用完了，生活即将陷入困境。父亲是这家酒店的特级厨师，听了心里也很不是滋味，但他觉得这个时候跟她简单地做思想工作应该无济于事。于是，他眉头一皱，计上心来：

他找了一个芋头、一个鸡蛋和一勺蜂蜜，分别放入一字排开的三个炖锅里用冷水煮，女儿在一旁轻声叹气。等了大约 25 分钟，水煮开了，父亲把这三样东西一一捞出来分别放在三个不同的盘子和杯子里，然后问："小慧，你看到了什么？""不就是芋头、鸡蛋和蜂蜜水吗？"女儿不情愿地回答。他说："去洗下手再过来。"女儿过来后他先叫她摸摸芋头，她感觉芋头较软糯。父亲再叫她敲开鸡蛋，她发现里面煮熟的蛋白和蛋黄，然后他让她喝掉那杯甜甜的蜂蜜水。女儿还不明白父亲的意思："爸爸，你这是什么意思？"父亲于是开导她说："这三个小不点，和你一样，刚刚也遇上了共同的困境，无可奈何地被投入锅中经受开水的煎熬，但其反应各不相同。芋头入锅之前又硬又结实，但经开水煮过，它变软弱了；鸡蛋之前轻薄易碎，但经沸水一煮，它的内心变结实了；而蜂蜜更不同，进入沸水之后，它使水发生了变化。当陷入困境时，你该如何反应？你是芋头，是鸡蛋，还是蜂蜜？"

这位睿智的父亲，别出心裁，巧妙利用女儿进厨房的时机随手拿起厨房里的食材，凭借自己作为厨师的工作经验，用应时应景的言语行为给少不更事的女儿上了一场别开生面又效果良好的思想教育课。

生活中有很多人都能如上文中的父亲那样，能够根据周围的情境或场合得体地选择具体的交际言辞和方式，因而可以事半功倍。也有不少的人对"什么场合说什么话"这一技巧的重要性缺乏感知和实践体验，就很难避免这方面的言语失误了。且看下面的事例：

据报载，葡萄牙的环境部部长，只因不看场合说了句玩笑话而丢掉了乌纱帽。事情经过是这样的：葡萄牙的阿连特加地区水中含铝超标，已经致使 16 个人脑部受损医治无效而先后死去，医院里还有些同样的病人处于危险状态。政府决定彻底查清原因，采取防治措施。为此，环境部、卫生部的负责人、专家们和有关的医生在米纽大学举行讨论会。会后休息时，环境部部长指着医院的几个医生对大家开玩笑说："你们知道他们和阿连特加地区最近死去的那些人有什么关系吗？他们将那些人弄到回收工厂，从那些人的肾脏中回收铝。"①

身为环境部部长，却不识时务地在人命关天、焦急万分的严肃紧张场合说这种与

---

① 方瑾. 说话的艺术 [M]. 北京：企业管理出版社，2006：39.

自己身份极不合适的荒唐、哗众取宠的玩笑话，实在不是明智之举，也难怪他之后不得不公开道歉并以辞职收场。

## 二、场合改变时尽量做到言随境迁

孔子不仅强调了在既定场合说话必须应时应景，而且身体力行地诠释了"什么场合说什么话"这一技巧的另一精髓，场合改变时尽量做到言随境迁。《论语》中《乡党》第一章里有如下记述："孔子于乡党，恂恂如也，似不能言者；其在宗庙朝廷，便便言，唯谨尔。"①

孔子明白言随境迁的道理。在乡间，他为了能听到乡民的真实心声，放下架子选择谦恭、大智若愚的说话方式。而在宗庙朝堂，由于要和国君、朝丞们一起商议国家大事，提出自己的治国方略，他又表现出应付自如、能说会道且严谨有度、不失分寸的话语风范。

交往活动中，随着个体自身年龄、身份和地位的变化，或者因为主观交际意图的改变，以及某些工作任务的完成，加上社会环境的变动不居，同一个人会遇见不同的交际场合。这时的交际言辞就应该追求言随境迁，情随景迁，才不至于言语出格闹出荒唐的笑话。比如，医生在工作场合和同事会诊病人，可以谈人体的器官和内部结构，谈疾病、药物和治疗，谈如何健康养生等；而如果他在逛街，在陌生场合就不应该再谈人体器官之类的话题；如果去参加人家的寿宴或逢年过节跟家人团聚，就不能再谈疾病等令人痛苦的事情；如果到一个经济十分拮据的亲戚家里去做客，也不宜大谈营养搭配、健康养生之类的享受。同样，一个企业的推销经理，在商务谈判场合可以跟合作伙伴谈金钱讲利润；到了应酬的酒桌之上，就应该聊感情、关注孩子，不谈工作也无关利益；回到家里，和家人聊天，就应尽量回避投入和收益之论。同样，在私人闲聊场合像作报告那样一本正经，或者在庄严肃穆的葬礼仪式上发言时像小品那样追求幽默效果，就会给人一种不合时宜的感受。所以"什么场合说什么话"的交际技巧强调的就是言随境迁。

言随境迁最难得的就是交际主体能够根据变化了的场合，迅速感知和指认当前交际活动所处的具体情境，敏捷地进行言辞效果的预判，规避可能的交际失误，作出巧妙的临场发挥，能够出奇制胜。我们来看一位古代厨师在这方面表现出来的高超技巧：

---

① 余东海. 论语点睛 [M]. 北京：中国友谊出版公司，2016：331.

有一次晋文公想吃烤肉，厨师做完后将烤肉端上来。可是晋文公在吃的时候，竟然发现烤肉外面缠着一根长头发。晋文公觉得这样的过失是对自己的羞辱，于是命人将厨师押上来。厨师一看，心里就明白这是有人故意陷害他。于是厨师立即跪倒在晋文公的面前，说道：

"臣该死，有三条大罪：一罪，厨房的刀太锋利，肉能切断，头发却未断；二罪，烤肉之时，来回翻动，没有发现头发；三罪，炉火太旺，肉都烤熟了，头发竟然未焦。臣有罪，无需申辩，请治罪。"

一个拿锅铲的厨师，面对怒发冲冠的君王，深知自己的地位卑微，无从辩驳，如果一言不慎，后果不堪设想。于是他先承认有错，并巧妙地将自己发现并总结出来的明显疑点放在三条罪状里陈述出来，晋文公一听自然明白，让人彻查之后果然发现是有人陷害，最后厨师免遭惩罚。厨师的言辞既无损君王面子，也为自己洗了冤屈。有时，以退为进好过急躁冒进，先低头好过强出头。所谓技巧，全靠机变。

一次中央电视台"心连心"艺术团下乡慰问演出，周边乡镇的民众都来观看，场面热闹非凡。可节目进行到大约一半的时候，天公不作美，顿时天空乌云翻滚，眼看着哗啦啦的暴雨即刻就变成了巨大的雨幕倾泻在大地上。于是，人们开始焦急和不安，歌声也随即停了。这时，主持人一个箭步走到台前，对老乡们说："×××的动情歌声，把她自己的眼睛唱湿润了，也把老区人民的眼睛唱湿润了，连老天爷的眼睛也唱湿润了！乡亲们！我们演员都商量好了，如果雨下大了，只要大家不走，我们演员就绝不会走！"听到这样的表达，台下的观众瞬时被感染，响起了雷鸣般的喝彩声，大家不再骚动了，都安静下来继续观看演出。

在意外的突发状况下，此案例中主持人就懂得"场合改变时尽量做到言随境迁"的技巧，及时冷静地稳定了乡亲们的情绪，成功化解演出中遇到的尴尬。

### 三、交际主体还可以积极创设场合/情境

为了达到更好的交际效果，在不同场合说不同的话，单单是消极被动地去迎合交际场合还不够，交际主体还应该根据上文论述的两个方面的基本要求进一步地自我发挥，积极多渠道创设有利愉快沟通、提高办事效率的交际情境，寻找合适的场合，使环境气氛服务于自己的交际目的或话题需要。

《红楼梦》第三十八回"林潇湘魁夺菊花诗，薛蘅芜讽和螃蟹咏"中提到的"史湘云大摆螃蟹宴"，就是薛宝钗借史湘云办诗社心切而钱不够的机会，从自己的交际目的出发，根据特殊时令创设的重要场合。她在金桂飘香、螃蟹当季的时节，匠心独

运地鼓动史湘云摆螃蟹宴，自己出螃蟹，以史湘云摆家宴的形式，邀请贾母等众人至大观园赏桂花，以螃蟹待客，主客同席，既养眼又饱口福，其乐融融，成功地达成了自己的交际目的。把螃蟹送给史湘云张罗请客，一方面为之前想要请贾母赏桂花吃螃蟹而尚未行动的王夫人分了忧并办成了事，另一方面还规避了"无事献殷勤"的恶名，既拉近了与贾府王夫人和贾母的关系，也解了史湘云的燃眉之急，还成功结交一位出身名门、和贾母有亲戚关系的、事后可能方便自己在荣国府走动的史家大小姐，打通了各方关系。

　　同样，为了工作需要，也可以创设和工作性质符合的场合以保证办事效率。一个专职教师，如果需要跟学生讨论习题方面的问题，可以在教室或办公室这样的开放式地点进行，因为在这样的场合能够体现教师的工作性质和职责。假如是班主任或辅导员，发现学生出现了性格、心理或思想方面的问题，想要开导或者教育他，大庭广众的场合就不合适，必须寻找两人单独相处的场合，可以到学生家里做家访或者把学生叫到自己的办公室来谈。同理，公司老板如果要跟员工交代工作，可以选择在单位的会议场合或办公室谈，能使谈话更正式也更凸显工作性质；如果员工出现消极怠工或屡教不改的思想问题，则老板最好是创设和员工单独相处的机会，放低身段，以朋友或兄弟姐妹相称开导员工。

　　有时，还可以运用"什么场合说什么话"的交际原理，创设合适的特定场合，并通过此场合下人们的交际言辞来了解他们的心理动向，从而制定出符合民意的管理措施或工作计划。

　　某海关组织部想考察中层干部人选，先让人事科工作人员把候选人的名单透露出去，然后让工会主席组织一次全体人员参加的爬山活动，组织部负责考察的干部也在其中。活动进行的当天，利用大家一起爬山休闲这样的非正式场合，注意倾听沿途三五成群的员工对选拔中层干部这件事的反应，及时捕捉大家在小饭馆吃午餐闲聊时各自发表的观点和看法。负责考察的干部听到了许多有关候选人的发自内心的真实声音，收集了很多重要信息。这些声音和信息，如果按常规考察程序，比如先召开大会举手表决后找几个员工单独谈话，是根本无法得到的。

　　上述海关组织部的做法，就是为了达到全面考察干部候选人的交际目的而积极主动创设的非正式的特殊交际场合，让员工在这种非正式的休闲场合中自由自在地发表对他人的看法，吐露心声，才能接近真相。假如用传统的开大会举手表决的方式去考察，很可能得到的都是一些什么都好的正面评价，无法获得来自基层员工发自内心的对候选人为人处世、办事能力等方面较为全面真实的客观评价。

## 第二节 "什么场合说什么话"言辞技巧的应对重点

交际实践中的场合各种各样,不同的交际场合需要有技巧地使用不同的交际言辞。具体来说,也可提前根据具体场合做出具体的言辞技巧应对方案。一般情况下,陌生/人多的场合,小心言多必失;正式/公开场合说话,讲究中规中矩;休闲/私密场合说话,尽量轻松幽默;悲/喜场合说话,须切合气氛;特定场合说话,注意灵活变通;场合改变时,切记转换角色。

### 一、陌生/人多的场合,小心言多必失

有个成语叫"言多必失"。鬼谷子也说:"故言多必有数短之处。"[①] 在陌生/人多的场合,交际情境的不确定和复杂性就更加凸显,难以把握。不了解谈话对象的身份地位、语言习惯或行事风格;对在场人员各怀心思、纷繁复杂的交际意图也无从知晓;对该地的民俗风情也不熟悉。在这种云遮雾障的情形下,说话和交流就需要特别谨慎,要尽量做到才美不外现,保持低调内敛的做人风度。

《红楼梦》中的林黛玉丧父之后,初进荣国府,曹雪芹形容她"步步留心,时时在意",林黛玉选择谨言慎行,因为她明白在陌生场合须保护自己,不得罪别人。因此,我们也应记住:在陌生场合和别人打交道时,不可任意畅聊,将该说的不该说的全部抖搂出来,说话须注意留三分,切忌交浅言深;切记不要跟人轻易说自己比他人优越的条件、以前做过的错事或傻事,以及那些还没有尘埃落定的规划或蓝图,因为这些说出来或者涉嫌"自以为是的炫耀",或者涉嫌"家丑外扬"或"夸夸其谈"。可以说些一般礼节性的问候语或客套话,或报以微笑之类的无声语言,尽量察言观色,多听少说;必须严格遵循少说的言语准则,不可目中无人、我行我素、肆意妄言,也不可口无遮拦,将自己的底细和盘托出。

陌生/人多的场合说错话,轻则损害个人形象,得罪他人,重则违背自己的交际初衷,导致难以预计的交际失误。在一些人员组成不怎么清楚的场合说话,还要注意可能有陌生的第三者"他/她"在场,如果狂言无忌轻视他人,甚至背后闲话别人的短处或诋毁别人的名誉人格,被第三者听到,传到当事人耳中,就会给自己惹上麻

---

① 鬼谷子. 鬼谷子全集:四 [M]. 哈尔滨:北方文艺出版社,2016:1120.

烦。且看下面的例子：

在一次和同事共同参加的小型聚会上，小李很兴奋，一边端着酒杯喝酒，一边就和同事明珠聊起他们公司老板的私人秘密，言语中也表示出对老板道貌岸然的不满，还不忘说了一番他打心里看不起老板的轻蔑的话。说完后，一位打扮得颇有风度的女士走过来问他："先生，您认识我吗？""不认识，你是？""我是你刚才说的那位老板的妻子。"小李当时就说："坏了。"坏话已经说出，也就覆水难收了。不久后，小李就自觉尴尬，离开了公司。

聚会上小李和老板之妻的言谈就典型地说明了日常生活中的说话者会不会有效运用"什么场合说什么话"的技巧的问题。小李也许是酒醉有些糊涂了，或者是图一时口快，没有注意在有陌生人的场合，随意在人背后闲谈别人的私生活，诋毁自己的老板，展示的是言语的冒犯。而老板之妻却能注意到场合，没有当场指责陌生的小李，而是静静听完，冷静发问，不带恶意和愤怒，表现出成熟理性的为人处世风范。再看下面的案例：

一位大学教授帮助在电视台工作的女生曾真介绍对象，男方是一位刚回国的哲学博士，外貌不错，事业有成，可就是还住在学校的单身宿舍，没有房产。曾真第一次约见那位男士时，很想知道他的经济能力和家庭情况。但是她考虑到如果初次见面就谈经济问题，会显得很唐突，还可能留给对方"拜金和重物质享受"的不良印象。于是，她在客套的寒暄和聊天之后说："我们先做朋友吧，互相了解了解。"她跟对方交换了联系方式，加了微信。在后续微信聊天中，她逐渐了解了自己关注的方方面面，后来他们成了恋人。

曾真在不了解对方的陌生场合，没有被个人的好奇心驱使，直接提问打探对方关于住房的事，因为她不知道对方确切的经济实力，是确实买不起房还是故意暂时住在没有产权的宿舍来试探自己的态度。于是，她用大方和谨慎的言辞规避了可能出现的尴尬。

## 二、正式/公开场合说话，讲究中规中矩

所谓正式场合，指气氛比较端庄、严肃的场合，一般包括各种正式会议、辩论、演讲、研讨、谈判、公众聚会或集体晚宴等。正式场合对参加者的身份、地位、服饰、仪容，对讨论话题、内容重点、发言次序、言辞方式及时间都有较为严格的规定。公开场合，指的就是可以对社会公众开放的场合，比方说新闻发布会、采访现场、公开课、宣讲会等。正式场合和公开场合有区别，也有共同点，姑且将其放在一

起讨论。

正式/公开场合说话一般要先拟草稿，内容要有针对性，观点鲜明，言之有物，言简意赅；不能不着边际，天马行空，也不能大大咧咧，毫无章法；侧重理性规范的知识性表达或周知性信息的传递，拒绝花言巧语和过多修饰；出语必须郑重确切，切忌故弄玄虚和模棱两可，无须过分张扬个性，保持中规中矩就好。

正式/公开场合说话，在话题的选择上需要特别讲究。下面我们先看两个在公开场合说话失误的案例：

某日，某公司在市里的宏达酒店召开公司年会，市里的分管领导、公司董事以及所有的高管还有职员代表全数到场，年会上有个规定环节，需要代表们上台发表 3 分钟左右的年度感言，轮到毕业于某知名重点大学的杨广发言时，他不无炫耀地说："从××校毕业的我，本年度为公司贡献了几个具有创意的设计方案，创造的财富也不少，没令大家失望我很高兴。"话音刚落，另一位同事孙科连忙接话："要论出身的话，还是我毕业的××校要比你的××校要好吧。"说完孙科还用目光扫视了一下整个会场，接着调侃说："在座的，还有谁和我一样毕业于××校吗？"眼看着攀比母校的戏码即将上演，这时候，处于劣势的杨广显得非常尴尬。幸亏主持人及时出来发话："杨广、孙科两位同志，你们毕业的学校都各有成就和特色，培养了你们俩这么优秀的人才，你们也很爱自己的母校，杨广的感言很有风格。"不仅给了孙科一个可以下的台阶，也让杨广心里舒服多了。

杨广此次的交际失误在于不该在公司年会这种典型的公众场合拿自己毕业的母校这样的个人话题说事，这样的话语无异于自我炫耀，自然会招致同事的反感，孙科的接话则涉嫌在公众场合互相攀比，哗众取宠，后面的问话更是给当时在场的众人一种目中无人的感觉。两人的话语都表明他们不懂公众场合说话的忌讳。幸得主持人及时救场，主持人的话语比较得体，照顾到了在场各方的心理。

在公开场合谈话，还要注意自己的身份。森喜朗在这方面的失误也值得反思：

2021 年日本东京奥运会前夕，《朝日新闻》报道：东京奥组委主席森喜朗此前在东京奥组委的会议上说，女性可能话太多，会议如果有很多女性参与，就会花很多时间；假如要增加东京奥组委的女性理事会成员人数，必须确保她们的发言时间受到限制，因为她们在完成发言的时间控制上有困难，令人困扰。

森喜朗如此明显的"女性歧视"言论在社交媒体触发民众怒火，舆论哗然。森喜朗不得不于 2021 年 2 月 4 日为他违背奥林匹克精神的"不当"言论道歉，最后引咎辞职，不得不放弃了担任多年的东京奥组委主席职务。

森喜朗的失误，就在于在严肃庄重的公开场合毫不顾忌自己奥组委主席的身份，竟公然说出如此歧视女性的话语，严重违背追求公平公正的奥林匹克精神，丢掉职位也就不足为怪了。

我们还会在公众场合遇上各种说话不得体的公众人物。比如在新冠肺炎流行期间，有主持人在采访公众人物时竟然说出"感谢这个疫情让我们沉下来放松心情"这种不得体的话语。无独有偶，笔者的一个同事也曾经在单位的工作群里发消息："中午做核酸很幸福。"此言一出，立马就有同事反问："我们大家都觉得做核酸不是什么好事，不知你从哪里感觉到幸福？"

这些个人感受式的话语如果出现在同事或朋友之间闲聊的非公众场合自然问题不大，但是在这位主持人参加的严肃而庄重的公开场合，或者是在工作群这样比较正式的信息交流场合，无疑都是不得体的。更何况疫情给全世界人们带来那么多的伤痛、恐惧和死亡，在艰难时期说这样的话，就暴露出说话者内心缺乏对生命的尊重和敬畏，给人留下负面的印象。

因此，公众场合最忌讳的就是以自我为中心谈论涉及私人感受方面的话题。因为公众场合跟私人场合不同，接受对象的多样化和思想情感的个体性决定了你的私人感受很可能得不到回应而受到反驳。

如果是有媒体记者跟拍的公众场合，说话就更应该照顾所有在场者以及顾及亿万观众——潜在接受对象的听话心理。现实生活中，稍不注意，就容易发生交际失误，即使身为高管，有时也难以避免：

在某次有重要平台记者跟拍的餐会上，某公司的一名女性副职高管，为了在老总面前展现其勇于打拼的能干和表示忠诚，想趁此机会让老总加深其作为公司中流砥柱的好印象，以达成自己不因意外怀孕而被公司架空，保住高管职位的诉求，竟然在老总具备提议干杯的时候对着记者的镜头说出："我怀孕几个月了，一直没休息。"接着继续说："我不会耽误工作的，老板！"此语一出，老总顿时一脸乌云，只好一边解释无论是法律规定还是公司内部制度，都没有人规定和强制她干工作不休息，既用暗示性的话语指责她没有必要以为自己很重要，也没必要那么拼命。

上述案例中的女性高管，严重忽略了特殊公众场合（有重要媒体跟拍的餐会）中在场和潜在的交际对象——该拍摄节目播放之后可能面对的亿万观众，完全以自我为中心，顾此失彼，才会说出如此不得体的言辞。她根本没有考虑到"高管怀孕得不到休息"这样的说辞，留给在场者和亿万潜在观众的信息就只能是该公司的管理缺乏基本的人道主义考量，让人认为该公司高管不和，同时也会损坏老总关心和爱护员工的既有形象。同时，当时在场的老总听了，也会觉得其在故意拆台，利用这样的场合给他难堪。这样，其话语动机和效果也就南辕北辙了。

公众场合说话，还要注意不要轻易指责领导和下属犯错，让人当众出丑。如果实在需要指出来，也应该选择私人场合。

谢松毕业于名牌大学，工作干得很出色，他对自己也非常自信，于是逐渐养成了爱挑同事毛病的言语习惯，同事一旦工作上出现失误，他总爱不留情面地当众指责对方一番："你怎么能那么干呢？一点小问题你就解决不了了吗？动动脑子好不好？"

同事们已经习惯了他的说话风格，大家忍忍也就过去了。谁知谢松将自己当众指责他人错误的言语习惯也带到了更重要的公众场合，在公众场合，他也从不给领导面子。有一次上级单位来检查工作。领导带着谢松等几个同事一起接待，在汇报工作时，领导不慎说错了一个细节。谢松就抓住这点非常无礼地打断领导的话语，并当众指出领导的错误。

在有上级单位检查组莅临检查工作的公众场合，谢松的言辞让领导很是尴尬。为避免事态进一步发展，领导试图跳过这个问题，哪知谢松却紧抓不放，说领导对待工作更应该认真，在检查评比环节，尤其不能出丝毫纰漏。

上述案例中的谢松，说话不分场合，竟然在公众场合抓住上司的无关大碍的错误大加发挥，让上司在上级检查组面前下不来台，他压根儿没有顾及这番话说出之后会在上司心目中留下什么印象。上司要是大度宽容还好，如果计较一点，也许会认为谢松如此说话不是存心让自己当众出丑，就是为了出风头，在比他更高地位的上级面前图个好印象。得罪了上司，人际关系经营出了大问题，在单位被"边缘化"就为期不远了。

正式/公开场合说话还必须注意控制时间。不占用过多的时间，也是对他人的尊重。

马克·吐温曾经说过，有一次他去听一位牧师传教，开始听得挺有好感，准备捐献身上所有的钱；过了一个小时，他听得厌烦了，决定留下整钱，只捐献些零钱；又过了半个小时，他决定分文不捐；等到牧师说完了，他不仅不给，还从捐款的盘子中拿出两块钱作为时间的补偿。①

显然，案例中的这位牧师说话不顾场合，拖沓冗长，招人厌烦。

### 三、休闲/私密场合说话，尽量轻松幽默

和上文讨论的公开正式场合相反，休闲/私人场合一般指那些非正式或非公开的

---

① 宋莉萍. 礼仪与沟通教程［M］. 上海：上海财经大学出版社，2006：399.

场合。休闲场合一般指不受外在规范约束、非正规、可以自主支配和自由活动的场合，主要包括外出旅游、个人闲聊、逛街购物、走亲访友、户外锻炼或者私人聚餐聚会等。私人场合主要指具有亲密关系的家庭成员参加、只有个人在场或专属某人的场合，如小家庭闲聊、夫妻卧谈等。休闲场合和私人场合对言辞技巧的讲究有所区别，但有很多共通之处，姑且放在一起讨论。

休闲/私人场合的气氛比较轻松、随便，话题和内容可以信手拈来，还可随时切换，参加者都是相对熟悉或有亲密关系的人，说话态度讲究亲切、随和与自然，追求幽默、风趣；可以放任激情和冲动，发发牢骚也无妨，也无严格的时间限制。休闲/私人场合说话无须提前作准备，即兴有感而发就好；话语风格也没有统一规定，可思接千载、视通万里地想象，也能漫无目的、毫无章法地乱说，可海阔天空、鸡毛蒜皮地闲聊，也可事无巨细、喋喋不休地诉说；言辞也不避粗俗、猎奇、插科打诨或哗众取宠，主要侧重感性情绪的表达或宣泄，以及小范围非周知性信息的传达；拒绝虚张声势、咬文嚼字和呆板僵化，出语可以尽显脾气和秉性，切忌教条主义、条条框框、拿腔拿调，保持自由个性就好。

休闲/私人场合还要注意称呼的自然亲切，一般不用或少用职务/职称性称呼。因为职务/职称标志着一个人的身份、地位或专业水平，而在休闲/私人场合恰恰不需要强调而是要淡化这些身份、地位、能力或水平的差别。因此，在休闲/私人场合适合用非职场称呼，用彰显辈分、亲属关系或一般的职业性称呼就好。比如你和一个有着教授职称的同事互加微信后，聊天场合就不要开口闭口"××教授"地称呼对方，称呼时用对方的"姓"加上一般性职业"老师"就好。而年龄相差不大的好朋友可以以"姓"加"兄弟姐妹"相称。如果不懂"休闲/私人场合说话，尽量轻松幽默"的交际技巧，就很容易产生交际失误：

一位医疗器械公司的销售经理，周末约妻子去打高尔夫球放松，在去的路上就一直在接客户电话，他一会儿强调产品的使用方法，一会儿说明功能和作用，直到下车进了球场入口，电话还未打完。妻子生气了："你到底是约我出来打球的还是听你谈生意的？"于是她撇下丈夫独自打了出租车按原路回家。

这就是典型的不懂休闲场合说话技巧导致的失误。很多人都会犯这种把工作语言带到休闲场合去说的毛病，这是对亲情的忽视和对亲人不尊重的表现。

还有的人习惯性地在休闲场合用职业术语说话，再看下面的例子：

寒假的一天，家人群里舅舅提议大家一起聊聊。于是，刚参加工作的小丹踊跃加入，说："××专卖店的多媒体运营太复杂了，需要24K短视频，还要准备设计具有创意的DM单，弄得我夜以继日地工作，简直焦头烂额。"舅舅马上提醒她："小丹，说点大家都懂的开心事哦。"

　　小丹就没意识到在家人群这样的休闲聊天场合，不应该说别人听不懂的职业术语，也不适合带入不良的工作情绪，否则只会遭人嫌弃。诸如此类的场合，要有话可说，有天可聊，还要注意丰富自己的业余生活，如花点时间了解一些美食、影视剧等大家都感兴趣的话题，聊天中就用来代替那些非大众化的职业术语，才能使大家都可以分享和反馈自己的看法和意见，才不会冷场。

## 四、悲/喜场合说话，须切合气氛

　　场合以气氛论有悲喜之分。喜庆场合一般指的是庆典性或庆贺性场合，如开业庆典、剪彩活动、庆功晚宴、联欢晚会、颁奖典礼、毕业典礼、生日晚会、寿宴、乔迁餐会、婚礼现场、小孩满月酒宴等。悲伤场合则指引起人们难受、悲哀、痛苦或恐惧不安等消极情绪的场合，比如灾难事故现场、追悼会、祭祀仪式、葬礼、收治重症患者的 ICU 病房等。喜庆场合和悲伤场合虽然看起来截然相反，但二者的气氛因素是交际主体选择和组织具体言辞必须考虑的重点。因此，两者也可以被放在一起讨论。

　　无论气氛是悲还是喜，都会给身处其中的个体笼罩上一种情绪氛围，并形成相应的心理暗示、感染和辐射效应，悲/喜场合的气氛和人们的心境还具有同一性和排外性。因而，令人喜悦的场合就需要说话人尽量要迎合愉悦、欢快、喜乐的气氛，选择寓意吉祥美好的客套性、祝福式或夸赞性言辞；切忌提及疾病、灾难、死亡或麻烦、困苦、艰难之类的令人扫兴或不吉利的话题，哪怕这些情况属实，也应该自觉回避。相反，悲伤场合也需要说话者保持一种感伤的情绪，尽量不要流露出开心快乐，尽量保持庄重、肃穆情绪，不宜喧哗吵闹，拒绝以玩笑、幽默取乐。如果在喜庆的婚礼现场说出"新娘原来不过尔尔"的讥讽之语，一定会让在场宾客觉得大煞风景，让人很扫兴；在轻松惬意的百岁老人的寿宴上，询问老人的足疾是否痊愈肯定会引起主人的不快，让人感到很不合拍；在葬礼上得意忘形地跟人闲聊嬉笑，别人一定会认为你精神失常。

　　鲁迅先生在散文《立论》中讲到他的老师告诉他一件事：

　　老师讲的是一家人家生了一个男孩，合家高兴透顶了。满月的时候，抱出来给客人看，——大概自然是想得一点好兆头。一个说："这孩子将来要发财的。"他于是得到一番感谢。另一个说："这孩子将来要做官的。"他于是收回几句恭维。还有一个说："这孩子将来是要死的。"他于是得到一顿大家合力的痛打。①

前面两人说的话属于兆头好的祝福语，所以能收到主人的感谢或恭维。而后面一个人说的虽然是事实，但听起来像是故意诅咒。在孩子刚出生满月的喜庆场合中提及死很不吉利，遭到痛打也是咎由自取。

这么愚蠢的交际失误在现实生活中可能少有人犯，但是同类性质的失误还是随处可见：

阿彬去参加侄儿的婚礼，和侄儿的父母同桌喝酒。当婚礼进行到二位新人向他敬酒的时候，阿彬顺口就对侄子说："恭喜你呀，今天终于修成正果啦！现在算一下，你俩的爱情长跑快十年了吧，比你小的堂弟，他孩子都快上小学了，你俩得抓紧了哦，否则年龄大了，再生的话，就不安全了。二人世界毕竟不能当作常态，早生贵子才能叫幸福。"侄媳妇在一旁说："阿叔，不急，我们的事我们做主就好。"

阿彬这番话也跟结婚这种喜庆场合很不合拍，又是回忆，又是对比，又是催生，只会给新人制造不安、紧张和焦虑情绪，有失长者风范。喜庆的婚礼场合说些恭喜祝福之类的话就够了，没必要画蛇添足长篇大论，说些不好听的，遭人嫌弃。

同样，在那些令人悲痛的场合，如果某人一点也不顾及当时现场凝重的气氛，也会被人视为缺乏生命意识，是一个麻木的旁观者、冷血动物而遭排斥或唾弃。我们经常可以见到在他人的追悼会上毫无顾忌地和朋友开玩笑或者轻松聊天的人，在灾难事故搜救现场大大咧咧和亲友用手机语音说说笑笑的人，以及对死亡没有任何敬畏和对亡者肆意谴责、挖苦的人。

某市的主干道上一辆公交车因方向失控后和几辆车连环相撞，之后冲上人行道致9死14伤。当时，现场一片混乱，有人怪叫，有人手机里放着音乐，有人伸长脖子往人群中一边挤着，一边在招呼大家："快来呀，公交车撞人了。"旁边有人附和："又是一出好戏。"过了差不多一刻钟的功夫，救护车才到，这些人还在那里像没事人一样议论纷纷，不肯散去。

这些人，像极了鲁迅笔下的看客，麻木、冷酷，缺乏悲悯情怀，丝毫没有对生命流逝的痛心和伤感，反而将其视作好看的戏剧，说明他们压根就不懂在悲痛场合言辞应该切合气氛，不宜表现出事不关己、高高挂起的冷漠和残酷态度。

---

① 鲁迅．立论［M］//鲁迅全集：第二卷．北京：人民文学出版社，2005：212.

## 五、特定场合说话，注意灵活变通

　　掌握什么场合说什么话的技巧，除了学会前文中论及的那些界限比较清晰的场合使用相应的交际言辞之外，还应掌握在某些特定场合交际言辞的灵活变通。特殊场合就是一些不能进行常规分类的场合或者一些例外的场合，比如某个即兴场合、紧急场合、巧遇场合等。这些场合的言辞技巧我们无法一一概括，也无法事先准备，必须根据特定交际目的适当地转换话题内容、增减语词或者改变话语表达方式等。特定场合转换话题内容主要是为了规避话语困境。对常规语言进行适当的增减，是为了避免语词过少容易产生歧义或文字过多让人觉得啰唆而改变话语的表达方式，是为了让对方容易接受我们的说话态度。总之，交际主体必须根据事件发生的特定环境作出敏捷而综合的判断，说出符合特定场合需要的话语。

　　下面先来看特定场合表达不确切的案例：

　　有一位老父亲，前一天上午跟准女婿小王约好，第二天7点前送他的女儿到小区门口，小王准时开车来接她一起去工作单位，小王答应了。下午，父亲觉得没事，于是又拨通小王的电话，随便问他："你喝酒吗？""伯父，您叫我现在过去喝酒么？我现在没空。不能陪您喝酒。"父亲："不是，我不是叫你现在来喝酒。我在问你是否喝酒。"年轻人思考了半天，才明白这位老父亲问话的意思。

　　老父亲的问话之所以被小王误解，是因为特定场合的话语表达不确切，有歧义。"你喝酒么"既可以理解成"你现在可以和我一起喝酒么"，也可理解成"你平时有喝酒的习惯么"。老父亲如果想问的是小王平时是否喝酒，就应该把话说确切一点，改为"你平时喝酒么"，就不会引起小王的误会。这位老父亲第一次没有表达清楚，第二次解释后仍然含糊不清。

　　上述案例中，在上下文语境不明的即时场合说话，言辞太简单，就无法确切地表达交际意图，容易被人误解。但在某些特定场合使用的言辞，却无须做出特别清楚详细的表达，越简单反而越醒目、效果越好，或者需要用某些特殊的言辞来传递信息。比如商业街上某店铺用的招牌，由于店内有一眼可见的商品实物，旁边还有林立的店铺，顾客只要接近店铺，就知道其所经营的是什么商品，比如直接用"别出心裁"就要比"别出心裁服装店"的效果要好，用"盛锡福"就没有"盛锡福制帽商，制作并出售帽子"那么累赘和奇怪。

　　一个司机深更半夜一边开着车一边拿出手机跟人打电话，坐在后排的家人突然发现后面有车正试图从旁边超车，在这样的紧急场合，只需大声提醒司机"后面有车"

或者"有人想超车"，司机就会立即作出减速让道或变道的反应。此时若旁边的人说出这样一句意思非常完整的话——"请注意，现在你的后面有人开车想从左边超车，你应该遵守交通规则，尽快减速靠右变回你自己的车道，否则就可能导致追尾，发生交通事故"，就显得过于冗长啰唆了。

在有人说错话需要救场的特定场合，说话就要学会灵活变通。如果按平常说法，一五一十地如实道来，既无趣也无效。此时，就应讲究说话的技巧，故意不按常理出牌，可能会产生意想不到的效果。

黄和申的老母亲90岁生日，之前工作单位的院长来家里看望，对他说："今天是我们的老前辈90大寿，请问她的健康状况是否有所变化？"他马上接过话题："那是肯定有的！她老人家又增了一岁寿嘛！"

院长在寿宴这样的喜庆场合问及高龄老人的健康状况，可以说是不顾场合说错话了。此时，作为寿星的儿子，既不能当面指责院长说错话，也不能沉默不语表示不合作态度，同样也不能一本正经地接着他的问题如实汇报，因为如果如实汇报，肯定会涉及一堆大小疾病，也不太适合寿宴这样的喜庆场合。于是，为了避免自己尴尬的同时也不让院长难堪，黄和申选择了故意打马虎眼的回答方式，游而不离地巧妙回答了问题，彰显了交际智慧。

有一年全国高考结束不久，有媒体记者去采访一位外语类的优秀考生。原来设想好的问题是："你父母是否具有辅导你学习英语的能力？"但是到了现场，记者看到考生的父母也陪伴在场，原先准备的提问方式就显得唐突而不礼貌。于是他将原来的提问改为："你们一家是不是常常在一起讨论学习英语方面的问题？"

这一调整后提问就显得非常自然。否则，如果不懂变通，还是沿用之前设想好的问题，就极有可能让学生的父母尴尬而产生不良后果。

某电子机械设备厂举行新产品研发庆功酒会。酒会上，负责企业管理的领导王某率下属悉数到场，服务生为在座的各位嘉宾一一添茶倒水，所有嘉宾的茶水都添过了，唯独剩下王某的忘记添了，正在服务生开始变得尴尬之时，酒店经理说话了："王主任，小蒋知道您工作辛苦，气温也高，所以特意给你备了玫瑰薄荷茶、蜂蜜菊花茶，可以消暑解乏，但不知是否合您的口味？"王某说："凉白开或矿泉水就好。"小蒋赶紧拿了一瓶矿泉水交给王某，气氛由紧张变回平静。

当时假如酒店经理情急之下，说了下面的话："你是怎么搞的？丢了魂吗？平时都是怎么培训你们的，现在手忙脚乱的，像什么样子？干脆回家以后不要来上班好了。"服务员会因失去工作而不快，经理当众严厉训斥员工的恶劣形象也会留在领导的心目中。

## 六、场合改变时，切记转换角色

社会交际场合复杂多变，人们为了各自的交际目的穿梭其中。不管是为了完成某项任务，从自己熟悉的工作或生活场合中暂时离开，进入全新的场合，还是随着年龄和事业规划的变化，职业或岗位发生相应的调整变更，都意味着场合的改变。这时，切记适时转换交际角色以顺应新的场合。

王蒙的成名作《组织部来了个年轻人》就讲述了一个从学校进入组织部工作的青年知识分子林震，由于不能适时调整自己的交际角色，待人处事还是带着那套适合学校这种比较单纯的场合的工作习惯和方法方式，仅仅凭着青年知识分子的一腔工作热情和"初生牛犊不怕虎"式的一股子冲劲，不懂如何在组织部这种全新的场合策略性地开展工作，也不顾上下级关系的妥善处理，最终处处碰壁、自我认同受挫的故事。

不仅小说中有不懂得根据场合变化调整交际角色的人物，现实生活中这种人也不少。我们来看下面的案例：

出身农村的杨辉，研究生毕业后应聘到一家老牌珠宝公司担任业务经理，经常享受高端珠宝公司特定职位的优厚待遇，出差常住五星级酒店，坐飞机或高铁只选头等舱，出入高级商务酒店谈判用餐的所有费用一律报销等。两年后，他被公司派往西北某偏远城郊负责筹备兴建新的珠宝原料加工厂。来到西北后，由于玉石采掘地远离闹市，交通不便，工厂筹建阶段条件也相对艰苦，再加上西北到处是手抓羊肉和油泼面这样的特色食物，杨辉很不习惯。好不容易过了一周，之后他就给老总打电话汇报："虽然来之前，您强调过西北工厂的筹建工作会有许多困难，条件也不怎么好，但我为了提升公司的形象和知名度，还是租了一辆豪车负责我每天从市中心的五星级酒店到市郊的厂址上班的接送工作……"话未说完，公司老总连忙说："对不起，我另外安排人来接替你的工作。"杨辉撂下电话，有些委屈。

杨辉肯定是错了。因为他之前在大城市工作，习惯了享受奢侈的工作待遇，所以换了工作场合，依然想着高档享受，还找借口是为了提升公司的形象和维持知名度。可他根本没深刻了解作为珠宝生产供应链的源头工厂筹建和接近终端的珠宝产品推销二者的工作性质和重心的差别，也偏狭地理解了珠宝公司的企业文化，不顾场合和角色变化，说错话办错事就不足为怪了。

什么场合说什么话，在什么山上唱什么歌，场合变了，说话行事的思维也应改变，把握自己在某个场合的角色就变得很重要。你不应该在包子铺跟人谈论柏拉图或托尔斯泰，也不适合在豪华的五星级酒店推销番薯干和臭豆腐，人、物都有各自妥帖的位置，也代表不同的身份和等级。不分场合的行事作派，只会南辕北辙或破绽百出。

电视剧《岁月》的第二集里有这样一个场景：

因隔壁两市出现假药致死命案，市卫生局闻局长和他的部下吴过、刚分来的研究生梁志远到他的老家渝塘铺中药市场视察。家乡下级单位县的彭书记、车县长等安排了晚宴招待闻局长一行。在席间，一位书记端起酒杯向闻局长敬酒，闻局长正端起酒杯想喝的时候，闻局长的下属吴过端起酒杯插话说："闻局长的酒量是公认的，但是也不能这样跟你们一个一个地加起来比着喝，闻局长血压高，不能总喝酒，剩下的酒，我来替他喝。"

闻局长马上沉下脸，对吴过说："你说完了没有？你来替我喝？在座的各位都是我的老朋友，你来替我？"

闻局长亲自带队到老家的中药市场检查，下级单位的领导不是他认识的朋友，就是之前的老战友。吴过本想替闻局长挡酒，可是他没有想到在这样几乎都是局长熟人和老朋友出席的场合，自己以下属的身份为局长挡酒是不合适的。吴过没有依照场合的变化而转变自己的交际角色，因此遭到闻局长的训斥和反问，弄得很不好意思，场面也很尴尬。

## 本章结语

本章论及的"什么场合说什么话"的交际技巧经常需要和"见什么人说什么话"结合起来运用，任何场合，都必须根据具体交际对象的需求、所在场合的需要来取舍和组织特殊的交际言辞。

# 第五章　委婉和暗示

委婉言辞技巧一般是指说话者顾及某些约定俗成的社会文化心理禁忌，如死亡/疾病禁忌、缺失/缺陷禁忌或者性不洁禁忌等，而故意绕开或回避这些禁忌；也可能是指说话者考虑到某些直截了当的说法可能会令对方难以接受，影响和谐而用其他相关或相似语词替代，使表达变得朦胧含蓄、温婉动听，也能让对方理解。

暗示言辞技巧指的是说话者因考虑到自己的某种说法或诉求可能会被拒绝或者不想明确直白表达，而只提供某些感性或形象性的信息、线索，或运用语言之外的其他方式（如图表、画、实物、礼物等）间接隐晦地表达意思，让人通过联想来领悟或意会，从而使交际双方都更有回旋余地的交际技巧。

委婉和暗示在言语交际活动中作为常用的交际策略和技巧，不管是在古代话语大师还是在当代职场达人的成功交际案例中，都占有很大的比重。委婉和暗示虽然有比较明显的可区分性，但是作为交际策略或技巧，二者又具有共同特征：都不主张直言，注重含而不露。因此，本章将二者合并在一起讨论，在讨论具体的可操作方略时，对二者分开阐述。

## 第一节　委婉暗示言辞技巧的运用要求

要正确有效地运用委婉暗示言辞技巧，首先必须明白其运用目的、要求以及需要达到的效果。具体来说，委婉暗示言辞技巧的运用，要求做到规避禁忌，有所讳饰；力避尖刻，彰显同情；不说狠话，留有余地；不说狂话，谦虚低调；同时也要求在达到含蓄蕴藉、话中有话的同时，做到曲隐有度，力戒晦涩；还要力避恶言诽谤，拒绝含沙射影。

### 一、规避禁忌，有所讳饰

人作为一种高级动物的特点之一，是可以有意识地支配自己的活动。随着社会发展和交往活动实践经验的不断丰富，语用学、心理学等各学科的研究发现，在自然和社会生活中总会有些事物或现象如果不加遮掩地直接说出来，会让人产生恐惧、羞耻、厌恶等不良情绪，但是日常生活的交流中又不可能不提及。于是，为了规避人们的不良情绪，就需要使用回避或者加以修饰的委婉言辞来应对，这样才能有效地传情达意又能规避负面情绪。

因此，我们首先必须了解的是，在林林总总、包罗万象的自然和社会生活中，哪些是需要规避的文化或心理禁忌。也就是说，我们在交际之前，必须知道提及哪些事物或现象时需要进行讳言或修饰。一般来说，人们对自身无力控制或不可知的天灾人祸，以及疾病死亡等人生痛苦具有恐惧、悲哀心理，对某些身体器官、生理现象、男女性事有不好意思提及的羞耻心理，对自身形貌、财富、身份、地位、职业或能力品性不及别人而感到不安的自卑心理。因而，我们使用的交际言辞，就有必要考虑交际对象心理中可能存在的"灾祸及死亡禁忌""羞耻禁忌"以及"缺失禁忌"。对可能触碰上述心理禁忌的事物或现象，应提前进行言语避讳或修饰的委婉加工，之后再行说出。

对待上述禁忌事物，汉语中大多数都有约定俗成的避讳修饰言辞可供我们选择使用。比如，针对各种不同死亡的委婉语就有："驾崩""崩殂"（古代帝王之死用，现代汉语已废用），"逝去""去世""走""百年之后"（普通人之死用），"遭不测"（凶杀导致之死用），"遇难"（因灾祸事故而死用），"牺牲""倒下"（英雄人物之死用），"毙命"（罪犯之死用），"见阎王""下地狱"（坏人之死用），"千古"（老人死后祭祀场合用），"碧落黄泉"（成年女性之死用），"夭折"（小孩之死用），"闭眼""断气""伸腿"（心情不好谈到死时用）等。跟死亡有关的丧事葬礼，民间用"白喜事"，正式场合常用"追悼会"或"追思会"指代。

提到疾病时，一般用"抱恙""身体不舒服""看医生"等委婉语代替。

对那些有碍观瞻、羞于向外人道的生理现象，也有诸多的委婉和讳饰说法：比如众所周知的"上洗手间"是排泄的别称，"小便"和"大便"的雅称叫"水道"和"谷道"，古人用"出虚恭"、今人用"通气"代"放屁"，某些厕所的委婉语也非常文雅有趣，如"逍遥游""听雨轩""观瀑亭""五谷轮回之所"等。

至于国人一直羞于启口的性事或不正当的男女关系，更有听起来非常富有诗意、丰富多彩的委婉语来表达。比如"风花雪月""云雨之欢""云霓缱绻"指情事或性事，对不正当的两性关系则有"暗通款曲""朝红暮翠""水性杨花""腰带不稳"等委婉语来指代。

除了上述委婉语外，当谈及某些人的形貌缺陷、低下职位、贫穷或德行品性方面的缺点或劣势时，也需要照顾缺失禁忌，规避直说可能引起他人反感或怀恨。长得不太好看的人可以用"其貌不扬""对不起观众"来描述；对身材过高的人称其"顶天立地"，身材矮胖的可以说"长得很稳重"或"重视脚踏实地的横向发展"；对身材不均匀的人，用"长得各有侧重"；对皮肤很黑的人可说其"很阳光自然"；对偏瘦的人用"长得很精干"，对过于肥胖的人则可说其是"心宽之人"。

当提及某人从事某些社会地位相对较低的行业或没有固定职业时，为了规避直说可能导致自身尴尬或被视作对他人的歧视、羞辱的不良后果，也须运用委婉语。对现代的游手好闲之人，可称"江湖人士"，对没有正当职业者可称"自由职业者"，对以捡拾垃圾废品为生的人可称"拾荒者"，可以称农民为"父老乡亲"或"修理地球的高工"，对环卫工人可称"城市黄玫瑰"或"马路天使"，称媒人为"红娘"等。

另外，提及自身及他人家庭困窘的经济状况时，也需要避讳。一般说"勉力维持"或"家道艰难"。如果缺钱则用"囊中羞涩"，买不起时说"承受不起"等。

还有当谈论某人品性德行方面的缺点时，也不可直言不讳。有时需要扬长避短，或换用别的说法。对手脚不太干净的人可说其"喜欢顺手牵羊"，对喜欢吹牛的人可以说其"昏天黑日"，对那些喜欢造谣生事、搬弄是非的人可以说他们"生得一副好唇舌，可以当鼓吹作铃摇"。

世事纷繁芜杂，需要避讳的话题或内容没法一一列举，但是只要掌握了委婉语适用的原则，规避那些粗鄙、揭人之短的话语，换用接受度高的文辞雅语，就能解决交际活动中那些与需要避讳使用委婉言辞有关的交际问题。

## 二、力避尖刻，彰显同情

交往实践中，如果一方犯错，并且已经为自己的过错感到难过和遗憾，或者虽然理亏，但合乎人情，这时，我们说话就没必要得理不饶人、尖酸刻薄、火上浇油、制造争端，要学会展示你优雅的风度，用委婉言辞化干戈为玉帛。因而，委婉言辞技巧要求力避尖刻，彰显同情。

交际活动中，若是人们不懂得运用委婉的言辞技巧，说话就会语中带刺，显得粗鲁无礼、惹人讨厌。鲁迅的小说《故乡》里就塑造了一个说话尖酸刻薄的杨二嫂。文中有一段对话如下：

"忘了？这真是贵人眼高……"

"那有这事……我……"我惶恐着，站起来说。

"那么，我对你说。迅哥儿，你阔了，搬动又笨重，你还要什么这些破烂木器，

第五章　委婉和暗示 **089**

让我拿去罢。我们小户人家，用得着。"

"我并没有阔哩。我须卖了这些，再去……"

"阿呀呀，你放了道台了，还说不阔？你现在有三房姨太太；出门便是八抬的大轿，还说不阔？吓，什么都瞒不过我。"①

杨二嫂本是有求于"我"的，却不懂求人办事的说话技巧，把话说得句句尖锐，刺耳难听。"我"回到阔别20多年的鲁镇，几乎认不出杨二嫂了。杨二嫂遇到这种情况，不但不予理解，见"我"记不起她，就先冷笑讽刺"我"贵人眼高，当时"我"并未做官，可在杨二嫂嘴里却成了"道台"，杨二嫂还莫须有地造谣说"我"娶了三房姨太太。

不只有求于人的时候要学会运用委婉暗示的言辞技巧，把话说得和风细雨、润物无声，遇到我们自己有理、对方明显理亏的时候，也同样需要得理饶人，不乘人之危、用尖刻的话语直刺人家的痛点。任何时候都须记住古人的劝诫："赠人以言，重于金石珠玉。"② 伤人以言，重于刀戈剑戟。《读者文摘》曾经登载过《第六枚戒指》一文，讲述了一个女孩如何运用暗示的言辞技巧成功拿回戒指的故事：

美国经济大萧条时期，一位17岁的女孩艰难而又幸运地进入一家高端珠宝店打工。在圣诞前夕的一天，她在珠宝柜台整理戒指时，看到旁边站着一位30岁左右的青年贫民男性，个子很高，衣衫褴褛，神情哀伤，用一种永不可及的绝望眼神，盯着那些宝石。

接着，女孩应顾客需求进橱窗最里边取珠宝，当她急急地挪出来时，衣袖碰落了一个碟子，六枚精美绝伦的钻石戒指滚落到地上。女孩慌忙狂乱地捡回五枚戒指，但怎么也找不到第六枚。再次细细搜寻时，她突然瞥见那高个男子正向出口走去。顿时，她领悟到戒指在哪儿了。碟子打翻的一瞬，他正在场。当他的手就要触及门柄时，女孩走上前："对不起，先生。"

男青年转过身来。他们无言对视了漫长的一分钟。"什么事？"他抽搐着脸问。女孩正在想青年的难处，"什么事？"他再次问。

"这是我头回工作。现在找个事儿做很难，是不是？"男青年长久地审视着她，渐渐，脸上露出一丝十分柔和的微笑："是的，的确如此。"他回答，"但我能肯定，你在这里会干得不错。我可以为你祝福吗？"

他伸出手与女孩相握。女孩低声说："也祝您好运。"男青年推开店门，消失在

① 鲁迅. 故乡［M］//鲁迅全集：第一卷. 北京：人民文学出版社，2005：506.
② 杜占明. 中国古训辞典［M］. 北京：北京燕山出版社，1992：206.

浓雾里。

女孩慢慢转过身，将手中的第六枚戒指放回了原处。①

在男青年偷拿戒指即将出门的紧急情况下，女孩没有选择下意识惊呼"有人偷窃戒指！"这样的尖刻言辞。她出于对男青年生活困窘和绝望的同情之心，运用暗示言辞，优雅地引导男青年归还了戒指，男青年也没有当众出丑，体面地交出了戒指。假如女孩惊慌大叫直言不讳，不只男青年可能锒铛入狱，女孩事后还可能遭报复。

### 三、不说狠话，留有余地

在言语交际中，说话过于武断的人很容易说狠话，容易把话说绝、不留余地，会给人一种欺人太甚、言语胁迫的感觉；或者当面一瓢冷水，令人无法招架。须知，狗急了也会跳墙。所以说狠话，于人于己都后患无穷。

狠话一般都是说话主体的人格尊严受到挑衅，感到忍无可忍的时候说出来的具有攻击性的话语。交际对象（或周边的聆听者）接受后会感到四面楚歌，没有安全感。狠话有几个方面的特点：第一，狠话中一般含有对交际对象有威胁性、恐吓性或者诅咒性的词汇，如"我再也不会理你了""我们从此断绝关系""我叫你家鸡犬不宁""你以后别想从我这里拿到一分钱""我让你不得好死""我有办法让你死无葬身之地""我会让你的名字从此在这个圈子里消失""我做鬼都不会放过你"等。第二，狠话通常不容商量，不留后路，表达从此恩断情绝的主观态度。第三，狠话大多数是因交际对象触犯了说话者的某种底线或干了太出格、不合常理的事，令说话者感到非常气愤，觉得有必要加以惩罚或回击时说出的话语。这种由于说话者忍无可忍而带有"攻击性"或"惩戒性"的话语，本来留在心头就好了，不适合让交际对象公开听到，可是由于一时冲动而冒冒失失说出来让交际对象听到。第四，狠话是说话者本人故意说出来引发听话者震惊、愤怒或不自在的词语。

狠话一旦说出，就会给对方造成某种威胁，容易引起恐惧和焦虑，从而发生对抗或反弹，造成两败俱伤的后果，有时甚至会危及说话者自己的生命。狠话说出后，覆水难收。如果狠话只是一时的气话，不能付诸实现，事后说话者会倍感尴尬，从而让对方感觉此人雷声大雨点小，说话不算话，影响说话者的威信。

一个年轻人有一次到菜市场去买肉，由于没有经验，就跟卖肉的商贩说："给我砍点肉吧。"然后商贩随手砍下一块肉，放到秤盘上称好，说"28元"。这个年轻人

---

① 肖永刚. 读者文摘·最时文 [M]. 长春：银声音像出版社，2009：114－115.（本文稍有改动）

觉得多了，不想要这块，要求商贩重新给他砍一块小的，商贩不答应，觉得肉从猪身上割下来了就不方便卖给其他顾客了，所以就不肯给他另砍了。这时，年轻人转身就走，商贩就上前拉住年轻人说："是你说要砍肉的，砍下来你就得要吧，你不付钱今天你就别想走。"年轻人被商贩激怒了，也撂下狠话："如果你惹恼了我，我叫你以后都别想在这里卖肉。"这个时候，谁也不让谁，并且相互威胁，拉拉扯扯的，还好旁边几人尽力劝和，最后年轻人以20元的价格买下这块肉完事。

　　就这件事来看，买卖双方都有过错，买肉的年轻人事先应该向商贩说明需要买大约多少钱或者多少重量的肉，而商贩也应事先询问年轻人需要什么样的肉，包括重量和部位，但他们对这些不清不楚就开始了交易，哪能没有纠纷呢？问题的关键还在出现纠纷的第一时间，各自不能理性反思自己的问题，反而说狠话威胁对方，试图在心理上战胜对方，好在还没引起严重的后果或危害。假如商贩发现年轻人不想付钱时提醒对方"这件事情，我们双方都有错，你想把错误的结果推给我一个人，不付钱就走人恐怕不行吧？"，有了这样的委婉说法，后面的纷争就不会发生。

　　现实生活中，还有一些父母在教育孩子的过程中难以舍弃家长专制的那一套，比如子女的恋爱对象没有获得自己的认可，就百般干涉，甚至为了维护父母的威信和尊严，不惜对孩子说"你要是跟他好，就别认我这个父亲了"等诸如此类的狠话。其威胁性和恐吓性可能给孩子带来巨大的心理压力，激发他们的逆反和对抗心理，少不更事的他们离开家之后，可能因对亲情的失望而做出各种冲动的行为，给社会带来很多不稳定因素。而有的父母在说狠话的时候也没经过认真思考，加上伦理亲情也不是一句话就可以斩钉截铁说断就断的。此类狠话一旦说出去，如果父母冷静下来，过一段时间改变主意了，想要收回来，就会很尴尬，同时也会令父母的尊严和威信丧失殆尽。因而，不管怎样，狠话能不说就不说，学会说话给自己留后路，也不失为理性和明智。上文的狠话如果用委婉的技巧将其表述成"你想想，做父亲的，会不为孩子未来的幸福着想吗？"，效果就会好很多。

　　有些狠话，还有可能导致横祸的发生。电视剧《第九大队》中就有这样的情节：

　　一个留学回国的女博士，在电子邮件中收到自己师妹跟丈夫的不雅照，没想到自己外出期间师妹竟然插足自己的婚姻，同时发现这个师妹还恬不知耻地盗用她的科研成果。一怒之下，女博士把师妹叫到身边，决定好好教训她一下，于是对她说："我一定会让你身败名裂。"没多久，在一次女博士独自出门的路上，师妹乔装打扮，残忍地杀害了她。

　　这就告诉我们，说什么话也别说威胁或恐吓他人、给他人造成重大心理负担的话，以致他人觉得必须先下手为强让你从这个世界上先消失他才会安全。这样你还没有让他身败名裂之前，自己可能就先白白送命了。假如她能换成"我想，你不会不知道这样做的后果"这样委婉的说法，则大大地减弱了话语的威胁性，也许悲剧就不会发生。

如果对方犯了不可饶恕之错还不知悔改，可以交由司法部门处理，犯不着跟他唇枪舌剑给自己找麻烦。如果对方没有认识到自己的错误，我们可以婉言提醒，或给他指出放任犯错的不良后果，在晓之以理的同时注重动之以情地展示我们的诚心与善意。人心都是肉长的，可能对方有错在先，但是只要我们把话说得委婉，留有转圜的余地，就给了对方慎重考量和反复斟酌的机会以及选择的自由，事情或许就会有转机。

### 四、不说狂话，谦虚低调

待人处世要讲究低调，大多数时候都要避免妄自尊大，锋芒毕露。"枪打出头鸟"说的就是这个道理。因为如果你说话太狂妄，目中无人。别人就会不服气，最后故意跟你斗气，不是给你使绊子就是跟你恶性竞争，更严重时甚至会产生一种欲除你而后快的心理。不管哪一种，都会将你置于不利的境地。爱卖弄和炫耀自己才华的人往往会拒他人于千里之外，高高在上、惺惺作态的人在人际交往中也不受待见，最后总会摔得很惨。

我们先来看几个案例：

古典名著《三国演义》中曹操、刘备作为三国时魏国和蜀国的君主，具有雄才大略，关羽、赵云、魏延等大将叱咤战场、英勇无畏，因而他们仗着自己过人的本事和能力，有时说话就很放肆，狂言无忌。

例如曹操在刺杀董卓未遂之后的逃亡途中，因为担惊受怕误杀了吕伯奢一家人，在铸成大错的情况下不觉有过，而说出了"宁教我负天下人，休教天下人负我"的狂话。陈宫因此离开了他。后来袁术在得到传国玉玺后，冒天下之大不韪擅自称帝。曹操随即就"挟天子以令诸侯"起兵讨伐袁术，后来袁术兵败自杀。在这种情况下，曹操又说出了"如国家无孤一人，正不知几人称帝，几人称王"的狂话。所以，在史书上留下了"千古奸雄"的恶名。

《三国演义》第三十四回"蔡夫人隔屏听密语 刘皇叔跃马过檀溪"，讲到荆州刘表的部将蔡瑁作为握有重权的外戚，因为利益之争，一直想杀驻扎在新野的刘备以绝后患，无奈刘备身边有关羽、张飞等猛将，难以近身。好不容易逮着一个机会，有一次刘表私下约见刘备的时候，刘备在谈话中两次失言，其中一次刘备就是因为讲了狂话，险些招致杀身大祸。罗贯中对此次交际活动及其后果作了如下描述：

表曰："吾闻贤弟在许昌，与曹操青梅煮酒，共论英雄；贤弟尽举当世名士，操皆不许，而独曰天下英雄，惟使君与操耳，以曹操之权力，犹不敢居吾弟之先，何虑功业不建乎？"玄德乘着酒兴，失口答曰："备若有基本，天下碌碌之辈，诚不足虑也。"表闻言默然，玄德自知语失，托醉而起，归馆舍安歇……

却说刘表闻玄德语，口虽不言，心怀不足，别了玄德，退入内宅。蔡夫人曰："适间我于屏后听得刘备之言，甚轻觑人，足见其有吞并荆州之意。今若不除，必为后患。"表不答，但摇头而已。蔡氏乃密召蔡瑁入，商议此事。瑁曰："请先就馆舍杀之，然后告知主公。"蔡氏然其言。瑁出，便连夜点军。①

当时刘备听到刘表的几句恭维话，就得意忘形不知自己是谁了。后来要不是伊籍探得消息连夜通知刘备逃走，刘备那晚就死在襄阳了。如果他当时能谦虚低调地说"此言乃曹公谬赞，尊兄哪能当真？"，就不会给蔡瑁留下"有吞并荆州之意"的口实。

襄樊之战时，关羽水淹七军，活捉了于禁和庞德，这让曹魏举国震惊。曹魏忌惮关羽会继续赢下去，给他们带来灾难，于是联合孙权对付关羽。孙权顾及孙、刘两家的联盟关系，犹豫着下不定决心。他为了试探关羽对江东的态度，派人去给自己的儿子求娶关羽的女儿，但关羽瞧不上孙权，一句"虎女焉能嫁犬子"的狂言，就将孙权的使臣打发回去了。这句话激怒了孙权，于是联合曹魏杀了关羽。

魏延是蜀汉第六大将，关羽、张飞等人去世后，他成了蜀汉第一名将。但在诸葛亮去世后，魏延因为与杨仪不和，不愿服从他的调遣，还倚仗着自身的武功和在军中的威望，和杨仪对抗，当他说出"谁敢杀我"这句狂话时，马岱遵循诸葛亮生前的安排，抽刀杀了魏延。

康熙年间万斯同撰写的《明史稿》，记载了明代著名知识分子方孝孺因狂言无忌得罪明成祖朱棣而被凌迟处死的事件：

先是，成祖发北平。姚广孝以孝孺为托，曰："城下之日，彼必不降，幸勿杀之，杀孝孺，天下读书种子绝矣。"成祖颔之。使其门人廖镛、廖铭谕意，孝孺怒斥之。成祖欲使草诏，召至。悲恸声彻殿陛。成祖降榻，劳曰："先生毋自苦，予欲法周公辅成王耳。"孝孺曰："成王安在？"成祖曰："彼自焚死。"孝孺曰："何不立成王之子？"成祖曰："国赖长君。"孝孺曰："何不立成王之弟？"成祖曰："此朕家事。"顾左右授笔札，曰："诏天下，非先生草不可。"孝孺投笔于地，且哭且骂曰：

"死即死耳，诏不可草。"①

方孝孺死后虽然名垂青史，也成为知识分子刚正不阿、敢于坚持正义和气节的楷模，但是从言语交际的角度看，这个故事也堪称知识分子说话高调、不懂交际策略，因倨傲无礼和"狂言无忌"冒犯皇权而招致功业未成身先死的典型案例。当时的方孝孺已经声名大振，他的文章、学识与气节不仅赢得了老百姓的普遍尊重，甚至在明成祖的军师姚广孝眼里，他都是不可杀之人。但是，为什么他还是被明成祖处以凌迟极刑了呢？虽然有其他复杂的原因，但其中一个直接原因就是方孝孺忽略了封建社会君臣等级森严的现实语境，行动太无礼，出语太狂，咄咄逼人的言辞冒犯了明成祖的威严，逼得尴尬的朱棣过早地对他动了杀心。

方孝孺之死告诉我们：即使我们已经在某一领域学问很深，德高望重了，也要低调说话。在人际交往中，面对位高者还是应秉持尊重的态度。如果有什么异议一定需要提出，也不在一时一刻，可以采用交际策略"徐图之"；如果不懂策略或技巧，置交际对象的接受心理于不顾，快意狂言，不但于事无补，反使自己陷入"身先死"的不可逆的悲惨境地。

因此，运用委婉言辞还需要我们平时注意修养风度。风度翩翩的人懂得对别人保持最基本的尊重，不会好为人师，不会越俎代庖，更不会强迫对方按照自己的思想认知行事。风度翩翩的人不会斤斤计较，非要争辩出事情的前因后果，他们明白得饶人处且饶人的道理，和谐交往的前提就是互相尊重。风度翩翩的人内心强大而理性，无论遇到怎样的局面都会冷静思考后才给出恰当的回复，即便第一感觉对方是错的，他们也会再次仔细地确认一遍，并且在拒绝的时候言辞委婉，断然不会将对方逼入下不来台的境地。

## 五、含蓄蕴藉，话中有话

委婉暗示的话语效果，常常要用婉曲隐语的手法来修辞。要求说话时不直陈或明说本意，而用相关信息加以描述或提示，让人通过联想、思索而会意，讲究婉转曲折，含蓄深隐，追求话中有话，余味绵长。

我国古代诗词追求言外之意，象外之旨，追求委婉曲折、蕴藉似酒的艺术效果。如王昌龄《长信秋词五首》（其三）：

奉帚平明金殿开，且将团扇共徘徊。玉颜不及寒鸦色，犹带昭阳日影来。

---

① 万斯同. 方孝孺传 [M] //明史稿：卷一八三. 宁波：宁波出版社，2008：397 – 398.

这首诗抒发宫怨，无一言含怨字，却句句诉怨情，满腹之哀怨溢于言表，堪为含蓄蕴藉之佳作。

现代的交际高手，也能熟练运用暗示言辞，话中有话地传情达意：

老总对小宏说："你的业绩不错，理应加薪，但是……"

当听者一听到"但是"这个转折词，就明白后面的内容是否定性的评价，明白对方拒绝加薪的要求。但是对方的话语中并没提不给小宏加薪，也没有具体否定小宏什么，小宏也不好埋怨他。

一个人忍无可忍地对另一个人说："你不要再干这种坏事了，否则会遭天打雷劈！"被诅咒的人却说："那我今晚先做个梦，主动跟天和雷坦白吧。"

被诅咒的人不经意的这句回答，就话中有话：其一，一个"梦"字表达了"天打雷劈"乃心之所想，跟现实距离遥远。言外之意就是你不必拿那些不着边际的东西来吓唬我。其二，"坦白"一词表达了我也知错了。含蓄的言辞有效地避免了脸红脖子粗的争论。

再来看两个乘务员提醒乘客买票时运用的不同言辞：

乘务员A："没买票的朋友抓紧到7号车厢补票，不买票的下车时查到了罚款200元！"

乘务员B："来不及买票的朋友抓紧买票，以免到站后耽误您的时间，影响您下车。"

乘务员A的话尽管是按规则说话，但无疑呆板生硬，乘务员B的话却意味深长，还很暖心和有人情味，同样可以起到提醒乘客买票维护铁路集团权益的效果。

某公司准备设计一批直接邮寄广告单。设计部主管要求版面尽量设计得时尚一些，而总经理则明确表达版面设计得越简单越好。小陆作为公司具体负责设计的职员，他该怎么办？

小陆最后选择了一个融合主管、总经理和自己三个人观点和意见的设计思路和方案，然后拿着它向总经理报送审批。汇报的时候他这样表达："××总，您好，我想，您的意见着重广告的实用性和目的性，很好，××主管的意见考虑到了广告对象的接受心理，我加进了广告生产的投入成本考量，最后做成了这个方案，请您过目并定夺。"总经理拍了拍小陆的肩膀，开心地说："就定这个了，事后给你发红包。"

小陆的这番说辞就很讲究含蓄蕴藉、话中有话的委婉技巧，不说他们方案中的缺漏，只说优点，谁也不得罪，还表明了自己的看法和观点。

我们再看下面的案例：

梁洪是音乐学院的办公室主任。他的学生赵京研究生毕业之后回音乐学院工作，不到三年就升为副院长，级别比梁洪还高。每次学院开会，看着台上发言的赵京，他就觉得心里不是滋味。于是，在一次会议间隙，他不无嘲讽地说："赵京，你行呀！你的车为何跑得这么快呢？"赵京却一脸平静地回答："主任，您应该去检查一下有没有给您的车加满油呀。"

很明显，梁洪说的车快，实则暗示赵京升职的速度快。对于这样藏锋不露的问话，如果选择一本正经地回答是因为车的品牌好或者自己驾车技术好，都有嫌失当；如果一五一十实话实说，解释自己快速提升的各种缘由，只会留下目中无人、狂妄自大的印象，也不得体。而用这句"主任，您应该去检查一下有没有给您的车加满油呀"却含蓄蕴藉地回答了梁洪，着实高明并且意味深长。"加油"含蕴丰富，既可以理解"为车加汽油"，顺承对方的话题，回答车快的原因，也可以理解为"努力"，指出自己提升快是因为个人努力。"加油"一词还有更深层次的含义，凡是导致成功提升的一切主、客观环节和要素都可包含其中，自然也包括人际关系这样的敏感话题。但是赵京又没明说，而是叫他去检查检查，言下之意是："梁洪你尽管去探究吧，我问心无愧。"如此独出机杼的委婉言辞，双方都话中有话，还能让对方会意而不得罪对方，既解释疑问又避免言多必失，这就是非常高明的委婉言辞技巧。

## 六、曲隐有度，力戒晦涩

还需强调一点，委婉暗示言辞在使用过程中，必须把握曲言隐语的限度，力戒晦涩，否则就会弄巧成拙；也要综合考虑具体交际情境中的其他因素，有所为有所不为，才能确保有效。

委婉暗示言辞，自然需要婉曲隐约、意味深长，并非要追求高深莫测、晦涩难懂。晦涩难懂的话语连基本的清楚表达的交际功能都无法保证，也就无所谓技巧。因而，有效的委婉言辞技巧必须讲究曲隐有度，做到既不直说某事，又能让人心领神会；既能驱使话语历经腾挪跌宕转弯回旋，最后又能抵达对方的心田；既能把难听的话说得有艺术，又不显唐突令人费解，而是恰到好处、回味无穷，这才是真正的技巧。

暗示言辞中应该特别注意设谜式的暗示。如果要用谜语暗示，必须保证谜语的难度适中，对方稍作联想或思考就能猜出你想要表达的情意。高难度的谜语只会使人丈二和尚摸不着头脑，深不可测，不仅无效，而且会哗众取宠。比如一个人当别人问其贵姓的时候，他用"百度一下就知道"的言辞暗示，有一定的难度，但听话人只要根据一般姓氏的单字特点，再从字谜的角度分析说话人的言辞，就会明白对方说的姓乃"白"。因为"百"字将"一"去掉，就是"白"字，"知道"与"明白"含义相同。如果一个妻子写信给久出远门不归的丈夫，只说"合欢一钱，甘遂二两"两味中药材，丈夫即或不知甘遂为何物，也能从合欢的寓意、"一钱"和"二两"的轻重对比，以及结合自己久出未归的情形综合起来思考，明白妻子此言暗含对自己"重利轻别离"的指责和埋怨。

如果一个人要表达对方喜欢吹牛，不明说，而是用"看见你，我就知道天为啥这么黑了！"进行暗示，这样的说法就有些让人觉得云山雾罩了。因为有效的暗示言辞需要对方从话语中提供的信息稍加联想或思索就能意会，因而说话者如何围绕想要表达的意思去恰当把握、选择和表达相关的感性化信息或线索就很重要。"喜欢吹牛"跟"吹牛吹上天"有很大的相关性，"吹牛吹上天"虽然跟"天"有相关性，但是牛跟"黑色"的相关性就不大，所以这样的说法会令人费解，反而弄巧成拙了。

使用委婉暗示的言辞，还要根据具体的交际情境，综合考虑听话者的不同特点，特别要注意对方的学识高低和文化程度。委婉暗示言辞的选择和表达都要严加选择，便于理解。如果一个教古汉语的丈夫，在妻子分娩后，对正在吵闹的隔壁邻居小孩说："我家新添弄瓦之喜，请保持安静。"此话本意在暗示家中有两个刚出生的女孩，需要休息，可是不懂古语的小孩万难听懂，恐怕说了等于没说。

### 七、力避恶言诽谤，拒绝含沙射影

言语交际实践中，在使用暗示技巧时，还需要强调的是，我们必须力避恶言诽谤，拒绝含沙射影。

相传江南水中有种叫"蜮"的动物，常在水中含沙喷射人的影子，使人得病。"含沙射影"这个成语主要比喻暗中或背地里批评、污蔑、诽谤或者中伤他人。从"含沙射影"这个成语的出处和比喻意义来看，"含沙射影"言辞应该同时具有四个方面的特点：其一，说话者的发言不符合事实，其指称的事实来源于说话者的主观揣度、臆想猜测或没有经过严格求证的闲话、谣言之类。因此凡是符合事实的含蓄说法，都不能称为含沙射影。其二，含沙射影言辞的发出者不具主观善意，而是心怀不满又找不到理性的宣泄出路之后运用的感性化诽谤、中伤性说辞。因而，一切善意的或正义的暗示也不能叫含沙射影。其三，含沙射影的言语行为还应该是不指名道姓的"影射"，凡是指名道姓的批评也不能叫含沙射影。其四，含沙射影的话语一般是背着当事人说出，因而，凡是当面指责或不满和发牢骚也不能叫含沙射影。

现实生活中，经常会有人使用含沙射影的言辞来表达自己对他人的不满、牢骚或攻击、谩骂。虽然含沙射影也具有不直说的暗示言辞的特征，但因其不怀善意，而且缺乏事实根据，属于一种不理性的言语行为。

鲁迅曾经在他的杂文《华盖集·并非闲话（三）》的结尾部分描述过"含沙射影"言辞的具体组织方式和效果："其甚者竟至于一面暗护此人，一面又中伤他人，却又不明明白白地举出姓名和实证来，但用了含沙射影的口气，使那人不知道说着自己，却又另用口头宣传以补笔墨所不及，使别人可以疑心到那人身上去。"①

鲁迅在《伪自由书》的后记里谈到"五四"时期描写三角恋爱的作家张资平，他的长篇创作《时代与爱的歧路》自 1932 年 12 月 1 日起在《申报·自由谈》连载。次年 4 月 22 日，《申报·自由谈》刊出编辑室启事，说因为读者表示倦意，于是尊重读者意见决定自此停止刊载。当时，上海的小报对这件事多有传播，并哄传"腰斩张资平"事件。其中《社会新闻》发表过一篇题为《张资平挤出〈自由谈〉》的文章为张资平鸣不平，其中有下面的说法：

然而有人要问：为什么那个……的"迷羊"——郁达夫却能例外？他不是同张资平一样发源于创造吗？一样唱着"妹妹我爱你"吗？我可以告诉你，这的确是例外。因为郁达夫虽则是个……，但他能流入"左联"，认识"民权保障"的大人物，与今日《自由谈》的后台老板鲁（?）老夫子是同志，成为"乌鸦""阿 Q"的伙伴了。②

上述文字的作者，因不满于《申报》停刊张资平的小说，而拿和张资平有着类似叙事特点的郁达夫来发难，并用"认识'民权保障'的大人物，与今日《自由谈》的后台老板鲁（?）老夫子是同志，成为'乌鸦''阿 Q'的伙伴了"等文字，指出张资平的遭遇不是因为小说本身涉及色情的问题，而主要是因为其人脉关系出了问题，并含沙射影地攻击了鲁迅是这次事件的幕后操纵者。虽然上述文字中没有指名道姓地明确说是鲁迅，但 1932 年鲁迅在上海与杨杏佛、宋庆龄、蔡元培等组建中国民权保障同盟，是当时圈内人都知道的重大事件，而《阿 Q 正传》是鲁迅的名作，大家都很熟悉，"鲁（?）老夫子"的说法，也很容易让读者联想到鲁迅。因而，这种含沙射影的暗示言辞，就成为署名为"粹公"的作者在背后攻击鲁迅的工具和手段。

后来，张资平本人也因不满《申报》对自己的排斥，在《时事新报》上发表《张资平启事》，文章中有下面的文字：

申明者三：我不单无资本家的出版者为我后援，又无姊妹嫁作大商人为妾，以谋

---

① 鲁迅．华盖集·并非闲话（三）［M］//鲁迅全集：第三卷．北京：人民文学出版社，2005：162－163.
② 鲁迅．伪自由书·后记［M］//鲁迅全集：第五卷．北京：人民文学出版社，2005：174.

得一编辑以自豪，更进而行其"污毁造谣假造信件"等卑劣行径。[①]

这几句也是含沙射影地将矛头指向《申报·自由谈》主编黎烈文的暗示言辞。因为如前所述，当初《申报·自由谈》在决定停刊张资平小说的时候发表过编辑室启事，启事中提到过停刊原因乃读者表示倦意，所以张资平在这里虽然没有直接明确指出是黎烈文一手操纵了这事，但文字中"编辑"的说法，以及"更进而行其'污毁造谣假造信件'等卑劣行径"的说辞，让读者或者熟悉这件事的人看了，自然很容易就会联想到这些文字就是针砭黎烈文的，事实也证明了这些暗示文字还是起到了中伤效果。后来，黎烈文也特意发表了一则《黎烈文启事》，就《张资平启事》中提到的"姊妹嫁作大商人为妾"的说法表示了强烈的谴责、回击并进行了澄清。

高中毕业的陈某是林某的妻子，长得很漂亮。林某外出打工，陈某为了陪伴儿子成长，决定留在村里。这就给村里以前追求过陈某不得仍然不死心的中年男人王某以可乘之机。于是，王某以帮助陈某干重体力活为由频繁出入陈某家中，陈某明白王某的心理动机，多次拒绝王某的帮助并提醒他适可而止。于是，受挫后感觉到很没面子的王某一计不成，再生一计，他在一次参加村里组织的集体活动（陈某缺席）时发言说："我们村某些人仗着有学历，有姿色，看不起自己的丈夫，迫使丈夫出去打工，还多次勾引村里的领导干部。这种人的道德品质极其败坏，大家应该引起警觉。"过年时，林某一回家，到叔叔家问候时，叔叔就把王某这番话传给了林某，导致不知真相的林某对陈某大打出手，后来因为当时在场目睹陈某几次拒绝王某的林某母亲为儿媳证明清白，才得以避免家庭悲剧的发生。

王某故意背着陈某在参加村民集体活动时的上述说辞，虽然没有指名道姓地明确针对陈某，但是他的话语中提供的"丈夫在外打工，有学历，有姿色"等信息都指向陈某，因而这番话就是王某无中生有地运用含沙射影的暗示言辞对陈某进行的人身攻击和道德诋毁，以至于村里人以讹传讹，差点使陈某婚姻破裂。可见，含沙射影地诽谤他人，不仅是一种道德失当的言语行为，还是一种对他人名誉具有极大杀伤力的违法行为。

我们不能把"含沙射影"与普通的暗示言辞等同，也不能将其与含蓄蕴藉、模糊其词、迂回曲折、拐弯抹角之类的委婉言辞混为一谈。同时，我们在日常交际中要尽量避免或杜绝使用含沙射影的言辞，因为含沙射影的言辞跟事实不符，会损害他人名誉。虽然没有指名道姓，但是人们能够从话语中的蛛丝马迹意会其暗示的人或事，因而容易对号入座，进而可能会陷入互相攻击谩骂的舌战或侵犯名誉权的官司中，损

---

[①]　鲁迅. 伪自由书·后记 [M] //鲁迅全集：第五卷. 北京：人民文学出版社，2005：182.

人不利己，所以也不能算作什么高明的言语交际技巧。

<h2 style="text-align:center">第二节　委婉言辞技巧的多种实操方法</h2>

根据上一节中强调的委婉暗示言辞运用的要求，我们可以寻求有关委婉言辞技巧的多种实操方法：事物借代法、语法更换法、改变矛头所向法、故意模糊法、以退为进法等。

## 一、事物借代法

事物借代法，是指借用与那些属于禁忌说法所指事物/事件相关的某些特点，或同类性质的另一事物/问题来指代禁忌事物/事件本身的言辞技巧。委婉言辞技巧的运用有时是为了避讳，回避人们的死亡禁忌、羞耻禁忌、缺失禁忌或外交禁忌等。这时，可以使用与受禁忌事物相关的特点来代替受禁忌事物本身。比如用"两腿一伸"来代替"死亡"，用"身体违和""负薪之忧"来婉言"生病"，用"胡子""响马""杆子""棒客"形容土匪，用"稼穑大师""跟大自然亲密接触的诗意栖居者"来指代农民，用"手头紧"表示穷困，用"华盛顿"指代美国政府等。

上述属于避讳式的较为简单的委婉言辞。日常生活中，有些话虽然没有明确的社会或心理禁忌，但是直言不讳同样会让人难以接受。比如对于某些人犯了错误，直接指责对方可能导致反感或对抗。再比如对于某些人性格方面的缺陷，直言相告对方会不领情，这时也需要运用委婉言辞代替。我们来看下面的交际案例：

小阳在厨房炒菜时，不小心将青椒炒肉加了两次盐，自己还没意识到。端上餐桌，丈夫刚夹了一点入口就急忙吐了出来，对小阳说："我好像没有听说今天超市的盐跌价了呀！"小阳明白这道菜做咸了，于是一边道歉，一边急忙把菜端走，转身进厨房又重新做了一盘。

丈夫借用"我好像没有听说今天超市的盐跌价了呀"的委婉说法来含蓄地指出妻子将盐放得太多了，话语的攻击性明显减弱。假若丈夫直接斥责小阳"你怎么搞的，放这么多盐，这是存心不让人吃呀！"，这顿饭可能就会以争吵收场。

交际实践中，有时我们会指责、批评他人，有时我们为了维护自己的正当权利不得不作出某种选择，明明白白地说出来不仅很容易伤害他人的自尊心，可能还会引发他人的逆反和抵触心理。恰当地运用事物借代的委婉言辞，就能让人平静接受。

有些情感关系难以为继时，一方需要快刀斩乱麻，告知对方，但直说可能会让对方觉得很受伤而难以接受，于是可以说"我和你在一起觉得很累"或者"你觉得咱俩性格相合吗"之类的委婉言辞。一旦一方说出这样的话语，就是在委婉地表示其对你不再有爱，不想再继续维持这段感情了。再看下面的说法：

"改天我请你吃鱼吧，我看你挺能挑刺的。"

"如果多吃鱼可以补脑让人变聪明，那么你至少得吃六条鲸鱼。"

"你这人怎么这样，一点音乐也没学过吗？"

上述说法本意是想要批评对方挑剔、蠢笨或者不靠谱，但恐其刺激性或伤害性较大，于是借用"我请你吃鱼""至少得吃六条鲸鱼""一点音乐也没学过"这些相关的委婉说法来含蓄表达，用的也是事物借代法。

笔者前年通识选修课班里的一位女生，曾跟笔者诉说她遇到的困扰："老师，我有一个好朋友，她本质上没有坏心眼，但是她喜欢装腔作势在他人面前炫耀自己，我不喜欢她这种性格，又不想失去她这个朋友，我应该怎么办？"后来，笔者教她找个时间单独约上这个朋友，并给她设计了下面的谈话内容：

"××，我们是多年的好朋友了，其实，我有很多心里话想对你说，又怕你误会。现在，我利用这个机会问你一个比较重要的问题，你也认真思考一下哦。当你拥有一个价值连城的珠宝盒，你觉得你是把它到处宣扬让大家都知道，以致让那些想要破坏它或者据为己有的人也知道，最后招致意想不到的坏结果，还是把它珍藏起来，让它安然无恙地成为你的专属物品呢？"

这样借用与对方性格缺陷性质相同的问题来类比提醒对方改正的委婉言辞，对方听了，会感觉到说话者的用心良苦，肯定比直来直去的批评或者看不惯式的直言相告效果要好很多。

## 二、语法更换法

汉语不仅词汇丰富，可以表达不同的意思，而且有很多复杂的遣词造句的词法和句法，可表达说话者的态度和语气的微妙区别。因此，委婉言辞技巧可以从语法方面另辟蹊径，运用恰当的语法手段也可组织出巧妙的委婉言辞。

先来看词法。汉语中大多数语气词和某些连词就很适合用在委婉言辞中表达温婉、平和的说话态度以及商讨语气。比如：我们要批评一个学生贪玩不努力，说"你太不像话"和"你也太不像话了吧"。一字之差，前者没用连词"也"，也没用语气词"吧"，就是严厉的毋庸置疑的否定性评价，听话者易产生负面情绪反应；后者由于使用了"也"字，泛化了对方之错，再加上了不确认的商讨语气，话语在委婉批评之外，同时有提请对方反思过错的作用。同样效果的虚词还有"哦""啰""嘛""呗""哎呦"等语气词，比如"下不为例哦""不等就不等了呗""这就是一句玩笑嘛""我也帮不上你啰""哎哟，你做得不对"。诸如此类的言辞就比不加语气词的说法显得更委婉温和。

在言辞中使用某些重复的动词也具有委婉效果。比如"接下来你得认真思考了"就要比"接下来你得认真思考思考了"的说法显得更加专断；同样，"这个观点，下次再探讨"也不如"这个观点，下次再探讨探讨"更能凸显商量的态度。

代词的改变也可以取得委婉效果。如"你要进入那片原始密林冒险，我得管"和"谁要进入那片原始密林冒险，我得管"，二者的表达效果就不一样。前句中的"你"是针对对方的第二人称代词，表达的是管束对方的坚决态度；后者用的不定疑问代词，表明"管束"的是所有想冒险之人，并不只是对方，既委婉地表达了自己坚持的态度，也能有效消除对方可能对自己的误解，还能体现说话者按规则行使管理职权、"对事不对人"的公平公正。

人称代词换用亲昵的称呼词也可以收到委婉效果。如我们常说的"吓死宝宝了"就要比"吓死我了"来得委婉，大大弱化了因受惊吓而责备的意味；再如母亲哄婴儿不哭的时候说"你不哭"就不如说"宝宝不哭"有效。如果丈夫在指责你花钱大手大脚时你说："你夫人的这点小毛病你又不是不知道，有什么大惊小怪的"就比"我的这点小毛病你又不是不知道，有什么大惊小怪的"的说法要高明得多，既大大淡化了我行我素、强词夺理的意味，也表达了需要丈夫给予包容的吁求内涵，因而可以缓和对抗的情绪。

再看改换句法形成的委婉言辞。我们都知道，陈述、疑问、祈使和感叹等不同句式可以表达不同的语气。因此，我们也不妨利用不同的句式特点，根据委婉言辞要达到的话语效果来主动选择交际言辞表达的句式。交际实践中，我们经常会看到说话者在表达自己的要求、建议或观点时，同样的意思，用不同的句式表达，效果就不一样。一般情况下，同样的意思，用祈使句、陈述句就不如疑问句和感叹句的表达来得温婉、有感染力，如"赶快开灯！""赶快开灯吧。"就没有"可以赶快开灯吗？""赶快开灯该多好呀！"的说法委婉，给听话者的感受也不一样。再比如用"请帮我把关一下这篇论文可以吗？"的疑问句式，就比"请帮我把关一下这篇论文。"的陈述句表达得更有礼貌，因为前一句的说法让听话者有自由选择的余地，而后者却给听话者提出非做不可的指令或要求，带有生硬的不容置辩的强制意味。

此外，还有用假设句代替转折句来表达自己对某些问题的看法，在要求对方改正错误的时候，也能有更好的可接受性。比如"这种研究思路很好，假如你能在广泛调查的基础上进行全面论证，那就可行"和"这种研究思路很好，但是你必须在广泛调查的基础上进行全面论证才行"，二者意思完全相同，但显然前者把决定权交给对方，听起来舒服，而后者却彰显出说话者说一不二的语气，没有商量的余地。

## 三、改变矛头所向法

委婉言辞的交际目的是要增加话语的可接受度。为了达到这一效果，我们在交际过程中可以把那些矛头直指交际对象的负面评价，难听的、可接受度较低的话语改变一下，将矛头指向自身或干脆卸载矛头。这样，言辞就会变得相对平和舒缓，听起来相对舒服和轻松，改变后的言辞就具有了委婉功能。

比如，说"你这样做缺乏周密思虑"和"我不觉得你这样做是思虑周密"，二者意思差不多，可是前者否定的是"你这样做"，矛头不偏不倚指向的就是对方，因而听起来比较难以接受；而后者否定的是说话者自己，没有直接指向对方，因而相对委婉。再如"那个地方不能去！""那个地方去不得！"，二者的意思也非常接近。"不能去"强调听话者不应该有这样的想法，矛头指向听话者本人，直接否定他的意图，不容解释，比较生硬。而"去不得"则是从地方本身来否定的。这种否定性的评价矛头不直指听话者本人，听起来自然舒服一些。同样，"我不知道为何到现在你们都听不懂"就不如"我不知道为何到现在我还未说明白"委婉。

若是你对女青年提及她大龄未婚这件事，说"她还没有找到婆家"或"她还没有嫁出去"，就不如说"她还没有遇见缘分"。因为缘分之说好像解释了女青年未婚和她自身的素质、长相、能力等没有关系，只是因为姻缘未到而已。说话的矛头指向不可知的上天而没有指向女青年本人，自然容易接受。

按照这样的思路，我们还可把那些对听话者具有威胁力或可能导致对方不安、不悦情绪的负面言辞卸载掉，换用能够表达相同或类似内涵的具有积极正向情绪引导效果的言辞，也是不错的委婉言辞技巧。举例说明：

如果有两位丈夫，面对同样的交际情境：妻子在洗完被套晾干之后，打算收到衣柜的顶层，可是由于身高不够，于是求助自己，之后分别说了下面的话：

丈夫林先生：今天要求我了吧？像你那寸子冬瓜样式的，肯定不行。

丈夫郑先生：好呀，你真高明，懂得让专业的人来做专业的事！

郑先生的话妻子爱听，就是因为其运用了卸载矛头的委婉技巧，用巧妙的幽默言辞故意把对方求人之事美化，同时对自己身高的优越感也溢于言表，于是夫妻皆大欢喜。而林先生的话语则尖酸刻薄，直指对方的身材缺陷，令人不悦，还可能陷于没完没了的有关孰优孰劣的争辩之中。

如果我们想要委婉拒绝别人，也可以用这种改变矛头所向的言辞技巧，表示不是自己主观上不想帮忙，而是因为自己没有时间或者其他方面的客观原因。比如说"实在对不起呀，在你之前已经有很多同学找我帮忙了，我现在手头比较忙，这次只能做'逃兵'了"就要比冷漠拒绝的效果好。

## 四、故意模糊法

故意模糊法，通常在那些不适合把话说得黑白分明或者清楚明白的场合中使用。故意模糊法的委婉言辞，如同一个半遮脸面犹抱琵琶的女子，含蓄温婉，也可以模糊视听，不给对方留下口实，为自己开脱。

文学作品中我们经常会看到故意模糊法的委婉言辞。孙犁《荷花淀——白洋淀纪事之一》中的女性，就很精通这种委婉的说辞：

水生说："今天县委召集我们开会，假若敌人再在河口上安上据点，那和端村就成了一条线，淀里的斗争形势就变了。会上决定成立一个地区队。我第一个举手报了名的。"女人低着头说："你总是很积极的。"①

水生嫂作为一位农妇，面对主动报名参军即将离家出走的丈夫，心里自然产生自豪和抱怨并存的复杂情绪。孙犁只用了一句意思比较模糊的话"你总是很积极的"就非常传神地刻画出她说此话时的微妙心情：既有对丈夫参军肯定性的支持，也包含对其离家出走表达不满的伤感。话语言简意赅，委婉含蓄。

外交辞令也经常用到这种故意模糊的委婉言辞。我们经常见到的"严重关切""表示遗憾"等就是有意模糊的委婉语。"严重关切"应该包含几个层面的内涵：第一，对方发表的言论或已经作出的决策、行为等已经触犯了我方的主权或利益。第二，表明我方绝不会坐视不管，任事态继续发展的坚决态度。第三，还表明我方已经强忍怒火并带有警告的语气，意味着如果对方置我方利益于不顾，我方可能采取必要和相应的措施予以反击。

2002年12月6日中央电视台13频道午间新闻报道：英法等欧洲国家领导人对美国在2022年8月签署的《通胀削减法案》可能导致欧洲"去工业化"危险进一步加剧表示"严重关切"。

---

① 孙犁. 荷花淀——白洋淀纪事之二 [M] //孙犁文集：第一卷. 天津：百花文艺出版社，1992：91 - 92.

其中的"严重关切"就是外交上常用的委婉辞令。"严重关切"一般针对故意挑起事端的不友好对象，但是究竟关切什么，又不明确告诉对方。语焉不详的"严重关切"，间接地表达了欧洲国家既要维护美欧同盟，不想撕破脸立即对抗的话语意图，同时也从自身立场和利益出发，对美国不惜损害欧洲盟友利益的霸凌行径表示严重不满并发出警告，还强调了如果美国一意孤行，丝毫不考虑欧洲国家利益，那么接下来欧洲可能就会针对这一法案采取针锋相对的对策，以维护自身的国家利益和保障欧洲工业的持续稳定发展。

西方某些国家为了谋求自身在全球范围内的优先发展地位，有时会不惜违背国际准则，单方面撕毁国际协定，利用一些借口，擅自作出对他国不友好的决定，还要装出一副煞有介事的样子。这个时候，就需要使用类似下面案例中的委婉外交辞令：

上个世纪 80 年代，加拿大政府限定苏联驻加拿大商务处贸易代表于 10 日之内离开加拿大。在提到限期离境的原因时，当时发表在报纸和外交照会中的声明中用了这样的措辞："因为他们进行了与其身份不符的活动。"[①]

加拿大使用的正是故意不和盘托出的模糊言辞，究竟进行了哪些与其身份不明的活动，语焉不详，也许是一种故意强加的莫须有的罪名。加拿大政府实质上是对自己单方面作出的不友好决定讳莫如深，才用如此模糊的说辞遮遮掩掩，以争取自己国家在国际舆论中的正面形象。

清朝乾隆年间，英国人凭借着他们的坚船利炮，强行要求清廷开放港口、自由贸易，并给予其免税待遇。当时还是"康乾盛世"时代的乾隆皇帝自然没法接受，他龙颜大怒，在回函中，他不仅驳回英国人的无理要求，而且用了"勿谓言之不预"这样的委婉言辞给予对方最后通牒式的严重警告。

"勿谓言之不预"也用故意模糊的方式委婉而又义正词严地表明了清廷的态度：你们挑衅在前，我们还手在后。目前你们已逾越红线，我们已经忍无可忍，若你们仍然执迷不悟、铤而走险，那就试试看，我们等着！

对于某些不便透露实情的问话，也可以使用故意模糊的委婉言辞表达。

一位专家参加读者见面会，有读者问专家："我们什么时候可以读到您的下一部新著？"专家回答说："出版正在进行中，相信很快会有结果。"

专家可能因为自己也不知道具体什么时候能够出版，也许不想留给人夸夸其谈的负面印象，因而特意不透露具体的时间信息，于是选择用这种故意模糊的说法来回应。

---

① 骆小所. 公关语言学教程［M］. 昆明：云南人民出版社，2002：258.

## 五、以退为进法

交际实践中，很难避免各自为利导致的摩擦和争端，如果"公说公有理，婆说婆有理"地互相争吵对决，很可能两败俱伤。好汉莫吃眼前亏，智者常明白能屈能伸的道理，如果懂得先退一步，积蓄力量之后再前进，会有更大的胜算。在处理争端和纠纷时，也要避免急躁冲动冒进，要懂得容忍退让：以退为进并非妥协懦弱，而是说话者主动选择的一种委婉交际技巧，目的是避开锋芒，等待风平浪静时更轻松地前进，运用非对抗的温和方式促成合作。

以退为进、引导选择，委婉地劝谏君王以人为本，是古代大臣们常用的言辞技巧。《史记·滑稽列传》里记载有"优孟哭马"的经典故事，说的是楚庄王的爱马死了，楚庄王不顾左右大臣们的劝阻，执意要用大夫的礼仪来厚葬爱马，还扬言：谁要再谏，就处死谁。于是，楚国的乐工优孟出场：

优孟闻之，入殿门，仰天大哭。王惊而问其故。优孟曰："马者王之所爱也，以楚国堂堂之大，何求不得，而以大夫礼葬之，薄，请以人君礼葬之。"王曰："何如？"对曰："臣请以雕玉为棺，文梓为椁，楩、枫、豫章为题凑，发甲卒为穿圹（掘墓穴，笔者注），老弱负土，齐、赵陪位于前，韩、魏翼卫其后，庙食太牢，奉以万户之邑。诸侯闻之，皆知大王贱人而贵马也。"王曰："寡人之过一至此乎！为之奈何？"优孟曰："请为大王六畜葬之。以垄灶为椁，铜历为棺，赍以姜枣，荐以木兰，祭以粳稻，衣以火光，葬之于人腹肠。"于是王乃使以马属太官，无令天下久闻也。[①]

优孟想要劝谏楚庄王，没有当面直截了当地指责楚庄王的荒唐，而是先退一步，顺着楚庄王之意，说出"以大夫礼葬之，薄，请以人君礼葬之"的言辞，有效地化解了楚庄王的抵触情绪。在得到楚庄王回应后，优孟抓住机会继续顺着楚庄王的思维发挥，描述出具体厚葬爱马的铺张排场以及后果，以此警醒楚庄王，使其自我反思，并引导其纠正错误。这样，优孟的做法在无损楚庄王尊严的同时成功地达成了劝谏的目的，这就是"以退为进"委婉言辞技巧的魅力。

以退为进的委婉言辞，也常常用在谈判桌上。谈判是为了要对方接受自己开出的价格或达成自己的目的。在明知对方求之若渴却还故意在谈判桌上大砍价的时候，不如以退为进，这样对方就会因再不让利就有可能失之交臂的担忧或恐惧而妥协，

---

① 司马迁. 卷一百二十六 滑稽列传第六十六［M］//史记：第十册. 北京：中华书局，1959：3200.

　　曾有一家大公司要在某地建立一分支机构，找到当地某一电力公司要求以低价优惠供应电力，但对方态度很坚决，自恃是当地唯一一家电力公司，态度很强硬，谈判陷入了僵局。这家大公司的主谈者私下了解到电力公司对这次谈判非常重视，一旦双方签订了合同，便会使这家电力公司的经济效益起死回生，逃脱破产的厄运。这说明这次谈判的成败，对电力公司来说关系重大。这家大公司主谈者便充分利用了这一信息，在谈判桌上也表现出决不让步的姿态，言称："既然贵方无意与我方达成一致，我看这次谈判是没有多大希望了。与其花那么多钱，倒不如自己建个电厂划得来。过后，我会把这个想法报告给董事会的。"说完，便离席不谈了。电力公司谈判人员叫苦不迭，立刻改变了态度，主动表示愿意给予最优惠价格。至此，双方达成了协议。①

　　上述案例中，大公司的主谈者就非常巧妙地运用了以退为进的委婉言辞技巧。在对方态度非常强硬时如果硬碰硬，势必没有回旋余地，招致谈判失败。主谈者通过调查研究，了解对方对此次生意志在必得后，就故意扬言要退出谈判，给对方施加压力：如果价格不压下来，订单就没法签，电力公司如果不想面对鸡飞蛋打的后果，就只有答应对方的条件。主谈者先退一步，其意在后面环节的"进步"，目的是为公司争取更大的利益。

　　以退为进的委婉言辞技巧也能帮助商务从业人员有效解决交易纠纷，赢得更多客户：

　　老秦是某进口品牌汽车售后维修服务部的师傅。新冠疫情防控期间，生意较为萧条，老秦心情本来就不太好。一天下午，店里好不容易来了一个进店维修汽车的客户，客户下车询问维修价格后下意识地抱怨车子老是出问题。这时老秦就没好气地回应说："我们的车又不是永动牌的，不可能没有问题，如果想要没有问题的车，自己去生产好了。""这种态度？叫你们经理来。""要叫你自己去叫。"最后经理向客户赔礼道歉才算完事，老秦半年的奖金也因为有投诉记录被扣了。后来，老秦吸取教训，再有司机抱怨的时候，他总是会轻声说："老板，我们的问题，没能让您满意，真的很遗憾。车子有哪些故障，请您具体详细告诉我，我都会一一登记，相信我们，一定会努力检修，尽可能不耽误您的用车。""好的，谢谢师傅，我会记住你的。"这样，后面客户不仅自己的车有问题就去找他修，而且介绍了几个同事来找他修车并成了他的常年客户。

　　老秦作为一个从事车辆维保服务的师傅，一开始说话不管不顾，咄咄逼人，顾客

---

　　① 翟超，等. 商务谈判口才［M］. 北京：蓝天出版社，1997：195.

也不示弱，最后只有把事情搞僵。后来，他学会运用以退为进的委婉交际策略，大方坦陈是"我们的问题"，这样就缓释了对方的怨气，保全了顾客的面子，也照顾了他们的权益，从而使所有的争论都归于无，和气生财。

## 第三节  运用暗示言辞技巧的基本思路

委婉言辞和暗示言辞有所关联，也有所区别。委婉言辞主要包括委曲言辞（曲语）、婉言（婉转语）及讳饰言辞，主要是指将那种需要避讳的事物或者觉得不便直言的问题换用其他更好听、文雅、温和、含蓄或有趣的言辞表达出来。言辞的委婉效果，可以通过与想要表达的本事或本意相关或相似的表达来借代，或用借喻的修辞手法来达成；也可以故意通过曲折、转弯抹角的"折绕"① 手法来实现；还可以通过烘托、闪烁或上下游移的婉转暗示手法获得。而暗示单独作为一种言辞技巧，是人们为了某种交往目的，通过交往中的语言、手势、表情、行动或某种符号、实物或任意的替代品，以含蓄、隐晦的方式传递某些可感可触的特定信息，使他人接受信息背后隐含的或者示意的观点、看法、提议、意见或按所示意的方式完成某项任务。暗示主要是出于言说中交际主体的自由选择，觉得不直接说出来比直言直语更好，可以既给自己留面子，也不至于使对方难堪和尴尬所采用的言辞技巧。在一般情况下，暗示者是主动的、自觉的，相对来说，受暗示者是被动的。

因此，委婉言辞和暗示言辞存在交叉地带，那些通过烘托、闪烁或上下游移的婉转手法组织的言辞既属于委婉言辞，也属于暗示言辞。但通过折绕修辞手法组织的曲语和讳饰语不属于暗示言辞。暗示言辞中那些通过有声语言之外的无声示意方式造就的暗示也不能算作委婉言辞。如果说委婉言辞技巧侧重找到一种与本来想要表达的意思相似或者相关的表达，则暗示言辞技巧侧重找到一种与想要表达的某种隐含或深层意思相关的表层信息的描述。

古往今来，在人际交往中，人们运用暗示言辞技巧，大致遵循的主要思路有借物寓意、用身体语言示意、借题发挥示意、泛化指代示意、信息引导示意、陌生化示意等。我们可以灵活运用。

---

① 陈望道. 修辞学发凡 [M]. 上海：复旦大学出版社，2020：151.

## 一、借物寓意

要避免直接明说，可以借用有形的直观的礼物、画作、图表、符号等形象化的具体客观的事物来传递抽象的思想或内心的情感，也可以用灯光、音乐、风景营造出某种气氛来间接地表达我们的所欲所求。这就是所谓的借物寓意暗示法。借物寓意暗示法的思路就是用具体形象的事物来寄托某种不宜直说的意思或情感。有时，万千情感抵不过一个可感可触的物体、形象或图表传情达意的效果。这种直观的借物寓意暗示法，比任何的语言解释都有力，更能让对方确信无疑。

比如要向人求爱，如担心明说被人拒绝没面子，就可以送玫瑰或对方喜欢的礼物示爱。对方收到礼物后会对送礼物者的意思心知肚明。同时，如果被拒绝，也不至于使自己丢面子被人看笑话，因为如果认真起来说，人家不过是送了你一个礼物而已，并没有明说出来。

有时，有些话直接说出来可能会让对方难以接受，产生负面情绪。这时就可以提供一些与所要表达意思相关的信息材料来暗示：

一个学期末的一天，一个学生加了笔者的微信，询问他"当代文学史"课程的考试成绩。笔者觉得如果直接告诉他那低得可怜的分数，可能会刺激他，于是就把试卷上他没作答或得分很少的几道大题拍了图片发给他。

这样的图片暗示法比直接告诉他分数的效果要好。他看了以后就明白了自己的分数，也知道自己为何没及格了。这种直观的借物寓意暗示法，既可以清楚有效地传递信息，还能避免明明白白说出来可能导致听话者产生负面情绪。

有时候，由于心情不好，不想跟对方提及自己的某些伤心事或者觉得没必要跟对方讨论某个问题，也可以营造某种气氛的方式进行暗示：

刘佳佳谈了八年的男友和她分手了。一年后，佳佳的闺蜜有意给她介绍新的对象，于是，接连打了几次电话想约她出来散散心，顺便打听她是否有找男朋友的意思。第一次，佳佳接了电话说很忙没空。第二次闺蜜打电话时发现佳佳的电话铃声都换成陈瑞演唱的《白狐》了，闺蜜听到陈瑞那深情而又哀怨的歌声，就明白了佳佳还没有完全走出失恋的伤感和痛苦，于是就没好意思开口给她介绍新男友了。

佳佳把电话铃声换成《白狐》，用的就是借音乐寓意的暗示法，告诉闺蜜自己目前还未整理好心情，不想那么快地接受一段新感情。

一个年轻人喜欢装模作样，不懂装懂。他的一个很好的朋友为了劝他改掉这个不好的习惯，特意买了一个大包装袋送给他，用卡片写上：我不希望你跟它的功能一样。这个年轻人明白了朋友的意思后，对他表示感谢："谢谢您的用心良苦，我一定努力改正这个毛病。"

年轻人的朋友如果直接埋怨或指责他"怎么这么能装？"或者说"你不这么装模作样不行吗？"可能会招致他的反感，但是用这种以物示意的方式，朋友就不会觉得被伤害。

## 二、用身体语言示意

身体语言作为人们传情达意的重要手段，是有声语言的重要补充。有时候，不合适用有声语言表达的意思可以运用身体的动作、姿态、神情以及仪容、着装等来暗示，可以收到"此时无声胜有声"的交际效果。

白居易《琵琶行》里描述的琵琶女，就以"犹抱琵琶半遮面""低眉信手续续弹"的动作和姿态，和着"嘈嘈切切错杂弹"的琵琶声，"说尽心中无限事"，暗示她的怀才不遇和凄苦的情感遭际，以及对不合理社会的幽怨和暗恨。

眼睛作为心灵的窗户，最能传神地表达人的主观态度。如我们对某人或某物非常好奇或惊讶，就会突然睁大眼睛或者眼睛放光；我们在思考时或者有疑问时眼睛一下都不眨，定睛表示独自揣摩或意会；当别人冤枉我们的时候，可用正视来表示自己的无辜与坦诚；假如我们对某人不屑一顾或打心眼里瞧不起他，就以斜视或白眼来暗示；当我们盯着他人上上下下看时，意味着打量对方或者向对方发出挑衅；瞪圆了眼睛表示发怒；逼视表示命令或支配；两人相对无言表示千言万语难以表达的深情厚谊。

当我们觉得无能为力或身不由己的时候，可以两手摊开示意；右手手掌放在右侧额头，暗示有心事或内心矛盾；用手指敲击桌面，暗示需要对方安静或提请注意；不停跺脚，表示内心不满；身体前倾，表示关注和在乎对方；身体慢慢向后仰，表示失去谈话兴趣或者非常不恭敬的态度；伸出手来欲击掌，暗示赞同和支持；半坐，表示尊敬或对人存有戒心。诸如此类的身体语言还有很多，要确保和谐沟通，不可不注意这些暗示性的身体语言。

有时候，一些比较难听的话，如果我们用谐音转义，再用行动演示，就能起到很好的暗示作用：

刘东和他的合作伙伴在一起喝咖啡。伙伴顺便提及之前的一个客户，刘东忍不住站起来，一手拿起咖啡壶，然后让咖啡缓缓特写式地沿着刚喝空的咖啡杯壁往下流，然后对合作伙伴说："你看到了吧，他呀，就像现在我手中的咖啡'杯壁下流'（卑鄙下流）。"合作伙伴看到刘东的这个演示动作，意会到那个客户可能之前深深地伤害过刘东，于是赶紧打住："不说他了，别让这种人坏了咱俩的好心情，接下来你有什么好的项目需要我帮忙吗?"

一个做生意的老板，如果在公众场合咬牙切齿地大声谴责自己的客户卑鄙下流，可能过于感性，也有失优雅。而刘东就地取材的动作演示，既传递出对过去客户的否定性评价，也表达了自己不屑提及这个人的主观态度。这种运用动作演示的暗示方式，别出心裁。

当我们遇到某些喜欢口若悬河以自我为中心的交际对象，觉得自己无法取得话语权的时候，我们可以故意搞点小动作，比如故意从随身的包包里拿出一个小本子或一串钥匙，假装因为不小心把它掉落在地上，再把它捡起来，这时就可以说："哎呀，你看，我怎么开起小差来了"诸如此类的话语，就在无言的动作中表达了我们对对方拖沓冗长话语的不满。这样一来，对方滔滔不绝的话语也随着东西的落地而被我们成功打断，而我们的不满情绪也通过暗示的方式得以表达，不至于直言不讳地指责和埋怨对方，弄得双方都面红耳赤，也能有效避免因此给对方留下待客无礼的负面印象。

人们除了可以运用上述有关眼神、身体姿态和动作等身体语言来暗示某种意思之外，同样也可用服饰仪容作为暗示的中介：

文雯的舅妈见文雯年过30还未婚，于是把自己单位领导近40岁的大儿子覃彬介绍给她，并告诉她覃彬喜欢温柔娴静的女孩，叫她约会时稍微注意一点。可是文雯觉得覃彬比自己大了差不多10岁，从心底里就对他没好感。但是拗不过舅妈的好意，于是，见面那天晚上，她故意找男同事借了一件衬衣，配了一件嬉皮风的破洞牛仔裤，背着一个花里胡哨的包去见覃彬。跟他勉强聊了不到20分钟，就找了个借口回家。

文雯碍着舅妈的情面不得不去相亲，但是她巧妙地故意以对方反感的着装风格出现在约会现场，目的就是暗示自己不能接受对方，同时也避免对方看上自己，陷入不必要的感情纠缠，很理性地以服饰仪容为中介解决了困扰自己的问题。

## 三、借题发挥示意

有时，我们需要指责或训斥他人，但如果指着人家的鼻子批评，就会激怒别人，得不偿失。如果运用指桑骂槐或借题发挥的暗示技巧，巧妙地转移话语针对的对象，就能含蓄地批评或教训他人，不至于咄咄逼人，让人易于接受并反思自己的过错。

"指桑骂槐"，本意是指着桑树骂槐树，不直截了当地表达某一意图、意见、见解，而是旁敲侧击、声东击西，将比较尖锐、冷峻、激烈、严正或警醒之辞寓于不明说的暗示言辞之中。

电视剧《狂飙》里有一个这样的场景，高启强在一无所知的情况下丢了莽村度假村的开发权，泰叔对其不满，于是有一天高启强"人未到声先闻"地出现在泰叔的会客厅时，泰叔指着桌面上的一只金蟾和旁边的程程有如下的对话：

泰叔："这个大蛤蟆我不喜欢，给我换一个！"

程程："金蟾是招财的！"

泰叔："一天到晚就知道大喊大叫，一点真本事都没有！给我换个牛呀、马呀，踏踏实实干活的！"

作为建工集团董事长的泰叔，对自己认的干儿子高启强不满，又当着集团的另一名高管程程的面，不便直截了当地训斥他办事不力，于是就借着这只金蟾，指桑骂槐，语重心长地敲响了高启强的警钟：再不努力办成事，高管的职位就有可能被换掉。

小罗是某公司的一个普通职员，前不久因为主管不分青红皂白地把另一个同事犯的错算在她头上而一直耿耿于怀，心里很不痛快。一天，她指着办公室窗外飞进来的一只小虫子大声地说："我不就是你吗，人家想怎么踩在脚下，就踩在脚下。"

小罗采用的就是借题发挥的交际技巧。她感觉到自己在公司被主管欺负了，又觉得自己人微言轻，借虫子飞进办公室的情境，暗示自己和虫子一样，是被他人控制和支配的弱者，同时宣泄了心中的怨气与不满。

丈夫在客厅里和一堆酒肉朋友喝酒，喝得正畅快时，忍不住得意忘形地说："没有比做男子汉大丈夫更快乐更逍遥的事情了，我家里我说了算，父母、老婆、儿子，没有一个人敢违抗我。"妻子这时刚好在厨房拖完地，准备将拖把拿到客厅外面的阳台上挂起来晾干，听到这句话，她气不打一处来，顺手就将拖把往丈夫身上丢，丈夫急忙闪身躲开，拖把摔到了地板上。丈夫生气地问："你用拖把打谁？"妻子回答他："刚才有个小子在你身边说胡话，所以我用拖把打他，想打掉他身上根深蒂固自以为是的劣根性。""刚才是我在说呀。"妻子接着说："是你吗？那可不是一个真正男子汉大丈夫应该说的话！"朋友们纷纷向妻子投来赞许的目光，丈夫说："好好好，就让这拖把作为对我的警告吧。"

妻子在这个案例中巧妙地借助拖把，用借题发挥的暗示技巧成功表达了她对丈夫自我中心主义的不满，效果不错。

有时候，我们如果忠于自己的感受，想要结束一段自己不看好的关系，也可运用借题发挥的暗示法，对对方说：

"我今天郑重地告诉你，我要把我们在一起的日记一页一页地撕掉。"

撕掉在一起的日记，就是再也不想留住两人在一起的回忆，也是典型的借题发挥的分手暗示，比直说要易于接受。

《红楼梦》第三十八回中，薛宝钗出螃蟹，借史湘云之手大摆螃蟹宴，请贾母赴宴，贾母一开始不知这件事是薛宝钗在背后操控的，便高兴到场，到了之后听湘云说此宴乃宝姐姐帮她预备的，于是话中有话地说了句："我说这个孩子细致，凡事想得妥当。"① 等她后来一时停下来不吃了，就着王夫人提醒她该回去歇歇了的话提前离开时，却特意回头叮嘱湘云：

"别让你宝哥哥、林姐姐多吃了。"湘云答应着。又嘱咐湘云、宝钗二人说："你两个也别多吃。那东西虽好吃，不是什么好的，吃多了肚子疼。"②

贾母这句关于螃蟹"吃多了肚子疼"的话，就运用了借题发挥、指桑骂槐的暗示言辞技巧，是故意说给宝钗听的。从上下文语境可以得知，贾母本来赴宴是冲着自己的侄孙女史湘云来的，结果刚到便听说原来是宝钗替她预备的，这时的贾母自然看出了宝钗的心计和湘云的痴傻，但是已经和一大帮人一起来了，也不好意思当着众人的面指责湘云和宝钗，只说了暗含讥讽的"凡事想得妥当"，继续带着笑脸落座吃蟹。但是她不可能一直都保持好心情，因为她看不惯宝钗将如意算盘打在自己的侄孙女史湘云身上，为了自己不可告人的目的，趁湘云付不起宴席开销之机假意帮忙出螃蟹，进而达到利用湘云的亲情关系讨好自己。于是她不等宴席结束就借故提前离开，离开之前不忘借螃蟹"不是什么好的，吃多了肚子疼"来敲打和警告宝钗："心机不要太重了，太重的话，到头来会搬起石头砸了自己的脚。"

## 四、泛化指代示意

因为暗示技巧的目的是说话者不想将自己的意思明示对方，为达到这一目的，我们还可以运用泛化指代法来组织暗示言辞。所谓泛化指代就是把话语中针对双方的指示代词"你"或"我"用"某些""谁""人家""每个人""任何人""有人""这个""哪个"等没有特指的泛化性名词或代词代替，同样也具有暗示效果。

周五柳明的夫人打电话提醒他："我记得某些人说过本周末要请我吃大餐的哦。"

---

① 曹雪芹，高鹗. 红楼梦［M］. 长沙：岳麓书社，1987：283
② 曹雪芹，高鹗. 红楼梦［M］. 长沙：岳麓书社，1987：285.

柳明夫人不确认她先生是不是说话算数，于是用"某些人"代替"你"加以暗示性的提醒，柳明听后心理压力就没有"我记得你说过本周末要请我吃大餐的哦"那么大。

安慰朋友的时候说"我知道，这样的事情，落在谁头上都不好受"，所暗示的就是"我知道，这样的事情，落在你头上不好受"。"谁"扩大了不好受的感觉主体的数量，因而可以相应减弱或缓解听话者的难受情绪。

我们来看一对夫妻的谈话：

丈夫："你就是横竖看我不上眼，今儿嫌住的房子太小，明儿怪我买不起车。"

妻子："人家不过随便说说而已，又没叫你一定要换房子买车。"

妻子的回答不说"我"而用"人家"，这样的暗示言辞就不仅可以使语气和缓，而且显得意味深长：我们是一家人，说说你的毛病应该没有大问题，假如连毛病都不说了，那才是真有问题了。

类似的用泛化指代法的暗示言辞还有很多。比如用"这么优秀的中年男士，哪个不动心呢"来暗示"我也会动心"，用"大家都知道，今年的收成没有往年好"暗示"你应该知道，今年的收成没有往年好"，用"老妈得了阿尔茨海默症，任何人来照顾她都不是一件容易的事"来暗示"你来照顾她不是一件容易的事"，等等。

这样的暗示言辞语气相对亲和，态度也相对冷静理性，可以使听话者容易接受，可以给自己留面子，缓和矛盾或表达了说话者对对方处境能够理解。

在某单位同一办公室工作的小张和小卢，他们之间虽然存在竞争，但相处还算和谐。小张平时对社交很感兴趣，对本职工作却不特别用心。于是，小卢为了提醒小张，主动邀他周末去爬山，在爬山的路上，找了个机会对小张说："有些人总是花大量的时间社交，似乎比完成工作更感兴趣。我觉得还是以工作为重好。因为大量的社交可能会占用正常的工作时间，最后耽误工作后果就很严重了。"

小卢的上述话语中用"有些人"的泛化指代暗示法来指出小张存在的问题，提醒小张以工作为重。这种暗示性的批评方式比直接针对小张的点名批评更能让人接受。小张接收到这样的话语信息时，也能明白小卢的善意，不会产生反感，双方关系仍然可以维持和谐。

曹雪芹《红楼梦》第十六回里有下面的说法：

"咱们家所有的这些管家奶奶，那一位是好缠的？错一点儿他们就笑话打趣，偏一点儿他们就指桑说槐的抱怨。"①

---

① 曹雪芹，高鹗. 红楼梦 [M]. 长沙：岳麓书社，1987：108

这是王熙凤在贾琏从苏杭回家时在他面前抱怨荣国府的家不好当时说的话。"那一位"相当于现代汉语中的"哪一位"，这个不定代词，暗示所有的管家奶奶都一样不好缠，宣泄了自己吃力不讨好的郁闷。

## 五、信息引导示意

信息引导就是说话者不好意思明确要求对方按自己的意愿做某种行为的时候，不明说要求，只提供相关信息，这些信息可以直接引导对方考虑自己的提议或请求的暗示技巧。使用这种技巧时，由于说话者只提供了信息，并没有提要求或强制对方去做，听话者可以顺着说话者的信息提示按其意思去做，也可当作没听见或者假装不明白、不作为。听话者具有自由选择权，说话者也可以给自己留面子，因为其并没有明说，因而给双方都留有余地。

办公室主任想要坐在他旁边喝水的同事小玉将空调打开，说："今天气温太高了，待在这屋子很难受呀！"

不明说叫对方打开空调，而用"天热"和"难受"的信息引导对方考虑自己的建议或请求，给自己和对方都能留下很大的余地。

在商务场合中如果你是卖家，要向顾客推销自己的产品，通常不能强买强卖，但是如果能给对方提供一些此产品乃抢手好货或者"限时优惠，过期恢复原价"之类的信息，对方就会主动争先恐后地购买。我们经常会看到电商平台商家故意把库存数量设置成个位数，并在店铺贴出下面的告示：

"老牌好货，仅存 3 件，售完为止。"

提供这些信息其实就在暗示你他家的货好，不愁卖，供不应求，如果犹豫，再不买单就会失之交臂，无缘拥有了。

一对年轻人正在热恋当中。一天，女孩对男孩说："我们学校对面又新开了一家湘菜馆，据说味道不错。"

女孩巧妙地暗示男孩："我们一起去吃吧"但没有明说。作为听话者的男孩，可以顺着女孩的信息引导请她去吃，也可以当作没听见不请吃，这样的暗示言辞让听话者有更多的自由选择。如果直接用后面的话明说出来，男孩可能就会觉得不好意思当面拒绝，还会内心觉得女孩既贪吃又不想花钱，说话者留给听话者的个人形象就打了折扣。

小明跟很久没联系的朋友发了条信息："你最近很忙吧？"

"你看我，真是糊涂，再忙也应该记得向老朋友问好才是，改天我请你吃大餐弥补一下吧。"朋友回复。

小明说"你最近很忙吧？"并不是在询问朋友是否在忙，而是引导朋友想想是不是已经很久没有和自己联络，忘了自己。朋友马上意识到这句话暗示的信息，并主动提出请客。

信息引导法的暗示言辞，也可用在拒绝别人请求的时候。有时候拒绝他人请求还须提供客观理由，用信息引导法的暗示言辞既可以告知对方找错人了，也能为自己成功开脱：

一个人经人介绍找到蔡律师，想请他代理一桩遗产继承方面的案件诉讼。蔡律师回答他说："刘律师有比较丰富的专业办案经验。"

蔡律师的回答用的就是信息引导法。上述话语其实就是暗示：你应该找刘律师而不是找我，这种案子应该让刘律师去做。

## 六、陌生化示意

俄国形式主义文学理论家什克洛夫斯基最先提出间离（或称陌生化）这一术语。什克洛夫斯基指出艺术创作，尤其是文学写作，其本质是陌生化，强调艺术就是通过陌生化的手段把人们习以为常的事物变得不再熟悉，通过偏离语言陈规的方式造成语言表达的出新出奇，达到文学艺术的陌生化效果。那么，暗示作为一种言语交际技巧，实质上也是一种话语艺术，要达到暗示的艺术效果，也可以遵循陌生化的思路。

有时候，我们必须要谴责数落某人，表达出厌恶或嫌弃的意思，又需要顾及对方的接受心理，不想让对方马上因为感觉到被侮辱、被指责、被批评而产生针锋相对的抵触，此时就可以运用陌生化的暗示言辞，取得间离效果。因为听者在接受经过陌生化处理的信息之后，对其含义的理解反应需要一个思索或转换思维的过程，因而可以延缓听话者消极负面情绪的发生。经过陌生化处理后的暗示言辞，即或过段时间被对方会意，也要比当场不留情面地用耳熟能详的常规贬义词批评对方或指出对方的过错效果更佳。

比如说对方做了丑事，可以用"你是凌晨一时出生的吧"；说对方很蠢可以用"你是春天地底下的两条小虫"；说对方脸皮厚可以用"你这话说得，连胡子都长不出来了"；说对方不适合结婚可以说"如果你要嫁人，不要嫁给别人，也不要嫁给我"；说某个人没有孝心、虐待老人，可以说"你怎么这样？你是石头缝里蹦出来的么？"。

唐俊从院长位置退下来后，有一天跟一个要好的朋友谈到他去找新上任的院长审批一笔经费不成的事情，大发感慨说："我看这单位也像一棵爬满了猴子的树。"

朋友听到这句话，一开始没明白其中的意思，思考之后才明白此言，乃唐俊感到自己不在其位办事不力，只能无奈感叹人走茶凉，世态炎凉的暗示性说法。猴子在树上的位置就好比人在社会中的位置。在有些工作氛围不太正常的单位，向上看，是你的领导或上司，他们高高在上，不给你好脸色看；向下看，都是比你地位低的部属或下级，他们会因有求于你而谄媚你，所以看到的全是笑脸；左右看，都是差不多和你同级别的人，他们既不忽略你也不巴结你，但为了各自利益，如果能利用你帮自己一把，说说你的小闲话，占占你的小便宜，他们也会紧紧盯着你、打探你，所以说左右全是耳目。树就是一个社会的缩影，不同身份和地位的人就像树上处于不同位置的猴子。

读书怕累、工作怕苦的小明，在外人面前介绍自己时还美化自己乃自由职业者。他爷爷见他不顺眼，就说："我看你如何安然地在被窝中躺过一世春秋。"

爷爷本想责备小明"浑浑噩噩还不自知"，但他没有明说，而用"我看你如何安然地在被窝中躺过一世春秋"这样的陌生化语言进行暗示，可以有效地延缓小明对爷爷指责的感受时间，也就减少了爷孙俩发生直接对抗和冲突的机会。

日常交际活动中，用否定表达来修辞，也能制造陌生化的暗示言辞效果，化平淡为神奇。

在一次高中同学的聚会上，沈薇薇见到了阔别20多年的老同学攀云，顺便问她："老同学，你爱人是干什么行业的？对你还好吧？"攀云很自豪地说："他呀，目前还行，英俊得不像实力派。"

"英俊得不像实力派"的说法，就是陌生化暗示的典型范例。假如攀云只说"他外表英俊，实力也不错"，语言略嫌平淡，接受者听来可能会感觉攀云对爱人夸奖得过于直接、太明显。话语效果就不如"英俊得不像实力派"的说法能够彰显陌生化暗示的艺术魅力。

下面某些房地产或品牌商品的宣传口号，同样运用了否定修辞的陌生化暗示：

"天下大宅，不过九间。"——九间堂别墅

"没人能拥有百达翡丽，只不过为下一代保管而已。"——百达翡丽钟表

"没有到不了的地方，只有没到过的地方。"——雪佛兰汽车

上述各大品牌的运营人员别出心裁地运用否定修辞，既概括了各自商品的功能优势，同时具有陌生化的话语魅力。否定性的宣传话语，意味着用一种崭新的语言重新命名、定义或者褒奖肯定事物，这样设计的宣传广告语言能在暗示性的夸赞中，给人耳目一新的听觉体验，可以更有效发挥其传播功能。

# 本章结语

综上所述，要正确地运用委婉和暗示的言语交际技巧，就必须在明白其整体运用要求的基础上，知晓委婉和暗示技巧的异同，学会本书提及的多种组织委婉和暗示言辞的具体方法和思路，而且要注意在上述理论的基础上多加实践，有针对性地灵活运用。我们也可以从纷繁复杂的交际实践中自我探索、总结和概括新的委婉言辞技巧的具体运用方法，以及创造性地寻求组织暗示言辞的其他新思路。

# 第六章　得体赞美

俗话说，良言一句三冬暖，恶语伤人六月寒，说的就是得体赞美可以达到神奇的交际效果。因为，对赞美的心理需要和期待，具有全人类性，无分男女老幼，也不论高低贵贱，更不管种族民族，喜欢听好话和排斥批评指责是人的本能和天性。当我们对他人无所求时，能自然而开心地送上你的赞美和欣赏之词，对方会觉得被认可或被尊重，从而心生愉悦和感动。他们会将你的欣赏当作莫大的精神鼓舞，使命感和责任感被唤醒和激励，倍添上进的力量和信心，从而突破自我、超常发挥，直至实现理想或取得成功。当我们需要有求于人时，给予对方赞美或肯定之词，他人也会欣然同意，和谐合作，互利双赢。当我们遇上他人处于人生的困境之时，得体的赞美能表达我们愿意站在对方的立场换位思考，展示我们对他人命运、境遇的同情和体谅。因而，学会使用"得体赞美"言辞技巧在平时的社会交际中十分重要。

当然，"得体赞美"言辞也要讲究技巧，不能信口胡说，否则既没有效果，还会弄巧成拙。因而，"得体赞美"言辞的运用必须遵循一些基本原则，也可根据具体的交际情境，使用多种不同的具体方法。

为此，本章围绕"得体赞美"言辞在交际实践中的重要功能、运用"得体赞美"言辞技巧必须掌握的原则，以及"得体赞美"言辞技巧的多种实施方略等进行阐述。

## 第一节　"得体赞美"言辞技巧的实践意义

古往今来，众多的交际案例表明得体的赞美言辞具有非常重要的实践意义。其不仅可以满足人的潜在精神需求，能使人改过向善，而且是一种零成本激励，能改变对手的敌对态度，也能融洽双方关系。学会如何运用"得体赞美"言辞技巧，善莫大焉。

## 一、"得体赞美"可以满足人的潜在精神需求

著名的人本主义心理学家马斯洛的需求理论告诉我们：人类除了每天必须吃穿住用这些生理或物质层面的需求，以及对于生命、财产和工作环境等方面的安全需求之外，还有社交和归属感需求，以及获得人格尊严和自我实现的高层次需求。如果说生理和安全需求侧重人的物质层面需求，那么社交和归属感、人格尊严和自我实现等需求就更多地属于人的精神层面的需求。人参与社会交往，并保持人与人之间融洽祥和的关系，保持人与人之间良好、和谐、平等、忠诚的友谊，并成为某个群体中的一员，在得到同情、关注、照顾的同时获得其他成员认可，后者即所谓归属感的需求。人们同时具有获得自我人格尊严的需求。这方面主要指个人具有对自身的才华、能力、智慧以及由此获得的社会身份、地位、人格、成就和荣誉被他人认可和尊重的需求。自我实现则指个人有通过自身努力达到某种水平或获得某些成就因而获得社会认同的需求。

跟马斯洛的需求理论异曲同工，美国著名心理学家威廉·詹姆斯也曾强调说："人性最高层的需求就是渴望别人欣赏。"因而，人类最高层次的需求，乃是得到他人对自己的尊重和自我价值实现。

而得体的赞美作为人的一种言语行为，指的是发自内心的用称赞、夸奖、歌颂的言辞来表达对周围事物的支持、肯定或对他人人生价值的认同。

在马斯洛看来，"一个人能够成为什么，他就必须成为什么，他必须忠实于他自己的本性"。[①] 我们会看到这样一种现象：人在很小的时候就会照镜子，镜子里反映的自身形象就成为自我认同的重要依据和方式。那些刚出生不久的孩子，也会根据来自周围和外界或肯定或否定的信息而表达不同的情绪。当他们接收到家人的点头、拥抱、亲吻、抚摸或一起游戏等肯定性信息时，会报以欢快的微笑或顽皮的逗乐性动作以传达心理的满足。长大进入社会后，个体更是在领导、同事、老师或父母亲人等的赞美言辞中发现和认识自己的优点和长处，也从各种荣誉或地位的获得中不断积极提升自己和完善自己，从而确立和实现自己的社会价值。

美国知名小说家马克·吐温，曾经表达过他对赞美的需要超过对于吃饭的需要。确实，只要不是具有明显功利目的的阿谀奉承或基于"非奸即盗"的无事献殷勤，就算仅仅出于一种礼节或客套的赞美言辞，都会使人心生暖意，倍觉感动。而当人们

---

① 马斯洛. 动机与人格 [M]. 3 版. 许金声，等译. 北京：中国人民大学出版社，2007：29.

接收批评性话语时，即使符合生活真实，也无恶意，甚至还包含治病救人的良好愿望，都有可能心生不快，倍感受挫。

## 二、"得体赞美"能使人改过向善

良言顺耳暖心。得体地赞美他人，就像在黑暗的心灵深处洒满温暖的阳光，像在干涸的沙漠上植树造林，在久旱的大地上遍洒甘霖，可以成功地揭开他人身上被人贴上的坏人或其他消极性标签。特别是对于那些一直不被人看好，或者一直受他人轻蔑或指责的人来说，更是一种拯救的良药。假如有一个被他人判为后进生的学生，可以得到父母的赞美和肯定，那就有可能让他找到继续努力的动力和改正错误、天天向上的勇气，不至于因绝望而破罐子破摔。

事实上，不存在不能做通的思想工作，也很少有说服不了的人。之所以我们觉得困难重重，那只是因为我们没有用对方法和言语交际技巧。某些时候，要解决按惯常思维运用批评或惩罚仍然不能奏效的棘手问题，或者对付某些甘居末位、不思上进、破罐子破摔的消极人群，恰当得体的赞美言辞往往会起到出人意料的神奇效果。得体而巧妙的赞美言辞，能让被教育者放松对思想工作者的防范、敌意和抵触心理。赞美也有利于说服者及时掌控犯错者或屡教不改的人的心境变化，感知他们由情绪低点向情绪高点的转变，逐渐引导他们改过向善，回归正轨。来看下面的案例：

邱主任决定接受挑战，主动请缨调到全公司连续三年排名最后的"低效率车间"担任新的车间主任。第一天，他就带着副主任等一行去车间走访了解情况，没想到这个车间真如传说中那样，一派死气沉沉、毫无生气的景象，员工们一个个神情颓唐，散漫无纪律，有人甚至拿着手机，大摇大摆跟家人语音，新主任来巡视了，也不避一避，眼里根本就没有领导，给邱主任留下"目中无人、无法无天"的印象。

邱主任看到这种状况，意识到假如和前任主任一样，采取常规的批评教育或裁员下岗的惩戒方式，可能无济于事，还可能影响公司稳定，弄得人心涣散，说不定最后自己还要受牵连。于是他决定不按常理出牌，改批评教育为肯定赞扬，找出看起来跟解决问题关系不大的细节来进行赞美。先把整个车间的灰暗消极情绪和自由散漫的工作氛围调整过来，再作后续考虑。

于是第二天，他叫副主任通知大家在车间等待，他有话要传达给他们。发言时，他身上一点"新官上任三把火"的影子也找不到。他说："大伙辛苦了，首先，我应该感谢你们，你们今天的到班率比前几天提高了40%，别的不说，能坚持出勤，按时上班，留在公司，这就是责任心和集体荣誉感的最好表现。这一点让我感动。我希望大家继续努力，明天的到班率能超过今天。"

大伙本来是带着受批评的心态来的，没想到这位新主任一开始就赞扬他们，于是大伙面面相觑，反而很不好意思。第二天，真的如邱主任所希望的，绝大多数员工都到了，等到大家基本上到齐了之后，邱主任又分别找员工们谈话，对一个较为年轻的技术比较熟练的员工说："你过硬的加工技术在车间里大家都是有目共睹的，你如果不懈怠，继续努力，下次我会考虑提拔你为车间的技术主管。"而对另一个上有老、下有小，平时总爱消极怠工的中年女员工就说："我知道，您是一个很有家庭责任心的贤妻良母，如果您破罐子破摔，真的被裁员了，您就面临失业的困境，再去找一份熟悉的工作，也不是那么容易吧？"这样，这个车间的员工们都从邱主任的赞美言辞和鼓励性话语中找到了努力的方向或自身的价值所在，不到两个月，这个"低效率车间"的状况就大为改观。

邱主任面对公司的"烂摊子"没有放弃，而是先对大伙运用恰到好处的赞美言辞技巧，稳定人心。之后邱主任又在充分了解员工们各自工作情况和家庭情况的基础上，采用"逐个击破"的方式，运用针对每个员工的优点加以肯定的赞美言辞技巧，避免了抓辫子的批评方式，消除了屡教不改的"最差员工"对领导的戒心，引导他们改过自新，从而有步骤地改变了松散颓唐的工作气氛，提高了工作效率，成功摘掉了"效率最差"的帽子。

我们知道，人都有获得人格尊严的满足或自我价值实现的心理需求。一个人的现实状况也许没有我们赞美的那么好，可是一点也不影响他朝着我们赞美的方向不断努力，最后达到我们赞美他的那种境界。赞美他人什么，也就相当于给对方设定一个努力方向或行动目标，也等于给对方的内心添加一种向前、向善或向好的精神动力。

一位本来业绩平平的律师，被他多年不见的同学赞美，说他在业内口碑不错。律师听到同学如此评价之后，觉得自惭形秽，于是在心里铆足了劲，下定决心若是再不努力做出点成绩，就对不起同学的称赞。于是他暗暗拼搏了几年，终于成为知识产权领域的知名律师。

再看一个案例：

林教授的一名硕士研究生郁晓秋毕业之后，到了外省的一所本科院校的文学院工作。为了加强学术交流，郁晓秋邀请了自己的导师林教授来到自己工作的学校讲学。讲学任务完成之后，晓秋与院长一起开车送林教授到机场，其间林教授时不时向院长夸赞郁晓秋说："晓秋思维敏捷，敢于创新，学术潜力巨大，她写的文章为当代小说研究做出了出色的贡献。"晓秋听到导师在院长面前如此评价自己，真的百感交集。因为她心里明白，自从毕业之后，她一直很少将主要精力和时间放在学术研究上，而是把服装设计这个业余爱好当生意在打理，花费了太多的功夫，近些年在学术方面没有发表什么有分量的文章，导师这么说有些过奖了。然而，导师这句赞美之词却在她的内心产生了很大的触动，她想：没想到导师还一直这么看好我，我要是继续不务正业，岂不辜负导师对我的殷切期待？于是，她冷静下来反思了自己这些年在学术上的耽误，后来，暗下决心要重新回到学术的正道上来，利用几年的时间，在核心期刊上发表了系列论文，并顺利评上了高级职称。

上述案例告诉我们：如果一方得到另一方的赞美，他就从内心获得了一种积极向上的动力，并会为了达成对方的期盼而竭尽全力，尽可能避免对方失望，从而确保他人认可的可持续性，并求得自我价值的实现。林教授的一句不经意的赞美之词，使得他的学生产生了一种受之有愧的心理，从而反思自己，并及时在沉迷于业余爱好、不事学术研究的错误之途上拔足而出，学术研究和事业都上了一个更高更新的台阶。

### 三、"得体赞美"是一种零成本激励

当我们取得某种成绩时，管理者一般会给予一种有形的物质奖励，加薪、给予或提高奖金、颁发奖状或荣誉证书都属于这一类。管理者也可以运用赞美这种零成本的精神激励。因为赞美只需几句得体的话语就可以，也不用花费多少时间成本和金钱成本，却同样可以达到激励对方，提高工作、学习或生产效率的积极效果。

有些家长总喜欢以实物奖品来作为孩子完成某项任务的激励，殊不知，久而久之，就会让孩子滋生一种金钱拜物教的心理倾向，产生一种只要个人努力就必须得到他人金钱回报或物质酬劳的误区，难以持久维持积极向上的动力。万一有朝一日，家庭因为其他开销不能满足孩子的需求，就会令他们产生消极心理。

其实，给予人欣赏、肯定、尊重和夸奖等赞美言辞，在人的思想、情感和心灵方面所产生的影响，要大于和久于赠人以礼或予人以物的奖赏。

通常，在诸如领导/下属、管理者/员工、教师/学生、长辈/孩子等具有上下级关系的交际主体参与的交际场景中，较高一级的交际者如果能放下身段，不吝赞美较低一级的交际对象，会让他们心生感动，产生一种类似"皮格马利翁效应"一般的神奇而可预期的社会心理效果。皮格马利翁效应，也称"罗森塔尔效应"，本指教师对学生的殷切期望能戏剧性地收到预期效果的现象。这种现象不仅会发生在师生之间，还可推而广之，发生在一切具有上下级关系的主体之间，成为一种普遍的社会心理现象。

"罗森塔尔效应"告诉我们，每个人从内心里都易于接受赞同、支持、崇敬、信

服或爱戴自己的人的情绪影响和心理暗示。如果受评者被评价者认同、赞赏、羡慕或夸奖，或者说评价者从内心里认可受评者是一个能力不错、努力向上，能取得成功的人，受评者就会内心受到鼓舞，心理上倾向于积极主动，就会尽可能地努力展示自己的能力，也真的会奋发向上，最后导向实质性的成功。反之，如果评价者一开始就不屑一顾，从心底里轻视、低估、贬损、鄙弃、埋怨、指责、批评，甚至一味否定诋毁受评者，就会使受评者自我认同受挫，心灰意冷，心理上倾向于消极被动，从而导致受评者展示不合作、恶作剧或其他破坏性、排斥性的行为后果。

"罗森塔尔效应"同时告诉我们：赞美如果作为一种激励手段用于生产领域，它就相当于一种生产力，不仅能不断地提高生产效率，而且能长久地维持较高的生产效率。下面我们来看一个外贸服务公司的老总是如何运用赞美言辞来激励他的员工的：

海关进出口贸易公司杨总在上班途中碰上了公司的销售主管刘先生。他对刘先生说："我听说你昨天成功处理了一件有关我们公司产品质量和售后服务方面的客户投诉纠纷。你理性冷静的态度，有礼有节的处理方式，还有诙谐幽默的语言，都表现出一个真正销售人的修养和水准，最后使得那位客户负气而来，服气而走。"

接下来他继续强调："客户就是我们的上帝，客户的不满意不只是他一个人的事，还会产生大面积的连锁反应，可能造成公司数以亿计的损失。你能很专业地处理这样的难题，我为你骄傲！真的非常感谢，希望你能继续保持。"

销售主管听到杨总对自己的赞美，心里美滋滋的，连忙回应杨总："我一定继续努力，绝不令您失望。"

杨总对销售主管的赞美言辞非常得体和妥当。他先用具体的描述性赞美言辞告诉主管他成功完成了一件什么样的事情；然后再用肯定性的语言强调成功完成这件事给公司带来了什么利益，避免了公司的损失，并表明了自己对主管"引以为傲"的情感态度；最后对主管寄予殷切希望。领导看似简单的一席话，对下属来说，就是莫大的尊重、认同和肯定，同时也是激励他继续努力、保持工作业绩以维护自我在领导眼中良好形象的持久动力。

在某些生产或工作场景中，如果作为管理者的一方，发现员工在工作中出现了什么纰漏，存在什么问题，想要说服其解决，也最好避免抓住一点不及其余进行批评、指责乃至全盘否定。这样的埋怨或否定往往会让对方很难接受，最后事与愿违，达不到管理者想要的效果。专业或高明的管理者应该懂得运用赞美式评价法。我们经常听到有些人在他人否定自己工作时，会在内心里说一句很不服气的话："我没有功劳还有苦劳呢。"确实，评价一个人的工作，也必须学会辩证的评价法。一个人的工作能力或许差一点，但可能他的工作态度很好，这也值得赞美。一个人的工作速度很慢，很可能他完成任务的质量很高或者说细节做得很精致、无可挑剔，这也应该得到肯定。有些人，他虽然最终没有成功完成某项具体任务，但是也付出了心血、汗水和努力，同样值得认可。因此，只要我们有心，总能发现他人工作中的优点。发现别人的优点之后，就要学会适时地加以肯定。

如果我们第一时间发现的是对方的缺点和不足，想要说服对方尽快克服，也要学会使用恰当的赞美言辞技巧。可以先将缺点按下不表，绝口不提，尽量找出对方工作中的闪光点加以肯定和夸奖，再以肯定性的语言对不足和可以改进的地方加以提点，引导对方往成功的路上继续走下去。这也是零成本激励手段——"得体赞美"言辞的妙用。我们再看一个案例：

一位装卸工人张某从集装箱上卸下进口的电子元件，再把它们一箱一箱堆放到码头的仓库里，为了赶速度，箱子堆放得很不整齐。仓管发现了，就过来对张某说："小张，你码放箱子的速度非常快，几乎超越了其他人，如果可以注意一下整齐，那你今天装卸工作的质量就是班里最好的了。"张某听仓管这么一说，心里还是挺感激的。接下来，他尽量在保证速度的时候注意箱子的整齐，最后赢得了当月的"工作标兵"称号。

仓管第一时间发现了装卸工人张某工作中存在的问题：堆放箱子不整齐。但是他没有抓住张某的这一点说事，以此来指责并否定他的工作。他先用赞美性的言辞肯定张某的搬运速度，接着提醒他若是可以设法克服摆放不整齐的不足，那他就是工作质量最好的员工。假如他换成"你把箱子弄得乱七八糟的，搬得再快又有什么用？"这样的批评话语，虽然意思跟上述的赞美性言辞差不多，可是效果却迥然不同。前者成功使张某改正了不足，提高了生产效率和质量。而后者可能使张某心里产生不快和对抗情绪，可能会找借口说："你们又没有事先规定具体要怎么摆放，我怎么知道？"或者直接撂挑子不干了："我弄得乱七八糟的，干脆你来弄好了。"问题不仅没有解决，反而会流于争吵不休，甚至产生不可知的消极后果，影响关系和谐以及任务的完成。

## 四、"得体赞美"能改变对手的敌对态度

赞美他人还可以表达友善。古代与人见面的握手礼，就是在与对方见面的第一时间主动伸出自己的手，表明自己手中并无进攻性的武器，向别人展示自己的友善和没有敌意。赞美别人，也犹如我们主动伸出的不带任何武器的手，展示我们的友好与善良，能够使对方也随之脱下防备的铠甲，消除竞争对手的敌意和排斥。我们在现实生活中难免跟人发生各种激烈的竞争、交锋和冲突，不妨学会运用善意的赞美技巧来化

解矛盾，争取自己主动应对，立于不败之地。

一位退休老人和他人合伙在自己居住小区邻近的步行街新开了一家便利店，这使得在这条街上已经经营了十五年超市的老板雷鸣很不痛快，于是指使他的员工散布关于这家店出售过期商品，所出售的蔬菜和水果也没有经过有关部门的合格检测等负面信息。老人意识到对方是在故意造谣中伤自己，于是决定用法律武器维护自己的合法权益。他找到一位对商业领域不正当竞争现象颇有研究的律师，表达了自己意欲维权的诉求。这位律师却非常平静地对他说："我建议您可以先向他表达您对他的友善和敬重，事情可能会有转机。"

老人觉得在这方面律师应该比自己有经验，于是决定听从律师提议，试试再说。过了两天，他到他的便利店查看销售情况，亲耳听到有客人因听信了超市老板故意传播的流言而表达了对店内所售橙子是否农残超标的担忧。老人心里想：机会来了！于是他很从容地走到这个客人面前，对他说："这应该是个大大的误会。雷鸣是本市享有盛名的超市老板，他对国家扶贫攻坚事业做出了很大贡献，近年又推出各种各样的送货上门服务。他的经营理念和商品质量一直是同行中首屈一指的，也值得我们这些新人学习和借鉴。随着经济的发展和人口的增长以及消费水平的提高，有足够的空间和机会可供我们两人一起经营自己的事业。很长时间以来，我都是暗暗向雷鸣老板学习，以他为自己的楷模。虽然我的店是新开的，也许在某些方面不如雷老板，但对商品质量的要求和严格的检验，我都是以雷老板为学习目标的。"

这几句赞美言辞不久就在全市传开了，没多久也被雷鸣听到了，没想到自己在这位老人心目中的印象会如此好。于是，他放下戒心，主动找到老人，讲了自己当年开超市的故事，还分享了自己的成功经验，并主动请老人代理几个外省品牌的商品。后来，两家成了合作伙伴。

发自内心的赞美，就这样成功将竞争对手对自己的忌讳和防范转化为理解和合作。商人虽然重利，可有时候他们同样看重人情。他们也有内心柔软的地方和满足自身价值实现的精神需求，也和常人一样喜欢听好话，一样需要赞美，需要友好以待。

生活中难免有人会吵架。劝架的人如果从中斡旋时懂得巧妙的赞美技巧，当着一方的面适时地转达另一方对他的赞美、认同、欣赏，无异于给他一把打开心结的钥匙、一杯化解仇怨的溶剂。我们对认同自己、欣赏自己的人会产生一种亲近，甚至感恩的喜悦心理，使得本来剑拔弩张、针锋相对的双方，也会因为对手内心对自己的欣赏而冰释前嫌，重归于好。

芮聪和晓平本是同一个学院的教授。有一次，被分在一个小组共同参加学生毕业论文的开题答辩。由于对其中一个学生的选题双方所持观点不一致，一言不合，就当着学生的面你不让我、我不让你地争吵起来了。小组其他成员劝他们也无济于事，他们吵得愈发厉害了，看来答辩没法继续进行了。这时，学生们只好悄悄离开。后来，主管毕业论文写作的副院长来了，他一进来就对两位教授说："不好意思，让你们俩在这里闹得不愉快，都怪我，学生开题的事，我事先没跟你们沟通好。今天我们就先放下这件事，芮教授请跟我去办公室先喝杯茶消消气，晓平教授您也先回家休息吧。"两人听副院长这么一说，有点猝不及防，都愣住了，也就停止互相挖苦讽刺。副院长将芮聪拉进自己的办公室，对他说："我看晓平教授平时还挺欣赏您的，有一次，他还在我们院长和博士一起在场的座谈会中谈到您的科研成果，说您近年学术成果丰硕，文章发刊的级别也挺高的，他得向您学习。不知你们今天为什么争起来了？"芮聪回答道："还有这样的事？可我看他好像处处针对我。难道是我误解他了吗？那我找个机会再跟他沟通吧。""那好，明晚六点'楚湘情私房菜'如何？我请客，你们两人都来吧。"

就这样，芮聪心中对晓平的不满和芥蒂就因为副院长转达的晓平平日对他的赞美之词而烟消云散。晚餐上，芮聪主动道歉，两人和好如初。

副院长不费一兵一卒，就成功劝和促谈，使两位吵得不可开交的教授握手言和，就是巧妙地利用自己作为旁观者的角色，运用了转达赞美言辞的交际技巧。因为别人转述的赞美可能比亲耳听到的赞美显得更真诚，更发自内心，从而有效化解芮聪对晓平的不满和怨怼。

### 五、赞美能融洽双方关系

"人不为己，天诛地灭"这句话告诉我们：自私趋利是人的本性。人们为了各自的利益诉求可能会干扰甚至侵犯、危害他人的利益，这就会造成人与人之间关系的紧张。有的时候，虽然不涉及明确的利害关系，有些人说出的话也会因各种不恰当、不得体，影响他人的情绪或触犯其底线，从而导致关系不和。不管是哪一种，都可通过巧妙的赞美言辞技巧得以化解并使之回归正常。

我们先来看下面的交际实践案例，感知一下赞美言辞是如何化解人与人之间的利害冲突的：

一大早，某服装公司的销售总监温欣就开车前往客户公司，因为他昨天下午接到该公司黄总的电话，向他反映收到的工作服样衣质量和订单价格严重不符，并提出取消订单的诉求。温欣刚踏进黄总办公室的门，黄总怒气冲冲地对温欣说："我们都是多年的老客户了，你自己看看这套样衣，质量这么差，皱皱巴巴的，车工也不精致。

你要让我的员工穿这样的工作服出公司的丑吗?"温欣被将了一军后，对黄总说:"上次签合同的时候，我听工会主席特别强调今年的工作服一定要让工人的穿着体验比往年好才是。想必是贵公司事业蒸蒸日上，黄总也更加体贴员工，所以员工的福利待遇也相应提高，他们的幸福感和获得感一年比一年增强吧。"黄总脸上开始阴转晴了。他很自信地说:"那是当然。"温欣接着说:"您也是我们的老客户了，应该知道面料每年都在涨价，工作服要想穿着舒服，就只能用天然面料或者天然材质和化纤材质混纺而成的面料，这两种面料的价格都远远超过纯化纤面料。工作服的性质又要求不能用纯天然的面料，因为纯天然面料虽然穿起来非常亲肤无刺激，穿着体验好，但难免起皱，不好打理，挺括度也大打折扣。就像您看到的这套样衣的效果。纯化纤面料成本低，易打理但穿着体验不舒服，天热时还会不透气，很闷。目前，据我们的经验，意大利进口的质量好的天然和化纤成分的精纺羊毛混纺面料就可以有效地克服纯天然和纯化纤材质面料的缺陷，适合你们的要求，但价格就要高些。""价格不是问题。那就用你说的进口面料加工今年的工作服吧。"黄总的气完全消了。

黄总从一开始的怒气冲冲，到"脸上开始阴转晴了"，再到"气完全消了"的变化过程，就是双方关系由紧张到缓和的过程。黄总怒气渐消就开始于温欣对他的公司和他本人的双重赞美言辞。温欣第一时间接收到对方很不满意的指责后，没有火上浇油，而是将话题成功地转到赞美对方公司事业蒸蒸日上和黄总关心体贴员工上去。这一行为不仅平息了黄总的不满情绪，成功地保住了这批工作服的订单，而且向黄总推销了价格更高可能利润也更高的工作服，成功地谈成了这笔生意。

不仅各自为利的交际双方的关系在出现紧张和交锋时可以通过得体的赞美言辞化险为夷，就算在最简单、友好、亲密的人际关系中，赞美也是必要的。赞美如同润滑油，可以使这样的关系减少摩擦系数，维持和运转得更为持久，经营得更加富有情趣、更加和谐。

一位女教授爱上了一个农民工。这种在传统观念看来门不当户不对的恋情本不被世人看好，也很少得到亲人祝福。但女教授很满意她的这位农民工恋人。当有人提及她的这位男友时，她这样夸奖他:"我的这位农民工男朋友，可不是普通的农民工，他是农民工中的教授。他身材高大，既有农民工吃苦耐劳的本色，也有丰富的社会经验和生活技能。最重要的，他不自卑，没有男强女弱的二元对立思维，我们很平等。"这位女教授后来跟男友结婚后，在日常生活中也经常请这位农民工丈夫帮助处理各种各样的家庭琐事或自己不能解决的各种生活技能上的难题。每当对方成功完成一项任务，她从不吝啬赞美之词。他们一起生活了七年，关系还有如初见，令很多人羡慕不已。

女教授和农民工维持和谐恋情和婚姻的经验告诉我们：一段亲密关系要想维持长久，双方都必须花时间、花精力学会运用交际技巧持久经营，其中学会适时得体地赞美对方就显得很重要。赞美不仅体现你从心里对对方的接纳，同时，还是一种强有力的感情黏合剂。即使有什么风吹草动或世事纷扰，也不至于劳燕分飞。相反，如果一方打心眼里没把对方当回事，抱着挑剔和苛刻的态度总盯着对方的不足看，以己之长去比他人之短，那只会不断让对方心里累积不快的情绪。这样的消极情绪积累到一定的程度，两人的分手就成为必然。

由此可见，得体赞美是人际交往活动中不可或缺的重要交际技巧。学会得体的赞美，双方都可以有效把控和调节在交往活动中的情绪，使之朝着各自想要达成的交际目标前进。多给对方一些恰当的赞美，无异于给对方一缕洒向心灵的阳光，增添更多的正能量，从而增加对方完成某项任务的积极内驱力，这比任何其他外部干预、思想教育或制度规约都要管用很多。

如前所述，赞美是一种生产力，能够融洽所有的交往关系，有助于我们事业的进步和感情的经营。假如你是一位竞争者，善意地赞美你的对手，可以让你减少树敌，得到他人的支持，增加影响力；如果你是老板，适时地赞美你的客户，可以帮你赢得订单，增加财富的积累；如果你是上司，不吝赞美你的下属，可以使他们改正过错，提高生产效率；如果你是员工，巧妙地赞美你的领导，可以收获他的关注和青睐，给自己升职加薪增加机会；如果你正在恋爱，得体地赞美你的对象，可以使感情升温；如果你已经结婚，真诚地赞美你的爱人，可以使夫妻和睦，家庭稳定；如果你是父母，恰当地赞美你的孩子，可以给他们精神上的鼓舞和向上的动力，推动他们学业的进步。

## 第二节 运用"得体赞美"言辞技巧必须掌握的原则

"得体赞美"作为一种交际技巧，就像厨师做菜时加的调料，需要掌握什么时候加，加多少以及如何搭配着加，不能胡乱添加和滥用。赞美也一样，不能随时随地乱用，毫无节制地信口赞美。运用赞美言辞技巧时必须掌握一些基本的原则：比如赞美不仅要真诚自然，言之有物，还要尽量切中肯綮，讲究别出心裁，才能收到好的效果；否则，不仅达不到交际目的，而且会弄巧成拙，于事无补。

### 一、"得体赞美"必须真诚自然

得体的赞美言辞，首先需要听起来真诚自然，接受者才会心生感动。

一般来说，真诚自然的赞美，首先要求被用来赞美的言辞基本符合事实，绝不能完全跟事实不相干甚至相反。跟事实完全不相关或者过分夸大其辞的赞美，就像假冒伪劣产品一样，让人听起来感觉"一耳假"。也会像谎言一样让人感觉被欺骗，不仅不能给对方留下好印象，还会失去诚信。比如一个其貌不扬的人，你就不能赞美他/她"堪比徐公""貌若潘安"或"美若天仙"。同理，一个胆小怕事的人，我们也不可给予他"气宇轩昂"之类的赞美之词。这样明显不属实的赞美只会暴露出你的虚情假意，也会让对方心生怀疑、不快，觉得你是在讽刺或者羞辱他。

其次，真诚自然的赞美要求赞美者的主观态度要发自内心，真心实意地赞美，不要让人感到你别有所图或动机不纯。不是有"无故献殷勤，非奸即盗"的说法吗？如果我们赞美他人不是出于某种物质或利益需求，而是为了满足对方的精神需要或者只是为了使他感到快乐和自豪，这样的赞美才不会使人满腹疑虑或生出反感。

因此，赞美一定要讲究事出有因。当对方确实存在某些外在优势或能力、德行等超越了他人，这些优点又正好跟某个交际话题具有明显的相关性，抑或对方确实做出了某些众所周知的成绩，或积极有效地完成了某项任务，这时你表达出得体的赞美才会彰显真诚。

真诚的赞美还要讲究平等待人。虚伪势利的人一般倾向于赞美那些身居高位、能够给他们带来某种利益的人。因此，如果赞美者能够不带功利性地对身份和自己同一级别的人表达欣赏，或者能够放低身段，对地位低于自己的人给予得体的赞美，也能最大限度地展示赞美的真诚。

一位教师赞美他的学生毕业论文写作观点有创意，思路清晰，结构严谨，语言流畅。在这位学生的心目中，教师的赞美是可信真诚的，因为教师如此赞美只是肯定和认同他的写作能力和水平，别无所图。

再次，真诚自然的赞美还要求赞美要注意选择恰当的时机，顺势而为，才会显得不刻意、不做作、不突兀。赞美可以选择开门见山，也可以在双方对某个话题的讨论正在进行时不失时机地插入其中，还可以选择在交谈对话即将结束时。不管是哪一种，都要讲究适时赞美，前言不搭后语的赞美会显得非常唐突和生硬；不自然的赞美，同样会让人怀疑赞美者的动机不良，也就难以产生心灵共鸣。

下面是关于大仲马因受到他父亲朋友亲切自然的赞美而倍受鼓舞，最终成为著名

作家的故事:

一个穷困潦倒的年轻人到达巴黎,拜访父亲的朋友,期望对方帮自己找一份工作。对方问:"你精通数学吗?"他不好意思地摇摇头。"历史、地理呢?"他又摇摇头。"法律呢?"他再次摇摇头。"那好吧,你先留个地址,有合适的工作我再找你。"年轻人写下地址,道别后要走时却被父亲的朋友拉着:"你的字写得很漂亮啊,这就是你的优点!"年轻人不解。对方接着说:"能把字写得让人称赞,一般来说是擅长写文章!"年轻人受到赞美和鼓励,兴奋极了。后来,他果然写出了经典的作品。他就是家喻户晓的法国作家大仲马。①

故事中的大仲马父亲的朋友,一次又一次询问对方是否有精通的学问时,得到的回答都是否定的。但是,在结束谈话的最后时刻,他发现了大仲马的字写得非常漂亮,于是就抓住时机给予其真诚、自然而又善意的赞美,大仲马因此确定了自己的努力方向,获取前进的动力并最后取得成功。

最后,真诚自然的赞美还要讲究常态赞美。我们可以将它看作一种具有长久收益的投资,切忌急于求成。急功近利的赞美往往事与愿违,不仅达不到自己的意图,反而会破坏双方的关系。而且关系一旦破坏,要修复就变得非常困难。当赞美表现为一种对人有所求的非常态时,人们的接受度肯定会打点折扣。因此,我们应该注意,要使赞美真诚自然,最好是在对人无所求的时候送上你的赞美,或者反复多次地表示你对别人的欣赏和肯定,让别人对你产生好感,不断加深对你的认同感,有朝一日在你需要别人时,赞美的收益效应就会了无痕迹地显现出来。

## 二、"得体赞美"应该言之有物

交际实践中,每个人都知道赞美的重要性,但是往往又不得要领,不免闹出赞美不得法的笑话。有些人的赞美会不着边际,大而无当;有些人的赞美会空洞抽象,落不到实处。大而无当的赞美会暴露出自己对对方不熟悉或不了解;空洞抽象的赞美则会留给人词不达意的坏印象,同时给人一种夸夸其谈的感觉。因此,赞美言辞技巧的另一个原则就是要言之有物。

言之有物就是指赞美言辞要落到实处,不能泛泛而谈,太笼统、太虚无缥缈,要把赞美所指向的事件具体、清楚、全面地告知对方。不得要领的赞美就像隔靴搔痒,没有什么效果。赞美要到位,不能用那些放之四海而皆准的模板式赞美言辞。比如

---

① 启文.口才三绝:会赞美  会幽默  会拒绝 [M].石家庄:花山文艺出版社,2020:13.

"你的名字很好"就不如"你的名字富有浓郁的中国传统文化内涵"或"你的名字比较少见，很有诗意"之类的赞美具体实在。同样，"你的缝制技术很高超"也不如"你缝制的衣服，不仅各部位看起来平顺无瑕疵、走线均匀、针脚整齐，穿起来让人感觉舒适，还采用了高难度的活面活里的做法，里衬的精致做工和包缝做法都无可挑剔"这样言之有物的赞美更容易让人接受。

我们知道，写文章的时候，不仅要有观点，而且要有论据，才有说服力。赞美要能获得他人的认同或情感共鸣，也是一样的道理。因此，赞美言辞如果只有观点，没有论据，可信度就无法保证。言之有物的赞美最好选择用描述性或叙述性的言辞说出来，尽量避免只用概括性或总论性的话语。描述性或叙述性的赞美能够做到有声有色，让人可触可感，比起那些干巴巴的"你真美""你真能干""你真棒""你好了不起"之类的空洞赞美更能让人信服。

外贸公司的老总秦彪回老家办事时，抽空去参加部分初中同学举办的小型聚会。二十多年的老同学了，各自都在自己的人生轨道上忙碌着，很少有见面的机会。有的同学，秦彪还能记得，有的却忘得差不多了。席间，一位现任村支书的同学秦山和一位从事电器维修的同学谢广全都举起杯子向秦彪敬酒。谢广全拿起酒杯说：

"老同学，想当年，在学校时，我们都是很好的朋友，你现在在城里办起了公司，生意做得很大，有机会帮忙的时候别忘了我们。""那是，那是。"秦彪回答道。

秦山也举杯说："兄弟，还记得吗，当年，我们一起骑自行车上学，放学后我还经常到你家和你一起写作业，一起备战校运会，有一次你不小心感冒发烧了，我用自行车驮你去乡医院。我知道你目前在省城成立了德彪贸易公司，在家用电器和农产品贸易这两个领域的生意都做得不错，去年还被评为全市十佳青年杰出人才，我为拥有你这样的老同学而感到荣幸。现在，老家正在搞乡村振兴，你看看有没有好的点子可以拉乡亲们一把？"

"谢谢，兄弟过奖了。"秦彪心里美滋滋的。会后特意找到秦山，了解了村里目前的产业发展状况，后来在村里投资成立了一家电商公司，解决了村民农产品销售不畅的燃眉之急。

秦彪为什么最后帮了昔日同学秦山而没有帮谢广全呢？因为两人的赞美言辞不一样。谢广全只是笼统地夸了秦彪生意做得很大，就没有下文了。这样的赞美言辞就像云烟一样极易消散，不能感染人，也不能让秦彪心动。而作为村支书的秦山却把赞美言辞说得很具体，既赞美秦彪的公司业绩，也赞美秦彪取得的个人荣誉，这番赞美言辞简直说到秦彪的心坎里去了，让秦彪获得了满满的成就感。他心情好了，自然就愿意将秦山的话放在心上，最后成功帮了秦山的忙。

上述案例同样启示我们：只有留心观察和了解对方，才能具体地说出对方到底是哪些方面取得了令人称赞的成就，了解得越多越详细，表明你越关注和熟悉对方。所以说，赞美言辞是否能做到言之有物，还同时考验我们是否对交际对象有深广的了解。千万不要为了赞美而赞美，想要赞美得法，就先去做功课了解和熟悉对方。

言之有物的赞美言辞，还要注意将肯定性的结论和得出结论的理由一并陈述给对方，因为言之有物的赞美是为了满足对方的期待心理。日常生活中，当我们听到人家赞美我们"你的歌唱得很好"或"你的诗写得很不错"的时候，肯定心里不会就此满足这些结论性的观点，而是迫不及待地想听到人家接下来更专业性的分析和解释。这种对原因分析的心理期待具有双重确证的效果，既可以让接受赞美者从分析中确证自己取得的某种成功，同时可以确证表达赞美的人评价的可信度或专业性。我们来看下面的例子：

有一位女生名叫豆蔻。她的老师觉得这个名字非常诗意，于是在课间对这位女生说："看到'豆蔻'这个名字的时候，我就像置身于阳春二月，看见莺飞草长，姹紫嫣红，百花争艳中那俏立枝头争春的豆蔻花，我就想起杜牧赠别诗中那句'娉娉袅袅十三余，豆蔻梢头二月初'。那意境真是太美了。"

假如老师只说她的名字很有诗意就没有了下文，女生心中难免产生失望。因为当听到老师赞美自己的名字时，总会下意识地想知道自己的名字到底有什么特点。而上述老师的赞美就既具体形象，又有引经据典的论述式表达，赞美就非常有力度而令人难忘。这位女生于是深信老师确实是在赞美她的名字有诗意。

张旭在他的博士论文出版之前最后一次把论文分别发给出版社的编辑和他的导师，请他们提修改意见。编辑是这样回复的：

"张老师，你的文章很好。编辑排版符合我社的规定，注释和参考文献也很规范，篇幅也很合适。"

导师的回复如下：

"张旭，你的书稿选题非常新颖，主要聚焦于20世纪90年代的新生代诗歌。研究方法也不拘一格，结合了后现代文化理论和我国传统的意境美学理论，尤其是提供了大量的以往研究中少见的文学史料，特别是你收集整理并分析解读了一些不很知名的作家的诗歌作品，我觉得是一篇难得的优秀博士论文。"

编辑和导师都对张旭的论文赞赏有加，并各自从他们的专业角度详细阐述了赞美的理由，既满足了张旭对两人的心理期待，也展示了两人良好的专业素质。

### 三、"得体赞美"尽量切中肯綮

得体的赞美必须切中肯綮，就是要求赞美具有针对性，需要根据具体情境对准不同的赞美点展开或设计具体的赞美言辞。切中肯綮的赞美必须做到因人而异、因事而异、因时而异，并顾及具体的交际情境。

赞美要切中肯綮，首先就要注意因人而异。每个人都会有自己的优点，但每个人的优点会不尽相同，因此每个人值得称道的成功之处也不一样。再说，人还有地位、身份、职业、年龄、性别、兴趣爱好、心理倾向、性格、能力以及才华等多方面的差别。如果在赞美别人的时候，不考虑这些差别，就很容易闹笑话。举个简单的例子，如果一个人过生日，我们要表达祝福和赞美，就不能套用"寿比南山，福如东海"等模板化语言。若是一个幼儿园孩子的生日，我们得选择"祝你生日快乐，希望你健康快乐地成长"之类的话语；如果是一个年轻的白领女性，我们最好是说"祝你事业更上一层楼，永葆青春风韵"这样的祝福语。赞美还应根据被赞美对象的综合特点，具体选择赞美言辞。对一位青年才俊我们可以赞赏他所向披靡、勇于开拓的改革和创新精神；对一个退休老干部可以赞美他老当益壮、锐气不减当年；对一名有30年演艺经历的老演员我们可以称颂其德艺双馨；对一位平凡的安保人员，我们也可赞美其兢兢业业、有责任心。

赞美要切中肯綮还要注意因时而异。因时而异的赞美才会恰到好处，要避免犯不合时宜的错误。不合时宜的赞美犹如夏炉冬扇一样不受人待见。对同一个人的赞美就应该根据熟悉程度和交往深度适时地改变具体的赞美言辞。比如对于初次见面的陌生人的赞美，因为双方还不熟悉、不了解，最好是选择那些跟他有关的硬件类（外表、身材、长相、服饰等）或者众所周知的优点、成就（职务、地位、荣誉等）进行赞美，而尽量不要称赞对方软件类的优点和长处（性格、德行和修养品质等）。如果第一次见到陌生人，你就赞美对方是一个勤勤恳恳、脚踏实地的人，就会被看作没话找话或者无聊讨好。如果你赞美他是一个具有同情心和爱心的人也不合适，因为这些方面的优点需要长久交往才能发现。对一个相识很长时间的朋友或客户进行赞美，也要注意与时俱进，及时捕捉对方的进步、成长或者某些值得称道的新变化。以此为话题设计赞美言辞，才能让对方感觉你一直在关注和肯定他，从而悦纳你并对你报以同样的支持和认可。

切中肯綮的赞美还要根据不同场合、具体的交际情境，以及双方的前言后语而斟酌使用，切忌信口开河、无所顾忌、冒冒失失的赞美。比如，第一次和男士相亲，假如你对他说"听说您很富有，功成名就，坐拥豪车别墅"，这样的赞美无异于不打自招，暴露出你想嫁入豪门的野心或贪恋物质的俗气。同样的场合，如果说话的是男士，比如"你很漂亮，不仅皮肤白皙，身材窈窕，服装搭配也非常合适"这样的赞美言辞，也很容易暴露自己浅薄的本性，给对方的印象就会大打折扣。

切中肯綮的赞美同样要讲究褒奖有度，切记夸奖合理，避免过度夸大。《荀子·修身》里告诫我们："是我而当者，吾友也；谄谀我者，吾贼也。"① 在赞美对方的同时，也可以顺便提及他的某些无关大局或不太重要的缺点，这样的赞美更合情理，更不显矫揉造作。

有一个人喜欢阿谀奉承别人。有一次，他见到郊外有一个人在吹芦笛，走上前去说："小伙子，你的芦笛声音是世界上最动听的。"小伙子回过头来对他说："我有那么能吹吗？你何不说点别的。"

夸夸其谈的赞美违背常理，就会遭人反驳，令人不快。

有一次，汉高祖刘邦与韩信谈论诸将才能高下。刘邦问道："你看我能指挥多少兵马？"韩信回答："陛下至多能指挥十万兵马。"刘邦又问："那你能指挥多少兵马呢？"韩信自豪地回答："臣多多益善耳。"刘邦笑道："既然你带兵的本领比我大，却为什么被我控制呢？"韩信很诚实地说："陛下不善于指挥兵，但善于驾驭将，这就是我被陛下控制的原因。"②

韩信没有在君王面前极尽谄媚之能事，说他无所不能，既善调兵，还长于遣将。他对刘邦驾驭将领的才能不吝赞美之词，可是对他指挥大军作战的本领却不敢恭维，这就是体现赞美切中肯綮的典型事例。因为善于带兵并不是一个帝王必备的能力，所以韩信的上述言语也不会有损刘邦作为一代君王的崇高形象。相反，这样的赞美还强化了君王驾驭将领们的能力，也加强了赞美的力度，这样瑕不掩瑜式的赞美之词就显得十分坦率和恰当。

## 四、"得体赞美"应讲究别出心裁

赞美的原则除了上述几个方面之外，还要讲究别出心裁，有所创意。流于一般客套的老调重弹或毫无新意的大众化赞美，都会被他人视为陈词滥调，不仅容易遭人嫌弃，而且让人感到厌烦。

---

① 谢晓丽.国学经典语萃［M］.太原：北岳文艺出版社，2019：140.
② 李营.瞬间打动人心的说话技巧［M］.北京：海潮出版社，2012：126－127.

别出心裁的赞美首先要打破惯性思维。超越常人的赞美才能独出机杼，可以多角度寻找赞美点，从一些鲜为人知而交际对象十分在乎的优点入手做赞美文章，就会显得与众不同。如对一位大公司的董事长，你不必赞美他如何管理有方或者年轻有为，因为这样的话早就被别人说过很多次了，你再用这些话赞美他就变成拾人牙慧的恭维或言不由衷的吹捧了。你可以称赞他在对口扶贫工作或在慈善事业等方面做出的贡献，可以称颂他教育孩子有一套或者厨艺十分高超或者审美眼光比较独到，等等。这样的赞美言辞会让他觉得耳目一新，愉快接受并对你产生好感。对一位十分在意外在形象的老年男性，你也可以不去赞美他的外在形象如何凸显他的年轻和活力，可以称赞他坚持走自己的路很勇敢，能够遵循自己内心活得有声有色，非常有个性，等等，这会让他觉得你的赞美很难得，会十分珍惜并视你为知音。

别出心裁的赞美还要善于发现并认同那些跟表象不一致的长处。因为一般人都只会凭感觉去评价别人，而感觉有时候不一定正确，有可能是错觉或误解。不过，这样的赞美必须建立在我们对他人非常了解的基础之上，只有长久的相知和深刻的了解，才会从观念、思想意识以及性格等方面发现对方与众不同的优点。比如说，日常生活中，有的人看起来很娇小柔弱，可是内心却很强大理性。像这种人，你要是能对她说：

别看你外表柔弱，其实，我知道你很自信、冷静和理智。这种力量无比强大，可以攻无不克、战无不胜。

她一定会欣赏你的眼光和评价并引以为豪。

赞美要让人感觉别出心裁，也可以适时运用出于激励目的的拔高式赞美。拔高式赞美虽然可能不合事实，但只要发自内心，或是出于鼓舞或激励，就会有意想不到的效果。当一些有名望的人士慧眼识得英才时，通常会使用这种独具匠心的赞美。

鼎鼎大名的音乐家勃拉姆斯是个农民的儿子，因家境贫寒，从小没有接受过良好的教育，更别说系统的音乐训练了。因此，勃拉姆斯很自卑，音乐变成了他遥不可及的梦想。一次勃拉姆斯认识了音乐家舒曼，受到舒曼的邀请去做客。勃拉姆斯坐在钢琴前弹奏起自己以前创作的一首 C 大调钢琴鸣奏曲，弹奏得有些不顺畅，舒曼则在一旁认真地听。一曲结束后，舒曼热情地张开怀抱，高兴地对勃拉姆斯说："你真是个天才呀！年轻人，天才……"勃拉姆斯有些惊讶地说："天才？您是在说我吗？"他简直不敢相信自己的耳朵，因为从来没有人这样地夸奖过他。从此，勃拉姆斯消除了自卑感，并拜舒曼为师学习音乐，改写了自己的一生。①

---

① 启文. 口才三绝：会赞美　会幽默　会拒绝［M］. 石家庄：花山文艺出版社，2020：28.

正因为舒曼打破常规，对勃拉姆斯的演奏进行了别出心裁的拔高式赞美，他作为钢琴领域顶级的专家，一句欣赏的话无异于一种专业的肯定。只要勃拉姆斯有一定的基础，在听到这样的肯定之后，作为一个充满音乐激情和梦想的年轻人，因为顶级大师的赞美就会信心满满地朝着这个专家肯定的方向努力，并最终成为赞美者所期望的名副其实的天才。

别出心裁的赞美也可以在对交际目的进行认真预估的前提下斟酌思考，选择巧妙的方式达成。

三十岁时，富兰克林当选了宾夕法尼亚州议会的秘书。这对于家境不算很好的富兰克林来说，是一个比较大的人生转折。但是，他在这个职务上并不顺利，因为有一位新议员突然发表了一篇长长的演说，将年轻的富兰克林贬得一文不值。同时，这个议员也从来不跟富兰克林说话，让他在议会中的地位很尴尬。那么，富兰克林是怎样让这个敌视他的人改观的呢？富兰克林在日后回忆这段经历时讲述道："对于这位新议员的突然攻击，我一开始当然愤怒不已，但是我知道，他是个德高望重、学问渊博的绅士，在议会里很有影响，我跟他对抗肯定是以卵击石。当然，我是绝对不会靠阿谀奉承来换取他的好感的。所以，我在遭到攻击的几天之后，采取了一个适当的方法化解了这场危机。我早就听说他的藏书室里有几部名贵、稀有的书，于是就给他写了一封短信，告诉他我很喜欢这些书，希望能够读一读。他是个爱书如命的人，从前觉得我是个没读过几天书的粗人，没想到我竟然对书感兴趣，于是很快就给我送来了。一周之后，我还了那些书，并送上了一封言辞热情的感谢信，信中写了我对书的理解，并不露痕迹地恭维了他对书籍的高尚品位。不久之后，这位固执的绅士见到我时竟然主动和我打招呼了。此后，我们就成了忘年之交，我们的友情一直持续到他去世为止。"[①]

睿智的富兰克林面对对手的敌意，经过认真思考之后，用一种不露痕迹、书面感谢的无声语言方式，夸赞对方对书籍的高尚品位，送上自己由衷的赞美。无声的书面赞美比口头赞美更显庄重和正式，从而化敌为友。

## 第三节　"得体赞美"言辞技巧的各种实施方略

根据上一节内容所强调的得体赞美言辞必须遵循的基本原则，通过对纷繁芜杂的

---

① 志舒. 情商高就是会说话［M］. 长春：北方妇女儿童出版社，2019：149–150.

交际活动中丰富多彩的交际案例进行分析，我们可以总结出多种具有可操作性的"得体赞美"言辞技巧的实施方略。下面分别进行论述。

## 一、细节描述法

赞美必须遵循言之有物的原则。这一原则就要求我们在运用具体赞美言辞的时候不能过于模糊笼统，必须注意绘声绘色的细节描述。因而，细节描述法就成为一种行之有效的赞美言辞技巧运用的具体方略。我们都知道，文学作品中运用精彩的细节描写手法，既可以塑造真实生动、具有感染力的人物形象，也能构建血肉丰满的故事情节，还能让读者产生一种可视可听可感，有如身临其境的现场感，给读者留下难以磨灭的长久记忆。同理，言语交际中，如果我们要想自己对他人的赞美取得同样的效果，首先就应该学会注意运用细节描述法。

得体赞美言辞本质上是对他人的一种理性的肯定性评价。古语说："勿以恶小而为之，勿以善小而不为。"比起那些夸夸其谈、大而无当的评价，细节评价不仅能体现评价者的专业水平和语言能力，而且最重要的还在于其能够更真实、更有力地显示评价者对评价对象的关注度。因而细节描述法的赞美也更容易打动人心，从而作用于人的精神世界，产生预期后果。

细节描述要注意在对赞美言辞的选择和组织时，可以考虑尽量使用那些能够说明你为什么称颂或夸赞对方的小剧目、小故事、小场景或者小镜头，并用栩栩如生的语言描述出来，让对方明白自己究竟是因为做了什么具体的事情或者完成了哪些具体的任务而得到你的认可。这样的赞美才可以做到让接受赞美的人感觉踏实自在，当之无愧。

比如你要赞美孩子进步很快，最好在赞美他的时候说出他以前如何如何，现在又如何如何的对比性细节。下面我们来看一位家长是如何运用细节描述法来赞美她正在念初中的孩子的：

倩倩，妈妈觉得你最近学习进步很快。还记得吗？上个学期，你语文、数学、英语等主课成绩没有一门超过85分的。昨天，你的班主任赵老师把你这个学期的成绩单发给我的时候，我第一时间就发现你这三门课全部超过85分了，而且英语成绩已经提高到95分了。我听赵老师说，同学们都推荐你做英语课代表呢。另外，我发现找你的电话也比以前少了，周末你也很少去朋友家玩了。好样的，你要戒骄戒躁，继续保持啊。妈妈为你的进步感到高兴。

这样细节满满的赞美言辞会让孩子感到妈妈一直在关心她，她的进步对妈妈来说很重要，同时也知道了自己今后的努力方向。

我们再来看一个妻子对丈夫的赞美：

仲平，我一直觉得你是能和我一起同甘共苦、相濡以沫的爱人。二十年前，我们刚刚大学毕业，没有找到合适的工作。那时候，我们只有一腔热情和想要一起幸福的勇气，还有从亲戚那里借来的 500 元钱，一部旧式电话机，还有一张桌子和几个要好的兄弟，我们甚至还一起用牙刷把当筷子吃过方便面，一起租住过每晚 5 元的地下室。记得我有一次发高烧，为了省钱没有去医院，你拿湿毛巾帮我冷敷了半个晚上。第一次创业失败，我心力交瘁、万念俱灰。可是，你亲手制作了一个小卡片，上面写着安慰并鼓舞我的话语，你夜以继日地帮人写稿件，支撑着生活的开销。这些年，我们创业也算有了起色，你如今是这个城市知名拍卖公司的老总，我也不再年轻，外面充满五光十色的诱惑，你还是那么珍爱我俩的过去，每年你还抽出时间陪我度假，坚持每天晚餐后陪我散步，聊聊公司的那些大事小事。我真的觉得你很不容易，我也真真切切地感觉到了现在的幸福。

妻子称赞丈夫是一个同甘共苦、相濡以沫的爱人，接下去就围绕"同甘共苦"和"相濡以沫"用细节描述性的故事回忆了他们 20 年来一起渡过的难关、经历的困难以及拥有的进步和幸福，细节描述历历在目，真切感人。这样的赞美，丈夫听来怎会不百感交集、感同身受，从而愈发珍惜他们的幸福生活呢？

## 二、寓褒于贬法

寓褒于贬法指的是把褒扬（赞美）的意思放在贬低的话语里说，也就是字面上看起来是批评性的话语却寄托着说话者褒扬或赞美的情感态度，也即说话者故意用贬抑的言辞或语气来褒扬值得赞美的事物或人，看似贬抑实为褒扬。

古典名著《红楼梦》的作者曹雪芹，就很擅长用这种寓褒于贬的赞美技巧。我们先看他是如何赞美封建社会的叛逆之子贾宝玉的：

后人有《西江月》二词，批宝玉极恰。其词曰："无故寻愁觅恨，有时似傻如狂。纵然生得好皮囊，腹内原来草莽。潦倒不通世务，愚顽怕读文章。行为偏僻性乖张，那管世人诽谤！

富贵不知乐业，贫穷难耐凄凉。可怜辜负好韶光，于国于家无望。天下无能第一，古今不肖无双。寄言纨绔与膏粱：莫效此儿形状！"[1]

---

[1]　曹雪芹，高鹗. 红楼梦［M］. 长沙：岳麓书社，1987：23.

　　这是书中主人公贾宝玉初次出场时，作者借《西江月》之词运用寓褒于贬之法，词中似乎句句都在批评贾宝玉不识时务、冥顽不化的缺点，却肯定和赞美了宝玉性格中最典型的优点，那就是具有反封建的叛逆精神。这不仅表现在他对传统观念中读书入仕、圆滑地处理人情世故、追求大富大贵等世俗性追求的嗤之以鼻，而且也表现在他没有纨绔与膏粱子弟骄奢淫逸的不良习气。

　　《红楼梦》后文的第四十六回，曹雪芹又成功讲述了王熙凤善于运用言辞解决家庭矛盾的故事。王熙凤的公公贾赦，一大把年纪却依旧贪恋美色，想着将贾母的贴身丫鬟鸳鸯纳为自己的小妾，碍于脸面，自己不好意思去说，就打发鸳鸯的哥哥操办，但是鸳鸯不买他的账。得知了这件事后，贾母气不打一处来，把贾赦、邢夫人以及当时在场的王夫人都骂了一遍，最后又迁怒于王熙凤和宝玉，责备他俩为何不事先告知她。凤姐说：

　　谁叫老太太会调理人，调理得水葱似的，怎么怨得人要？我幸亏是孙子媳妇，若是孙子，我早要了，还等到这会子呢？①

　　王熙凤的这番争辩，听起来好像是在把贾赦纳妾的原因归结到贾母身上，似乎是在责备贾母不该把鸳鸯调教得如此水灵，既然鸳鸯如此水灵可爱，那也不能怨男人喜欢，不只男人喜欢，女人也会喜欢。但是责备的话语中又明显包含着对贾母和鸳鸯两人的双重赞美，同时也为贾赦的老不正经作了"只因人性使然"的有利解释，避免了更大的尴尬。这一番言语说完，贾母不仅因为得到了成功调教鸳鸯的满足而消了气，鸳鸯也因自己的水灵和人见人爱被夸而获得了极大的满足，贾赦也对王熙凤为自己开罪而感恩于心。这种寓褒于贬的赞美言辞实在是太精妙了，做到了上上下下的人，谁也不得罪，个个都满意。

　　如果说《红楼梦》中寓褒于贬的炉火纯青的赞美技巧属于书面交际，我们当代的口语交际照样可以借鉴这种赞美技巧来取得好的交际效果。下面再举一例：

　　刘老爹生性耿直，以前在单位工作的时候，对那些蝇营狗苟之流，他就看不顺眼，总喜欢真诚地、直言不讳地加以提醒，为此得罪了不少人，自己也吃了不少苦头。退休后，他又义务担任了所在居民小区的物业管理委员会主任，性格依然如故，遇上某些爱耍小心眼、爱占公家便宜的物管会同事和有投机心理的邻居，他看到了，也毫不客气地指出并监督纠正。一开始，居民们也不喜欢、不待见他，但时间久了，跟刘老爹熟悉了，打交道多了，大家都觉得刘老爹这样耿直不阿的人才是真正的良师益友。后来有一天，张阿姨当着刘老爹和很多居民的面，跟新来小区居住的外贸公司

---

① 曹雪芹，高鹗．红楼梦［M］．长沙：岳麓书社，1987：353.

的业务员介绍刘老爹，忍不住评价说："刘老爹这个人呀，是个倔老头，顽固不化，有点迂腐，不懂灵活变通，也不懂关系学，见识又浅，嘴有点笨，心肠又直率，他还有洁癖，见不得脏东西，眼睛里容不得沙子。人家给个棒槌，他就当做针了。"

张阿姨的话语，就运用了寓褒于贬法的赞美技巧。表面上似乎在批评刘老爹的性格缺陷，其实，是在夸奖他性格耿直不阿，讲究原则、办事认真，不搞关系不玩心计，是个难得的真人和好人。

## 三、欲扬先抑法

清代的袁枚在《随园诗话》中说过，"文似看山不喜平"，意思就是写文章应该考虑读者的期待心理，就如画家描绘山形要顾及人们的欣赏心理一样，山如果没有层峦叠嶂的起伏错落，人们就会失去观看的兴趣。同理，如果写文章和说话平平淡淡，就如一潭没有波澜的死水，也难以让人心生欢喜。因而，欲扬先抑作为一种重要的赞美言辞技巧，就具有拒绝平淡、曲径通幽的效果，可以很大程度地满足人的接受心理。

欲扬先抑的本义是指要发扬、放开，那就先控制、压抑，可以引申为要褒扬，先贬低。一般情况下，我们需要尽量避免用单一的贬损性言辞来否定他人。欲扬先抑作为一种手法或技巧，它的有效性在于可以超越完全贬低他人的全盘否定式评价可能导致的交际失败。欲扬先抑的赞美言辞虽然一开始出现贬抑之语，但最终的落点却在赞美上。先抑后扬的赞美表达出说话者随着交往时间的变化，对对方由浅入深发生认知变化的过程。既能使说话者的情感表现得丰富充沛、真诚感人，也能将赞美对象塑造得更加立体丰满，所描述的情节或细节更加曲折动人。最重要的还在于它可以让交际对象在接受过程中产生拨云见日的感觉，留下难以磨灭的印象。

欲扬先抑的赞美言辞技巧，适用于说话者需要展示自己力排众议对他人作出正面评价的交际情境。这时，可以先引用众人的贬抑性评价之语，然后再表达出自己对对方更加深刻和全面的肯定性评价。生活中，我们有时会碰到相识已久、交情渐深的好朋友对自己如下的赞美：

我刚来到这所学校时，听人们说起你总是不务正业，对本职工作和公共活动都不怎么积极。通过这段时间的交往和了解，我发现"不务正业"只是假象而已，你其实是一个对工作非常严谨细致，不喜欢在他人面前夸夸其谈的人。此外，你除了认真完成本职工作之外，还有自己钟爱的业余爱好，这些其实不影响工作，还能最大限度地实现你的人生价值，何乐而不为呢？我就非常喜欢你这种低调而又实实在在的行事风格！

　　这种力排众议式的欲扬先抑的赞美言辞，可以表达我们对好朋友的相较于普通同事更为理性的肯定性评价。这种加以特别强调的赞美和认同，既可以抹平对方之前受到否定性评价所带来的心灵创伤，还是维持深厚友谊的重要保证。

　　欲扬先抑的赞美言辞技巧也适用于一般的评价他人的场合。我们知道，人都是既有优点又有缺点的复合体，如果我们在欣赏他人优点的时候能够顺便提及某些微不足道或无伤大雅的缺点，那么我们的评价也会比全盘肯定式的评价显得更客观、真实、全面、辩证，因而也就更有效。下面是市委组织部一名干事在宣布该市财政局局长任命决定时说的一段话：

　　同志们，朋友们，大家好！今天我受组织部的委托宣布新一届局长的任命：经市委组织部的考察，市委、市政府联席会议决定，任命刘贤同志为新任财政局局长。刘贤同志虽然刚调来本市不久，对财政局的具体情况还不是非常了解，但他拥有在邻市同一岗位多年的管理经验，他锐意改革的创新意识、坚持稳定的大局观念、冷静理性处理突发事件的策略和技巧、踏踏实实落实国家财政政策解决具体问题的使命感、正直廉洁的工作作风，都证明他有能力胜任财政局局长的职务。希望大家今后支持和监督他的工作，也希望刘贤同志不要辜负组织对你的殷切期望和同事们对你的信任，为市财政工作迈上新台阶做出应有的贡献！

　　组织部干事在职务任命书的开头部分，先说一个刘贤担任局长的不足之处——初来乍到，不太了解具体情况，再从局长职位最需要具备的包含观念、意识、素质和能力等几个方面的优点和长处来肯定和赞扬他。运用这种欲扬先抑的评价，可以使财政局的同事对新局长更加信任，同时也是对新局长工作的激励和鞭策。

## 四、设置问题法

　　如果我们要赞美地位和身份比我们高的人，或者在赞美他人的同时还附带想要对方介绍成功经验之类的请求时，我们可以采用设置问题的赞美言辞技巧。设置问题的赞美可以展示作为晚辈的谦虚和恭敬，凸显被赞美者的楷模和榜样地位，更能满足他们自我价值实现的心理需求。

　　设置问题的赞美言辞设计的基本思路是：先说出对方的优势或长处，然后用一个疑问句发问，问句的内容一般包括希望或请求对方分享成功经验、给予引导，告诉你成功需要特别注意什么或者准备、付出什么，等等。

　　一位年轻小伙到一个山村蹲点扶贫，通过一位80岁老人寿宴上的对联，认识了村里一位书法技艺非常高超的大伯。一天下班后，他向人打听找到了大伯的家，碰巧大伯正在为另一家乔迁新居的人家写对联。于是他对大伯说：

"大伯，您的书法，简直达到了炉火纯青的境界！行书如三国名将缓带轻裘、遒劲有力、龙飞凤舞；草书如狷介之士狂放不羁、风行水上、潇洒自如，堪称非遗级的民间高手。我觉得一点也不亚于那些书法大家。我要如何练习才能达到您这样的水平呢？"

"只要你有时间，想学，耐得住寂寞，可以来我家，我慢慢教你，你觉得怎样？"大伯觉得这位小伙如此欣赏自己的书法，于是非常爽快地回答。

"那太好了，太谢谢您了！"小伙受宠若惊，自然非常感恩。

小伙如此赞美，既能恰到好处地概括这位大伯书法的特点，又说出了内心的真实感受，最后设置疑问，表达了谦虚求教的意向。当大伯听到后生小伙对他如此尊敬有加的赞美之词，一定会非常乐意传授自己的成功经验。这样的设置问题还能起到承上启下的作用，既承接上文有效地赞美了对方，还能为下面的拜师学艺和沟通打开话匣子，让双方的交谈得以继续维持。假如这位小伙只是客套性地夸奖这位大伯"您的书法艺术造诣很高"或"您的对联写得真是太好了"，那么，大伯回答他的也许只是客套性的一句"多谢夸奖"或者"你过奖了"，之后很可能就没有下文了。

设置问题的赞美言辞技巧还能运用在赞美式教育上。当学生、下属或孩子难得地完成了某项重要的任务或出色地取得了某些方面的成就，作为上级或上一辈的老师、领导或家长就可以在赞美的同时以设置问题的方式，引导对方叙述成功过程，这样才能对他们正确的行为或表现做进一步的积极引导、正向激励和有效强化。

嘉宇周五下班后去接正在上高中的女儿楚楚，在和楚楚一起回家的路上，楚楚开心地对妈妈说：

"妈妈，我的语文成绩进了全班前三名。"

"是吗？我家楚楚越来越上进了，你能告诉妈妈你是怎么做到的吗？"妈妈高兴得忍不住问楚楚。

"妈妈，你不知道，这个学期，我找到了一种非常有效的学习方法。上课时我对照老师的课件记下主要的知识点，下课后我就根据教科书和知识点自己整理学习笔记，争取每次课的知识点我都能整理成各种题型的习题。这样，在考试之前，我只要掌握笔记上的每一道题的内容，就基本上可以顺利回答试卷上80%的题目了。当然，我平时也经常到学校图书馆去看看报纸杂志，写作文的时候，脑海中有时候会突然冒出一个非常漂亮的句子，我就用上去，老师说我的作文也写得比以前好很多了。"楚楚得意地回答妈妈的问题。

"楚楚，你终于明白'我要学'比'要我学'的效果要好很多了吧。你的学习方法非常正确，继续坚持，妈妈为你骄傲。"

嘉宇的赞美式教育法就运用得很好。当她听到女儿的语文成绩上升到班上前三名的好消息时，不是应付性的一句简单的赞美，"很好，我女儿真棒！"也不是给予物质性的激励，"真不错，你想吃什么好吃的或者想要什么奖励，尽管跟妈妈说，妈妈满足你"，而是设置问题"你能告诉妈妈你是怎么做到的吗？"引导女儿自我总结成功的诀窍，最后肯定强调"我要学"比"要我学"的效果要好很多，使孩子明白自觉主动学习的重要性。这样的赞美式教育比批评式教育或者填鸭式教育的效果都要好。

## 五、相提并论法

相提并论是一个成语，意思是把不同的人或事物不加区别地混在一起来谈论或者看待。相提并论法就是利用人人内心都渴望成为名人的心理倾向，而用一些知名或重要人物、重大事件等具有广泛影响力的人或事，与赞美对象放在一起谈论，引起对方好感的一种赞美技巧。

相提并论的赞美正因为有名人名家做参照，名人往往都是闪亮的明星，他们的名字众所周知，成为普通人心之所向的偶像或楷模。名家也是家喻户晓的人物，他们的成就和荣誉在各自的专业领域都是有口皆碑的。因此，通过名人名家或其他优秀的人做参照来肯定或评价他人，会让他们心里有一种类似于千里马遇见伯乐的喜出望外的感觉。古语也说："良禽择木而栖。"这样，我们的赞美就会让他人感到喜悦、开心和满足。

装修公司的业务经理赵勋经朋友介绍和全市最有影响力的实业家张大鹏相见。赵勋在离开之前握着张大鹏的手说：

"张董，之前我一直以为，可以把实业和高端制造业做得那么好的也就只有王××、董××等几位风云人物啦，没想到，今天让我遇见了您，您在实业方面的卓越成绩足以和他们几位平起平坐了。今后还望您多多提携！"

"好说好说，有合作项目，我第一时间通知你！"

赵勋就得体地运用了跟名人相提并论的赞美技巧，将实业家张大鹏和知名企业家王××、董××相提并论，说得张大鹏心里舒服，于是欣然答应有什么合作项目就会第一时间通知他，生意不费吹灰之力就做成了一半，这就是赞美技巧的力量。

相提并论的赞美技巧也可以用在学术领域。学术领域往往有些大师级的专家和学者，他们不仅在某一领域引领思想潮流，著作等身，还拥有众多的传承者或者学生，成为业内的高人。如果我们要赞美某一行业的学者，不妨拿这一行业领域颇负盛名的专家来相提并论，这样的赞美也会收到意想不到的效果。

徐刚博士毕业后应聘到一所地方高校的文学院任教。由于他还有个在研项目没有完成，就想申请专门的在职科研岗位，这样就不用教学科研两头兼顾。于是，他去找院长提交申请报告。跟院长聊天的时候，他说：

"我还在××大学读博的时候，就一直很欣赏大师洪先生的学术业绩，来这里后，我才得知您也是洪老师的得意门生，主要从事当代文学史研究，已经出版了几部很有影响力的著作。很荣幸能成为您的同事，这样我就有更多的机会向您请教了。"

徐刚此番赞美，给院长留下了不同寻常的好印象，觉得这个新来的博士不仅学历高，情商也高。不久，就给他送来了任职专门科研岗位的同意书。

此外，如果我们在赞美他人时，能够将我们心心念念的偶像与之相提并论，不仅能渲染你赞美时的内心热情，而且会更富有激情和魅力。

一个读者和她倾慕的女作家通电话：

"尊敬的郝老师，您好，在中国的女作家里面，我最喜欢两个，一个是张爱玲，另一个就是您了。最近又读了您的新作，很多想法，想当面向您请教，不知您什么时候能抽空？"

"谢谢你的欣赏，我有空的时候就给你语音吧。我也很想见见你。"作家觉得这个读者与众不同，决定见见她。

就这样，这个读者用与名作家相提并论的赞美之词，赢得了她喜欢的作家的关注和感动，和这位作家沟通就变得容易多了。

## 六、引述他评法

引述他评法就是赞美者不当面直接赞美对方，而是引述双方之外的第三者的赞美之词来表达自己赞美对方的技巧。如果第三者是具有广泛影响力的知名度较高的大师或专家，那么这种引述他评的赞美，比普通直接的赞美就更具权威性和专业性。就算第三者是平凡人，也因时空的间离，而让这种不在场的间接赞美相较于当面赞美更显真诚和自然。因而，不管他人的身份地位如何，这种通过口耳相传他人评价的间接赞美效果会比面对面的直接赞美更好，更容易被对方接受。因为当面赞美容易被人认为是出于违心的客套，受到礼节的规约或者是有求于人，可信度不高，而背后赞美就不存在这样的局限。

引述他人的赞美技巧可以使我们对他人的赞美不露痕迹，避免难于开口的尴尬。

很多人没有赞美的习惯，总是在心里担忧赞美他人会不会被他人误会为"无事献殷勤"或者虚假谄媚等。而引述他人的赞美听上去好像赞美之词不是出自自己之口，因而可以使赞美者的心态更为放松。

我们先来看引述知名人士评价的赞美言辞技巧。

一位博士生导师应他的学生（时任教师）之邀到一所高校讲学。在学校的招待晚宴上，他对他的学生说：

"上次我到北京去，和××大学的李教授谈到过你，他对你的印象非常好，还夸奖你发表在某核心期刊上的那篇有关探讨王蒙小说的论文呢，说你思维敏锐、观点新颖、论证非常有力度。"

学生听到导师这么一说，觉得自己的论文能被××大学知名教授欣赏，这些年的努力没有白费，很难得，同时也增强了自信，对学术之路的选择也更加坚定，并对未来充满无限希望。

因为对方是自己的学生，博导避开了用自己的话，而是引述××大学李教授的评价来间接赞美，会让学生内心里产生一种被刮目相看的感觉，感受到知名教授和导师两人对自己学术水平和能力的双重认同，从而明白导师此言的良苦用心，于是会努力朝着专家赞美的方向继续努力。

引述他评的赞美言辞技巧，还能极大地激发听话者的潜在力量，取得事业的成功，改变人生轨迹和命运。

19世纪的一年秋天，屠格涅夫在打猎时无意间捡了一本皱巴巴的《现代人》杂志，随手翻了几页，竟被一篇题为"童年"的小说所吸引。作者是一个初出茅庐的无名小辈，屠格涅夫却十分欣赏，钟爱有加。他四处打听作者的住处，后得知作者是由其姑母一手抚养长大的青年人，又几经周折，找到了作者的姑母，表达了对作者的欣赏与肯定。姑母很快写信告诉侄儿："你的第一篇小说在瓦列里引起了很大的轰动，大名鼎鼎的《猎人日记》作者屠格涅夫逢人便称赞你。他说：'这位青年人如果能继续写下去，他的前途一定不可限量！'"作者收到信后惊喜若狂。他本是因生活的苦闷而信笔涂鸦打发心中寂寥的，由于名家屠格涅夫的欣赏，竟一下子点燃了他心中的火焰，找回了自信和人生的价值，于是一发而不可收地写了下去，终成为享誉世界的艺术家和思想家。他就是列夫·托尔斯泰。①

列夫·托尔斯泰就是因为其姑母引述了著名作家屠格涅夫的专业欣赏和肯定性评价，心里不仅感觉到名家对自己写作潜力的专业认可，也感觉到姑妈对自己的殷殷期

---

① 王鑫. 一分钟聊出好前程［M］. 长春：北方妇女儿童出版社，2015：60-61.

盼和鼓励，从而燃烧起创作的热情，变得更加积极自信，坚持创作，终成享誉世界的大家。

引述他评的赞美，既可以引述大师之评，也可以引述普通人的评价。只要让对方感觉到他的成就或能力已经不止一个人认可，而是公认的，达到赞美的叠加和强化效果，那赞美就是有效的。我们还可以举出很多例子，如"听你老师说，你是个品学兼优的学生""你去年的销售业绩比前年翻了一番，我听你们经理亲口对我说的""听你们员工讲，你们快递公司今年的业绩远远超过了去年，工资和福利待遇都双双提升了"，等等。

## 七、得豆种豆法

"种瓜得瓜，种豆得豆"是我们耳熟能详的俗语，种瓜种豆是因由，得瓜得豆是结果。这告诉我们一个简单的道理：你在姹紫嫣红、莺飞草长的春天播下什么样的种子，到金桂飘香、五谷丰登的秋天，你就会收获什么样的果实。根据这一俗语，我们要想得到什么，就必须先去付出什么。在交际活动中，虽然我们不主张主观上急功近利、别有所图的赞美，但巧妙的赞美又能客观地产生某些很好的交际效果，可以产生正面积极的精神鼓舞力量，不仅能够催人奋进，事业更上一层楼，而且能激励他人按照我们所设定的目标努力，从而达成我们的交际意图。因而，得豆种豆法的赞美技巧，就是主张说话者如果想要对方变成自己所希望的样子，就要朝着这个样子去赞美对方。换句话说，就是你希望对方成为什么，你就去赞美对方什么。

得豆种豆法的赞美，可以作为零成本激励用于职场。如果你是老板，你希望员工勤奋努力，不断提升工作效率，那你就赞美他把喝茶的时间都用在了工作上，这个月的销售业绩大大超过了前几个月。如果你是员工，你希望你的老板任贤重能，关心下属，你就要赞美他选择人才时注重能力和品德，从来不任人唯亲，还经常跟单位公共食堂工作人员强调尽量把饭菜做得色、香、味俱全。你如果赞美对方很重要，对方就会为了可以当之无愧地接受你的赞美，而想方设法成为重要的人。

秦琼是一家品牌服装公司的设计师，因为家庭变故，已经半年没有新的创意作品了。这种情况被设计总监王刚知道了，他认为秦琼是一个很有潜力的设计师，但是这种状态也会影响公司的发展，觉得有必要提醒她一下。于是，他电话邀请她周末一起去爬山，跟她说："你从××服装学院毕业以后，就选择了我们公司。到公司后，你的创意作品就陆续成为公司主推的款式，为公司的发展做出了突出的贡献，凭你过去的成就，用不了多久就可以赶上我了。"秦琼本以为王总监找她会责问她为何很长时间没有创作新作品，哪知王总监对她的不正常表现只字未提，反而夸赞她的设计成就和对公司的贡献。她既感激又惭愧，决定接下来一定要从家庭变故的阴影中走出来，不辜负总监的包容和殷切期望。

上述案例中，王刚运用的就是得豆种豆法的赞美言辞技巧。他想要秦琼振作起来，继续为公司做贡献，就赞美秦琼作为设计师的实力和为公司做出的贡献，这种撇下过错不谈，只说赞美之词的话语，下属感知到的就是一种得理也饶人的宽宏大量，还有什么理由不按照上司的希望去努力呢？

在家庭生活中，如果一方发现了另一方的缺点或不足，运用这种得豆种豆式的赞美技巧，可以化解自己不满、愤怒等消极对立情绪，也可以从根本上触动对方的内心，使他明白和感恩你的友善。为此，他会默默地朝着你所希望的方向努力，并慢慢改正缺点。下面的案例就比较典型：

王静的丈夫是房地产开发公司的副总，事业经营得风生水起。可是，却没有多少精力花在家庭和孩子的教育上。婆婆周二从乡下进城来帮王静的忙，一直到周六的晚上才见到儿子回家，大家一起吃晚餐，婆婆当着儿子的面问王静："他是不是每个星期都要到周末才有空回家？我来了几天了，到今天才看见他的人影。"王静回答婆婆："您儿子不仅是个成功的企业家，也是个好丈夫、好父亲，虽然公司里有很多事都得他亲力亲为，但是他对家里的事也很热心，这个星期可能确实忙了一点，平时他也不这样的。您就看他下周的表现吧。"听王静这么一说，丈夫倒不好意思了，他知道自己以前确实没有把太多的时间放在家庭上，但是，妻子却如此大度和宽容，竟然在母亲面前夸赞自己。于是，接下来的一周，他虽然晚一点，但坚持做到每天回家，慢慢地，他就能够平衡事业和家庭的关系了。

王静对于丈夫只顾事业不顾家的行为，肯定是心怀不满的。但她没有当着婆婆的面告丈夫的状，甚至连数落和埋怨都没有。她巧妙地夸赞丈夫既是一个成功的企业家，也是一个好丈夫、好父亲。这样的夸赞很高明，一石三鸟，既让丈夫感到意外和心存愧疚，又在婆婆面前展示了夫唱妇随的和谐关系，同时，也不露痕迹地勉励丈夫改正了之前的毛病，成为她想要他成为的那种人，让婚姻更为稳固。假如她换成当着婆婆的面，非常委屈地指责丈夫的过错，那后果可能就不堪设想了。

得豆种豆法的赞美技巧的原理可以用福柯的话语权力理论来解释。我们要教育或惩罚对方，有时候用批评或鞭子是没有效果的，不妨用赞美话语去代替。话语背后是权力，赞美的话语也会因为作用于他人的心灵世界而产生出某种我们想要的行为和生活。你赞美对方讲文明或素质高，对方就会给自己的内心发一道指令：一定要表现出讲文明或素质高，否则就受之有愧，名不副实。最后，现实中的他，就一定会表现出讲文明或素质高。同理，你如果赞美你的老师满腹经纶，他就不好意思不回答你的问题。如果你赞美你的同事理性冷静，他就会尽量用商量的口气和你说话。如果你赞美你的妻子优雅大方，她大概就不会与你斤斤计较。因而，我们可以围绕我们的交际意图来设计具体的赞美言辞，会收到令人满意的预期效果。

## 八、正中下怀法

正中下怀法就是指说话者的赞美言辞正好暗合接受者心意，能够让对方在心里拍手称快并说出"此言不错，正中下怀"。此法常常选择交际对象自己较得意但较少为人所知的兴趣或爱好赞美。

正中下怀法对赞美者来说可以算是最具挑战性但效果极佳的一种技巧。最具挑战性是因为在交际实践中我们可能会遇到各种各样的人，如果不花功夫去认真观察和发现、了解和熟悉哪些是对方引以为豪而一般人又没有注意的兴趣爱好，又或者不进一步深入把握和研究这些兴趣爱好与对方的职业特点有着一种怎样的相辅相成关系，在选择和组织具体的赞美言辞时，就难以得心应手。

梁平是某市科技产业园的招商处负责人，在市工商联举行的新年茶话会上，认识了一位投资公司的董事长颜若水，心想若是这位董事长愿意来投资兴业，将会极大促进科技园的发展和壮大，但是他又听说这位董事长对投资项目很挑剔。于是，他先去找了一位朋友，时任市兴隆房地产开发公司的销售总监张松，把自己的想法告诉了他，请他为自己出出主意。张松回答他："兄弟，虽然你所从事的业务和我所熟悉的领域不尽相同，但依我的经验看，凡是真正的大老板，对一般的礼物和普通的恭维都有很强的免疫力了，不过我可以告诉你一件有关颜董的私人小事，他喜欢看汪曾祺的小说，你可以从小处着手想想办法。"

谢过张松，梁平知道该怎么做了。接下来的几天，梁平特意从网上下载了十几篇研究汪曾祺的论文，认真阅读了解汪曾祺的小说观念与追求。半个月之后，他登门拜访颜董，这是他们第二次见面了。他对颜董说："我听说颜董在工作之余还喜欢看汪曾祺的小说，这改变了我的成见，一直以来，我都认为大老板只会把所有的时间都用来谈生意和挣钱，没想到颜董却与众不同，还有品位高雅的文学修养和淡泊宁静的澄澈心境。我最近也偶尔拜读了汪曾祺的那篇《受戒》。"

"一点爱好，不足挂齿。你看了《受戒》有什么看法？"颜董问道。

于是，两人相谈甚欢，彼此交换了对《受戒》的阅读体验和感受。临走时，颜董说："知音难觅，我非常愿意交你这位朋友，我们以后定要多联系！""听君一席话，胜读十年书呀！"梁平称赞道。

梁平在上述案例中运用的就是正中下怀法的赞美技巧。在获悉颜董喜欢看汪曾祺小说的信息之后，在登门拜访前，他就抓住颜董爱看汪曾祺小说的这个爱好做文章，这样的赞美显然未落俗套。因此，被颜董视为知己。良好的开始是成功的一半，接下来的生意谈起来就会顺利很多。

一位报考博士研究生的考生在考试前去拜访报考的导师，去之前，这位考生托他的校友打听到这位导师喜欢服装设计。初次登门，考生不知从何说起，紧张之余，他急中生智突然想起该导师的业余爱好，于是，稍稍皱眉定了定神，便对导师微笑着说："樊老师，我听学长说您在教学做学问之余，还一直喜欢精心研究面料和钻研服装设计，您穿的衣服大多是您自己选面料设计定制的。这不仅可以在单调辛苦的阅读和写作之余放松自己，还表现出您对服装的个性化审美品位和追求，我想如果能跟着您做学问，不仅可以把学问做好，而且也能把学问做得更有情趣！"

樊教授听后，觉得这个学生比较细心，了解并认同自己。于是，话题就此打开，两人第一次见面相谈甚欢。考生在博导心中留下了很特别的印象，非常顺利地成为樊教授的博士研究生。

这位考生初次跟导师见面的言辞就很得体。他不仅成功地使用"无声语言"以及"见什么人说什么话"的技巧，最重要的还在于他有效地运用了赞美的交际技巧。案例中的考生"拜访"教授，初次相见比较"紧张"，就"微笑着说"，这体现了考生懂得运用无声语言的交际技巧来打破初次见面的尴尬，营造缓和的气氛；前去拜访展现自己身为求学者晚辈的真诚和恭敬态度，表明对对方（地位较高的导师）的尊重；"急中生智突然想起该导师的业余爱好"，说明他在拜访之前对他所要交际的对象做足了功课，进行了较为仔细的调查和了解，从而获悉导师的生活习性、兴趣爱好等，这也体现了"见什么人说什么话"的交际技巧，有助于抓住对方感兴趣的话题来打开话匣子，让导师心里暗暗欢悦。他也许会在心里说：这位青年竟然对我有这番了解，想来一定是个很周到、细心和聪慧的人，他向我求学也是十分有诚意的。这些无疑有利于青年目的的达成。当考生谈及自己对导师爱好的看法时，他用"精心研究面料和钻研服装设计"来评价，这体现了青年非常懂得使用赞美技巧，赞美对方得意的或引以为豪而别人往往没有特别关注的事情，就很容易赢得对方的好感，就区别于听起来"一耳假"的"真好、造诣很高"之类过于笼统而缺乏针对性的赞美言辞。

除了赞美樊教授喜爱的事情，青年连带赞美了教授这个人"不仅可以在单调辛苦的阅读和写作之余放松自己，还表现出您对服装的个性化审美品位和追求"。他运用了让教授感觉别出心裁的赞美技巧，表示出对做研究、做学问的认知和对教授人格魅力的敬慕。最后把话语过渡到这次拜访的目的"我想如果能跟着您做学问，不仅可以把学问做好，而且也能把学问做得更有情趣！"再次赞美教授不仅学术造诣高深，且不失个性情趣。这正好满足了教授内心对自身学术价值和人格魅力双重认同感的需要。于是教授渐渐开心起来，交谈进行得十分顺利。由此可见，在言语交际中，适当去赞美他人，满足他人内心关于自我价值的认同感需求，是多么重要。

正中下怀的赞美法，能够让人产生一种高山流水遇知音的心理认同，或者产生一种英雄所见略同的惺惺相惜，自然就更容易达成彼此默契的交往关系。如果交际对象把你看成同道之人了，就说明你的赞美到位了。

## 九、善意谎言法

前面我们讲到真诚自然是赞美言辞运用必须遵循的原则之一，和我们本小节谈到的善意谎言的赞美技巧并不矛盾。谎言如果不是为了损人利己，而是利人，那就是善意的谎言。

善意谎言经常用在那些患了重症的病人身上，因为身患重症的病人本来心中就充满着绝望和恐慌的情绪，我们再如实提及他的身体状况，恐怕只能使他万念俱灰，失去求生欲望。如果我们换一种善意谎言的赞美言辞，对他这样说：

"你身体的好底子和元气都还在，事业正如日中天。再说，如今医学这么发达，只要你自己珍爱生命，我们知道，这点小毛病难不倒你！"

病人接收到这样的信息后，精神会为之振奋，心情会转好，身体也可能会慢慢康复。

善意谎言的赞美，也可以施之于那些状态不怎么好或不怎么努力的后进人士、后进生身上，激励他们改错改过，向好向善。

秦梅去学校开家长会，会后单独找老师了解儿子在学校的表现和在全年级的成绩排名情况。班主任老师对孩子的成绩不是很满意，就如实告诉她："你的儿子其他方面还好，就是严重偏科，他现在的英语成绩在全班52人中是第27名，这样的排名基本上没有考上好大学的希望。"

秦梅知道自己儿子英语成绩不好，但老师这样说，她心里也很不是滋味，她想，这种难过的情绪千万不能让儿子知道。回家后，儿子问妈妈："今天你去开家长会，班主任都和你说了什么？"秦梅故作高兴地回答："班主任对你目前的进步很满意，说你只要再努力一点，把英语成绩再提高一些，考上大学就没问题。"

　　儿子听到妈妈这样说，心中的焦虑和自卑一扫而光，对妈妈说："妈妈，我接下来一定要向英语老师请教并认真分析一下，我的英语成绩一直落后于全班平均水平的主要原因是什么，找到原因后，我再努力一把，争取不要让班主任和您失望。"后来他儿子通过努力考上了知名大学。

　　秦梅没有如实转述老师对儿子的评价，为了鼓励儿子，用了善意的谎言来肯定儿子，使得儿子想方设法提高成绩，顺利考上名牌大学。这样的赞美言辞比起班主任老师那种泼冷水式的评价，其效果孰优孰劣，想必大家都知道。

　　善意谎言的赞美还可以对那些对自己的潜力、能力信心不足的人说。一般情况下，我们之所以对赞美如饥似渴地需要，很大程度上是因为我们的自我认同不够，需要他人或更多的人的外在确认。因此，恰当的善意谎言赞美即使与事实不符，也不影响其帮助他人树立自信、实现人生理想。

　　一个小男孩几乎认为自己是世界上最不幸的孩子，因为患脊髓灰质炎而留下了瘸腿和参差不齐的牙齿。他很少与同学们游戏或玩耍，老师叫他回答问题时，他也总是低着头一言不发。在一个平常的春天，小男孩的父亲从邻居家讨了一些树苗，想把它们栽在房前，叫他的孩子们每人栽一棵。父亲对孩子们说，谁栽的树苗长得最好，就给谁买一件最喜欢的礼物。小男孩也想得到父亲的礼物，但看到兄妹们蹦蹦跳跳提水浇树的身影，不知怎么地，萌生出一种阴冷的想法：希望自己栽的那棵树早点死去。因此，在浇过一两次水后，小男孩再也没去搭理它。

　　几天后，小男孩再去看他种的那棵树时，惊奇地发现它不仅没有枯萎，而且还长出了几片新叶子，与兄妹们种的树相比，显得更嫩绿、更有生气。父亲兑现了他的诺言，为小男孩买了一件他最喜欢的礼物，并对他说，从他栽的树来看，他长大后一定能成为一名出色的植物学家。

　　从那以后，小男孩慢慢变得乐观向上起来。一天晚上，小男孩躺在床上睡不着，看着窗外那明亮皎洁的月光，忽然想起生物老师曾说过的话：植物一般都在晚上生长，何不去看看自己种的那棵小树。当他轻手轻脚来到院子里时，却看见父亲用勺子在向自己栽种的那棵树下泼洒着什么。顿时，一切他都明白了，原来父亲一直在偷偷地为自己栽种的那棵小树施肥！他返回房间，任凭泪水肆意地奔流……

　　几十年过去了，这位瘸腿的小男孩虽然没有成为一名植物学家，但他却成为美国总统，他的名字叫富兰克林·罗斯福。①

　　罗斯福的父亲在赞美罗斯福长大后一定能成为一名出色的植物学家时，事实上罗

　　① 苏乔，漫漫. 向成功名人借经验［M］. 长沙：湖南文艺出版社，2011：106-107.

斯福并没有他说得那么好，但是一点也不影响这个孩子因为父亲这句基于不弃的坚持、充满爱的赞美和鼓励的预言，而朝着父亲赞美的方向不懈努力，最后成长为名副其实的伟人。

当然，除了上述得体赞美之法外，我们也可以根据得体赞美的原则自我摸索和创新。

## 本章结语

赞美要得法，不仅需要遵循前述的几个基本原则，同时，需要学会上文提及的多种具体的实施方略，还需要交际主体的见多识广和博学多才，任何时候，急功近利的赞美只会弄巧成拙，干瘪和空洞的脑袋也无法组织出有效的赞美言辞。

# 第七章　巧言拒绝

在人际关系交往中，我们有些时候，在己所不欲或者己所不能的情况下，需要驳回或者拒绝他人提出的要求，来维护我们自身的正当权益，避免被他人用道德或人情绑架而委屈自己。但拒绝（又称"回绝"或"推辞"），本质上又是一种使他人的要求或建议、愿望或意图落空的言语行为。如果没有正当而合理的理由，被人拒绝总会给他人带来受挫、不安、自卑，甚至是怨愤等负面情绪。而言语交际技巧的一般理论，总习惯于强调我们要以交际对象为中心或顾及对方的情绪、心境来取舍我们的言辞。因此，很多人害怕拒绝他人，害怕拒绝会得罪他人，有时宁肯自己受委屈，习惯于"打肿脸充胖子"，有时甚至会没有底线、不设边界地去讨好和迎合别人。

其实，任何事情都不能绝对化。一般原则和规约都需要加以辩证地理解或处理，必须具体情况具体分析，不可机械套用。再者，任何成功有效的交际都不应该损己以利人或者损人以利己。只要把握了这一理性尺度，我们就可以想方设法通过巧妙的拒绝言辞技巧来达到双赢的交际目的：在不损害自身利益或者不违背自己主观意愿的同时，确保最大限度地减少因直接拒绝对他人可能造成的伤害。我们应自觉排除"死要面子活受罪""争做老好人"等不良心理的干扰，大可不必为难自己而成全他人，该拒绝的时候还得拒绝。只不过要避免随意拒绝、直截了当地拒绝或生硬冷漠地拒绝。因此，掌握委婉或巧言拒绝的交际技巧就很有必要。

本章在概括有关拒绝言辞技巧的重要功能的基础上，提供了多种巧言拒绝的解决方法，供大家选择使用。

## 第一节　"巧言拒绝"言辞技巧的重要功能

交际活动中，如果碍于面子，不考虑自己的能力或职责范围，力不能任、越俎代庖地贸然答应别人的请求，或者对他人合理和无理的建议、要求不加任何辨析，通通"有求必应"，结果不是事情办不好遭人白眼、失去信任、白费心机，就是他人因毫不费力得到你的帮助之后对你提出更多变本加厉、得寸进尺的无理要求，使自己陷于永无休止的麻烦、纠缠、疲惫和困境之中，甚至被那些本来就别有用心的人拉下水还浑然不觉，成为图谋不轨、违法乱纪者的帮凶。不管是哪种，都会事与愿违，徒劳无功，于己于人，都毫无裨益。

因此，为了避免上述基于对拒绝言辞缺乏正确认知而可能进入的交际误区，也为了有效卸载人们习以为常的因担心得罪他人而不敢拒绝的畏惧心理，以及"甘当老好人"的心中执念，有必要强调"巧言拒绝"言辞技巧的重要功能。

## 一、巧言拒绝，是成就自信和高贵的一种方式

恰当巧妙地拒绝他人的无理要求，可以使我们获得心灵的自由。真正的心灵自由是自信和高贵的表征。服从内心意志，不想做的事情不违心地做，做不到的事情也不勉为其难，不介入那些没必要的人际纠缠和利益牵扯，是善待自己，也是确证自我主体的一种方式。

中国几千年漫长的封建社会，形成了陈陈相因的二元对立封建等级制，君君臣臣、父父子子，人与人之间无所谓平等，下级对上级唯唯诺诺，言听计从，毫无主见，底层民众习惯于逆来顺受。这种不平等还内化为一种潜在的心理，以至于出现了各种各样自卑的称呼，比如明明是大将军，却称自己为卑职；贵为皇后，也在皇帝面前自称臣妾；"奴家""小人"之类的自我贬抑式称呼就更为普遍了。在这样的社会文化语境中，被压抑、被支配着的人，在交际活动中自然很难做到真正意义上的拒绝。但是，社会发展到今天，虽然已经走向了新时代，建立了法律意义上平等的社会，给全体社会成员营造了平等交往的可能与机会。但遗憾的是，还有很多人因袭了二元对立的思维模式，在上级/下属、父母/子女、老板/员工、教师/学生、丈夫/妻子这些二元项之间，前者的优越性和尊贵性似乎是天经地义、理所当然、不容置疑的。如果前者为后者办了某件事，后者就应该感恩戴德、铭记于心，前者要是拒绝为后者办事，后者也无可奈何。若是前者提出任何要求，后者就想方设法地尽量照办不误，即使是明显不合理的要求，也不敢提出异议，更不敢拒绝。在社会交际活动中，依然害怕因为自己的拒绝而得罪他人，冒犯人家的权威和尊严，因而不敢理直气壮地坚持正义和真理，说出合理拒绝的话语。

此外，处于底层的社会成员，也很难摆脱奴性的人格模式。奴性人格的人，从内心认为自己比他人低一等。因此，就会将自己低下的社会地位固化，难以摆脱屈从依附的客体地位，从而也很难学会主体性的拒绝。

因而学会拒绝，就需要想法克服二元对立的传统思维模式，摒弃落后的奴性人格

模式，用一种平等而非仰视的目光去观察事物或待人处世，学会做一个大写的主体的人，不为别人而活，也不趋炎附势。当答应他人的要求需要我们舍弃正义公理或任何不公平时，要毫不犹豫地表示拒绝；当答应他人的请求需要违背我们的良心、道德或任何正当合理的主观意志时，要大大方方地立即拒绝；当别人答应可以给予我们某种待遇却需要我们丧失尊严和人格来求取，也应该当机立断地加以回绝。只有这样，才能自信地昂起高贵的头，做一个正直的人、一个纯粹的人、一个无私的人、一个脱离了低级趣味的人。

《史记·老子韩非列传》记述了庄子拒绝楚王千金重聘的故事：

楚威王闻庄周贤，使使厚币迎之，许以为相。庄周笑谓楚使者曰："千金，重利；卿相，尊位也。子独不见郊祭之牺牛乎？养食之数岁，衣以文绣，以入大庙。当是之时，虽欲为孤豚，岂可得乎？子亟去，无污我。我宁游戏污渎之中自快，无为有国者所羁，终身不仕，以快吾志焉。"①

庄子向往逍遥游于天地之间，过一种无拘无束、自由自在的生活，面对楚王给出的重金和高位，能够遵循内心的意志，不为所诱，不愿收心敛性追随荣华富贵，断然拒绝为楚之相，成就了一生的清高气节。

懂得合理拒绝，其实也就是学会自主选择。人生有很多不同的道路，社会提供给我们很多不同的机会，也存在很多名利的诱惑。当无数机会降临在我们头上，当名利向我们招手，我们应该根据自己的内心所愿或根据自己的能力水平有所选择，有所放弃，有所为有所不为，当鱼和熊掌都摆在我们面前，我们可以舍鱼而取熊掌，也可以舍熊掌而取鱼。世事纷纷扰扰，要让内心求得安宁，唯有学会各种各样理性的拒绝。

2004 年在雅典夺得女子 10 米气步枪射击奥运冠军的杜丽，公然拒绝了为国内多家企业做广告代言的请求，南方有家公司甚至表示，只要她到该公司走一趟，就以一套豪华别墅相送，谁知杜丽却淡然一笑："我又不在那儿住，要他们的别墅做什么？"

不平常的拒绝，让我们看到了她自信而高贵的冠军风范。

也许命运注定我们只能成为普通平凡的人，我们也要学会做自己的主人。自己的事情自己做决定，不看人家的脸色，不讨好别人，不卑不亢，不死要面子活受罪；不为了得到一些物质和荣誉，而降低了自己的人格和尊严；不为了所谓的"不好意思"，就心甘情愿委屈自己，成全他人；答应或不答应，都必须理性选择，同时还要服从自己的内心。任何时候，我们都要明白，内心强大才是真正的强大。任何时候，都要拒绝心为物役、心为形役，避免成为精神上的奴隶，学会做一个高贵的人。

---

① 司马迁. 老子韩非列传第三 [M] //史记：第七册. 北京：中华书局，1959：2145.

毕淑敏小说《女工》中的浦小提，就是一个懂得拒绝、灵魂高洁的女性。她出身寒微，但品学兼优。这个虽不满腹经纶，但一直处于精神高地的女人，既平静地处理了丈夫白二宝之流无耻的利用和背叛，也不羡慕同学宁夕蓝的成功。她拒绝了号称专家的老外的求婚诱惑，对军官高海群的追求也保持住了一份淡定。下岗后，虽深陷经济困顿，面对利欲熏心的老板，依然坚守做人的原则，女性宁折不弯的脊梁永远挺直，所有的威胁和利诱都只能自讨没趣。浦小提用一股永不言败的韧劲和他者世界展开持久的博弈和较量，竭力保持住大我的底线，像太阳一样发出耀眼的光芒。

女人应该拒绝做爱情的俘虏。如果被花言巧语和海誓山盟诱惑而不懂得拒绝，就会在甜言蜜语中走向蒙昧，把爱情看作生命的全部，最终也会被爱情耽误一生。女人要明确真正的爱情只能是平等的两情相悦。如果你开始了一段新的感情，一旦你感觉到对方不能让你获得心灵的自由，而徒增痛苦和烦恼，你就应该果断地拒绝维持这样的关系。不乞求爱情，也不沉溺于爱情的女人，是女人中最高贵、最自在和最优雅的人。

我们的传统教育习惯于告诉我们要尊重他人，要善良和友爱，这些本来都没有问题。但是我们同时要看到人性的复杂性，有些人习惯于为了满足自己的私欲和目的，利用他人的善良和仁爱。如果一个人不能洞明世事，不懂人情冷暖，只活在自己的世界里，注定无法成为真正的自己。

铁凝有篇短篇小说叫《永远有多远》，里面的女主人公白大省，大学本科毕业，拥有北京户口和凯伦饭店的正式工作，工作能力和经济条件也不错，本来完全可以凭自己的能力和条件选择一种自信和优雅的人生。可是，她却因为过分执着于善良和仁义，不懂拒绝，被自己的亲弟弟利用，同时一次又一次地被一个又一个男性以爱情的名义不断地利用和抛弃，永远活在一种"被别人吃定"，只能讨好别人也成全别人的"忘我"状态之中。

因而，我们应该在尊重他人的同时也尊重自己，在保持善良和友爱的时候，也要给自己留一些优雅、自信与锋芒。任何时候，都不可以将自信建立在无条件答应和帮助别人以求得他人认可或感恩的想法上。真正的高贵，也只能来自自身的能力、才华和底气，是对自我和原则的坚守，是对复杂人性和世界的清醒认知以及高屋建瓴的辨析、判断和思考。

## 二、巧言拒绝，是职场的生存之道

职场是我们每个社会成员展示自己个人能力、谋求生存发展、寻求自我价值实现和社会奉献的重要空间，也是跟林林总总、各色人等沟通交流的社交平台。这里不仅有各级领导，有同事同仁，有下属等不同身份和地位的人，有企、事业等各种单位、团体和组织，还有各种隶属机构和不同的职能部门。职场，需要上情下达、办理公务，需要组织或生产产品，或者开拓市场洽谈商务，组织公共活动或完成某些重要事务等。因而职场中人，总是不断地需要别人或被别人需要，也经常会收到各种各样的来自上级的通告、通知和要求，会遇到本单位或外单位同仁同事提出的各种请求或帮忙办事的情况。

必须强调的是，要求和请求是别人发出的，如果发出者事先没有认真进行实事求是的调查研究，就有可能不合实际，超出我们实际的完成能力。还因为人性的复杂，有些要求还可能有潜在的功利目的，若提要求者罔顾原则和法律法规，唯利是图，进行利益诱惑，还可能存在着违法犯罪的风险。这时，我们就需要有自己的原则，有一杆自己的秤，先衡量一下这些要求是否合情合理，明确哪些要求是我们的本职工作，是可以答应并能如期保质保量完成的；哪些请求虽然非本职工作，但是做好了也能帮助别人同时给自己带来潜在利益的；哪些是跟我们完全没有任何关系，没有必要去完成，完成了也只是费力不讨好的；而哪些可能存在触碰法律的风险，是必须坚决拒绝的。

对他人的要求进行准确的判断，不贸然拒绝或者照单全收，还需要我们摆正自己在职场中的地位。职场同时是名利场和关系场，如果不能摆正自己的地位，不能斟酌处理好职场上上下下、里里外外的各种关系，就会把自己弄得心力交瘁，一事无成。比如作为管理人员却不敢放权、事必躬亲，或作为下属却越俎代庖、事事抢功，就极有可能破坏职场利益平衡，也难以搞好人际关系。在职场，不能权衡利弊，就会事事掣肘，寸步难行。

一般情况下，判断需求的合理性，先在心里辨析哪些属于本职工作，哪些与自己无关。如果对方的要求属于我们的本职工作，或者答应对方不至于损己，甚至可以双赢的，就想方设法认真完成；如果是属于他人职责范围的事，他人有能力完成的，我们最好拒绝，不必插手；如果他人提出的某些请求，虽然合理但依我们自身能力不能完成的，也要学会委婉拒绝；如果他人凭职权提出明显无理或有失公平的要求，也应该毫不犹豫地巧言拒绝。

有一位大学老师，本来按照学校规定，担任两门不同专业课的教学，保证每周八个课时的教学任务就可以了。后来，为了通过专业认证评估，这位老师所在的学院增加了很多新的专业课程。由于教研室的其他老师觉得教授新课工作量太大，教研室主任自己也图轻松不愿上新课，就向这位老师提出叫他承担一门新课的教学任务。这位老师二话没说，没有拒绝，就应承下来。谁知这种事不是一次就完了，接下来的两个学期，教研室主任像吃定了这位老师似的，接二连三地把新课安排给这位老师，还美其名曰："能者多劳。"以至于现在，这位老师一共担任了五门不同专业课的教学工作，几乎把所有的业余时间都放在教学资料的搜集和备课上课这些教学环节上，很少可以抽出时间搞科研，以至于基本的科研工作量都完不成。

试想想，当初，教研室主任第一次安排他上新课的时候，他若是合理拒绝主任的不公正安排，就不会陷入如今这样身不由己的恶性循环和被动状态。

人性中往往会有一种欺软怕硬的心理倾向。越是懦弱，越是觉得可欺；越是强悍，越是不敢肆意得罪。因为懦弱的人，会容易妥协和逆来顺受，对他人的要求，很少会提出异议，更不会反抗和义正词严地拒绝。

如果你在职场里不会拒绝别人，同事可能会要求你帮忙打午餐、复印资料，还可能会把取快递、倒茶水、拿报纸、扔垃圾、送文件等这些生活琐事通通推给你做。而你觉得这些不过是举手之劳，能帮就帮。你不去思考，为何别人要将他们自己本来也可以不费吹灰之力就能做好的小事交给你去做？还不就是抓住了你那种"讨好型"人格缺陷导致的不会拒绝的心理。所以，有了第一次，就会有第二次，最后，剥削你的劳动力、占用你的时间为他们服务就成了家常便饭，而且没有人会感激、在乎你的辛苦和付出。相反这样的琐事杂务你做得越多，你的领导或老板越觉得你只配做这些鸡毛蒜皮的杂事，你就失去了提升自己的机会。

职场中存在太多名与利的诱惑，对那些居心不良、有所图谋、故意拖你下水、违法或犯罪勾当的诱惑式要求或请求，一定要研判之后加以严词拒绝或巧妙地委婉拒绝。

某单位的员工赵某，一次在网上看到一则有关赴国外工作的高薪招聘启事，因招聘启事上提供的待遇比他目前单位的工资要高了差不多 10 倍，赵某就心动了，于是通过联系方式联系到招聘方之后，就坐飞机动身前往×国联系工作事宜，到了国外继续被招聘方的花言巧语蒙在鼓中，最后发展到辞去原单位工作，正式在×国上班后发现上当受骗才报警。

境外不法分子不远万里，跨越国界，总是巧立名目、不择手段地打着能够提供高薪岗位或给予高额报酬的幌子做诱饵，那些平时游手好闲，想一劳永逸，又贪婪趋利，对"天降馅饼"之类虚无缥缈的意外之财心存幻想的人就难以拒绝诱惑，很容易上当受骗，平常的上班族或职场中人，以至于某些虽然拥有高学历却缺乏生活经验和历练的毕业生也难以幸免。

因此，职场中人，要严守自己的本分，心中要有做人的底线和原则：什么事情可以做，什么忙可以帮，什么要求可以答应，尽量不要成为人家役使的工具，避免做某些人的违法同谋或替罪羔羊。

## 三、学会巧言拒绝，使人生变得轻松

答应别人的要求，意味着必须完成某项任务。为此你必须劳心劳力付出，有时甚至无法避免夜以继日、废寝忘食，牺牲正常的休息时间，有时还须劳民伤财，否则要求无法达成，帮助也达不到预期的效果。假如是正当、合理的要求，完成后不至于损己利他的，帮帮也无妨。假如帮一次就没完没了，需要后续一而再再而三地施以援手，自己还毫不犹豫答应，就会给自己平添诸多负担和痛苦，最后得不偿失，弄得自己身心俱疲。

假如同事睡前发来了未做完的工作，请求你帮忙完成，原本你已经准备睡觉了，但没好意思拒绝，结果通宵达旦也没有做完。第二天你拖着疲惫的身体坚持去上班，同事问你有没有完成，你说没有，同事还语带讥讽地说："我还以为你比较厉害呢。"

因此，不懂得拒绝的人，即使把自己累得精疲力竭，也不会得到他人真正的在乎与尊重、同情与感恩。因为那些习惯于麻烦你的人，从来不会设身处地地为你着想，只会把你的帮助看成理所当然，或者认为你帮别人也都帮了，又不只是帮他一个人。因此，他们会无止境地不断向你提出各种霸道的要求，不惜蚕食你的私人空间，占用你的时间，而不会有所顾忌停止索取。笔者就有过这样的体会：

笔者每年都会担任本科生的毕业论文指导工作，由于学生整体素质不是太高，每年的毕业论文指导工作就变成一种不可承受之重。前两年，由于笔者一开始没有给学生严格规定哪些工作环节是他们需要自己完成的，而是有求必应地"存在什么问题，就一一给他们修改指正"，以至于很多学生都敷衍塞责，不断地将一些存在文理不通等低级错误的文稿发给笔者，要求笔者指导修改。

笔者觉得指导学生完成毕业论文，也是自己不可推卸的责任，不好意思拒绝他们，以至于到后来，愈演愈烈，有些学生简直到了完全依赖笔者的地步，把笔者当成完成毕业论文的工具使用了，不会选题要求笔者帮他们选题；不会提炼观点要求笔者帮他们提炼；不会建构论说框架也要求笔者帮忙；遣词造句不合规范也要求笔者修改；错字别字也不清理干净就发过来给笔者批改；开题报告不会写发给笔者；指导记录不会写也发给笔者，还不分时间地进行信息轰炸，搞得笔者焦头烂额，不胜其烦。更有甚者，这些一次次麻烦了笔者的学生，一旦论文定稿完成，就会进入消失或失联状态，对笔者曾经废寝忘食的帮助和指导，鲜有感恩之心。

人，就是这样，得寸进尺多过见好就收，变本加厉多过感恩图报。人心不足蛇吞象，贪欲的无底洞永远都填不满，一旦从你这里得到好处，就不停索求；一旦从你这里尝到甜头，就千方百计控制和利用。因而，现在的笔者吸取教训，对自己指导的学生不再有求必应了，而是严格区分哪些工作属于笔者职责范围的指导工作，哪些是他们有能力也应该自己完成的工作，不再大包大揽，有学生提出无理要求，笔者一概拒绝。

有些人为了让别人帮忙完成某件事，还会给你送上几顶高帽子，让你在天花乱坠的恭维和吹捧中失去方向，最后如庄周梦蝶般恍恍惚惚不知自己到底是谁了，只能束手就擒，答应帮忙。

有一栋楼二单元的业主正在准备报装电梯，公示贴出后不久收到另一单元业主联名反对的异议书。二单元主管电梯报装业务的业主代表为了找人撰写回应异议书的文字材料，连夜给住在这单元的另一位业主打电话，要求她抓紧时间写好。电话中，代表先夸奖了一番这位业主的文学功底，并坦陈自己不能胜任，说整栋楼再也找不出第二个人可以完成这个任务了，只有把希望寄托在这位业主身上了。

这位业主听代表这么一说，就真的觉得责无旁贷非我不行了，于是当即应承下来。可是没想到，这个回应文字稿真正写起来才发觉不是一般的麻烦，既需要逐条对照异议书上的内容做出回应说明和解释，要去调阅之前的很多材料作为证据，还有些提法需要逐条阅读并引用《民法典》中的诸多内容，无奈，已经答应了，就只有硬着头皮一一做好。最后，硬是花了足足一天一晚的时间，饭也顾不上吃，觉也没睡好，废寝忘食，才把文字材料整理好。弄好之后发给业主代表，结果代表一句感谢的话也没有。

假若这位业主在接到业主代表电话的第一时间就找个理由委婉而合理地拒绝，就可以避免自找麻烦，牺牲那么长的休息时间来单独完成如此繁重的任务，就会轻松很多。

确实如此，学会拒绝，就是学会避免将自己卷入一些没必要的麻烦当中；学会拒绝，就可以让自己不受某种道德或人情的绑架；学会拒绝，就是用理性做主，可以少让自己被人牵着鼻子走；学会拒绝，就不会误入歧途，劳而无功。

## 四、学会巧言拒绝，就是学会约束和自律

大千世界，无奇不有。我们每天会遇到的人，并不一定都是和我们有共同语言的人，也并不是我们都乐于交往的人；也有品位极其低下的人，还有些俗不可耐的人。

有些人家境优越，或者继承了大笔遗产，没有必要每天朝九晚五，为生活辛苦奔波。他们有很多的闲暇时间可以消磨在吃喝玩乐当中，每天徜徉于娱乐和游戏中。往往这些人还很少耐得住寂寞，于是到处电话骚扰，不分场合和时机，对你提出种种提议和要求，或者要求你陪他周末自驾游去郊外的农家乐吃吃喝喝，或者邀请你去他家打牌消磨时间，或者提出叫你下班后和他一起去咖啡店喝咖啡。你如果也有这种需要，那另当别论。如果你只是一个普通的上班族，手头还有大量的工作要处理，或者你还有些更健康的业余爱好需要时间去打发、去满足，你就要学会拒绝这些对你来说无益或无聊的寻欢作乐式社交，把时间省下来做些更有意义的工作。

如果你碍于面子，不懂拒绝，每次人家一叫你作陪，你就有求必应地跟着人家，久而久之，你的业余时间就会浪费在这些对自己帮助不大的生活琐事上。最后，物以类聚，人以群分，你就成为这类游手好闲人群中的一员，不知不觉逐渐沾染上这个群体的不良生活习惯，不仅影响正常的工作，而且会养成喜欢享受、不愿吃苦的小资情调。俗话说，由俭入奢易，由奢入俭难。坏习惯一旦形成，改起来就没那么容易了。

如果你懂得拒绝，清晰地划定自己的边界，努力净化自己的朋友圈，时间久了你就会成为一个严谨自律的人，任凭外面风吹雨打，可岿然不动。

韩某在一次周末出门旅游的休闲活动中认识了一位餐馆的厨师，这位厨师由于平常的工资不怎么高，就想凭借业余时间打麻将赢些钱财来改善生活，于是经常邀请韩某打麻将，打完麻将之后还亲自做几样拿手好菜和韩某一起分享。就这样，一来二去，韩某也爱上了打麻将，最后发展到上瘾的程度，每天下班后不打麻将心里就难受。打麻将的不良嗜好不仅耽误正常工作，还让韩某输了很多钱，甚至干出了不惜挪用公款打麻将的荒唐事，最后连工作都没有保住。

只要回头看看韩某堕落的轨迹，就会发现他正是因为没有抵挡住酒肉朋友的诱惑，没有及时拒绝厨师同流合污的请求，而被吃喝玩乐的低级趣味冲昏了头脑，最后不知不觉被人拉下水，最终轻易地放弃了一个普通人应有的良知和责任，也放弃了严谨自律的作风，造成赔了夫人又折兵的人生悲剧。

所以，识人不明，随意答应这些人的请求，而不坚持自己的原则加以拒绝以防微杜渐，后果就会很严重。千里之堤，溃于蚁穴的教训很沉痛，必须谨记。因此，《增广贤文》提出了下列要求：

结交须胜己，似我不如无。
但看三五日，相见不如初。
人情似水分高下，世事如云任卷舒。
会说说都是，不会说无理。

磨刀恨不利，刀利伤人指。

求财恨不多，财多害自己。

知足常足，终身不辱。

知止常止，终身不耻。①

这段话其实告诫我们怎样择友，以及如何抵挡身外之物的诱惑，守住"知足常足，知止常止"人生信条的重要性。一个人不可能画地为牢，活在真空之中。没有朋友，孤灯单影，也会寸步难行。但也不是所有的朋友都会对我们的人生有益。近朱者赤，近墨者黑。结交什么样的朋友，决定了一个人可能达到什么样的高度，拥有什么样的人生。如果结交的是良师益友，我们就会见贤思齐，不断以对方做人的高标准和高品位来要求自己，我们就会于无形中使自己向善向好，受益终生。如果交的是狐朋狗友，则可能沾染他们的不良嗜好，拉低自己的品位，最后变得同流合污、一事无成、失去未来。

当然，我们也不能完全照搬《增广贤文》，只和胜过自己的人交朋友，完全拒绝与那些和自己差不多的或者不如自己的人交朋友。关键在于我们是否可以从这些和自己差不多或者不如自己的朋友身上看到自己的不足，从而反思自己、扬长避短，不断改进和完善自己，避免被那些不求上进、成天游手好闲的人乱了心智，没了底线，坏了事业。

## 五、巧言拒绝，是一种人身权利的捍卫

我们行走世间，必须在法律允许的范围内自觉履行我们的义务，比如赡养老人或父母、抚养儿女长大成人、忠诚并热爱自己的祖国、保守国家秘密、维护国家安全，等等。这些才是我们责无旁贷必须去做，不做就是违背伦理甚至违法的。但我们没有义务不拒绝人家提出的某种无理要求，也没有任何法律规定我们在己所不欲的时候需要压抑自己、违背内心意志去答应别人，也没有任何法规规定我们在己所不能的情况下必须勉为其难地完成别人交给的任务。相反，法律规定人人平等，并且只要我们做出的某种行为，不妨害国家或社会的正常秩序，不侵害他人正当的合法权利，就是合法的。因而，我们如果学会了正当而合理的拒绝，就是对权利和义务做出清晰的区分，实质上就等于捍卫了我们的人身权利。

事实上，合理拒绝的权利虽然没有明文写进国家法律，但它却是一种跟我们每个

---

① 佚名，周希陶．增广贤文［M］．邹斌，编译．北京：线装书局，2010：69.

人的生存与发展如影随形、息息相关的一种权利。合理拒绝的重要性就不言而喻了。

生活中，有些服从是义务，但很多时候，当服从变成了屈从，就会损害我们正当的权利。当服从变成了盲从，还会给我们的人生带来不可逆的伤害。

一位父亲对一名中学生提出要求：你应该辍学去打工补贴家用或者自己挣学费，如果这位学生不懂得拒绝，就等于不敢维护自己正当的受教育权利；一个城市女孩爱上了一位出身农村的小伙子，父母觉得门不当户不对而要求女孩断绝跟小伙子的来往，如果女孩迫于父母的专制和经济的压力不懂得拒绝，就等于放弃自己自由恋爱的权利；当一位耄耋之年的老人因害怕孙辈们排斥自己而答应一个人生活的请求，就是自动放弃老有所养的权利。

现实生活中，如果对他人或朋友的请求或建议，不加审慎思辨就轻易答应或盲从，后果也许不堪设想。我们来看下面的案例：

一位多年从事白酒贸易的大姐，在一次逛街购买服装的时候认识了一个服装店的老板。因为老板店里服装的风格非常符合这位大姐的审美，一来二去，两人相见恨晚，渐渐熟络起来，互相加了微信，老板每次进了新货，就通知大姐来店里试穿。于是，两人见面越来越频繁。这位服装店的老板知道这位大姐的经济实力之后，就萌生了跟她合伙到某地办厂开公司的想法，于是，就向大姐提出了合伙提议。

这位大姐二话没说，就答应了服装店老板的请求，于是开始启动到某地办厂开公司之业务。由于两人都缺乏从事服装生产和研发以及开公司方面的专业经验和人脉，事先也没有做充分的调研和论证，公司成立不到一年，因为各种原因导致资金链断裂，公司难以为继，不得不以亏本差不多一百万元的结果告终。

这位大姐，就因为不懂拒绝而盲从了服装店老板的提议，成了这桩注定失败的合伙生意的共同出资人，几十万现金打了水漂，无法捍卫自己资金的收益权。假如这位大姐事先多考虑评估一下，不感情用事，懂得合理拒绝以维护自己谨慎处置资金、确保一定收益的权利，这样的事情就不会发生，两人也不会由之前的熟人变成"陌路人"，从此不再来往。

一个服装公司的采购员到服装市场去采购布料，忙碌了一上午正准备休息一下吃午餐的时候突然接到一个服装定制店老板的电话："亲爱的，可以帮我花点时间顺便找找深军绿色的全棉针织面料吗？我有个客户想要做一条连衣裙，我把图片还有克重和幅宽等要求发给你。"

采购员深知面料的颜色是很难把握的，深一点浅一点没有一个客观的标准和尺度，于是当机立断拒绝了这位老板：

"亲爱的，我又不是您的客人，我怎么知道她喜欢什么样的深绿色呢？对颜色有特殊要求的客人，您应该让她自己购买布料，否则，就算您跑遍整个市场，累死累活找遍所有的针织面料档口，也很难确保对方满意。"

这位采购员在第一时间准确判断对方请求的不合理性，因而毫无顾忌地拒绝了，捍卫了自己不被他人当作工具驱使的权利。她要是答应了老板的请求，那就得完成"顺便找找"的任务，势必要一家一家地去找针织面料店，只要是深一点的军绿色的面料，那就得都拿一份样布。更重要的是，市场上针织面料的档口都分散在不同区域，她为了争取时间，不能有丝毫的耽搁，中午休息肯定是泡汤了，优哉游哉地吃一顿午餐的安排也得取消。因为档口到点就下班无人了。这一切哪有对方说的那么"顺便"呢？

因此，当遇到他人或同仁朋友甚至是亲人等向我们提出各种要求的时候，我们应该学会三思而后行，理性分析，做出答应或不答应的选择。如果我们心有余力，又心甘情愿，也能救对方于水火之中，这个忙就可以帮；如果我们自己都没有能力，答应了对方还可能导致自己失去很多本不应该失去的权利或权益，那这样的忙大可不必帮。千万不要为了所谓的面子和虚荣，或者为了不妨碍友情、不破坏亲情、不失去爱情而以伤害自己、丧失正当合理的权利为代价，答应人家提出的霸王条款，成全人家的专制要求，勉强维持各种本来就失衡的关系。

我们要在合理和有效的拒绝中捍卫自己的正当权利，以一种自由独立的人格，努力参与并构建一种各自平等、主体间性的人际关系。

## 第二节　"巧言拒绝"言辞技巧的多种解决方案

通过上一节的内容，我们知道了合理拒绝的重要功能。要真正地做到合理且有效的拒绝，还必须懂得多样化的拒绝技巧。因为拒绝即使是合理的，也难免给被拒绝的对方带来因失望而不安或因受挫而难过的心情。如果拒绝不得法或过于直接，言语过于尖刻没有回环的余地，态度过于强硬，都有可能会引起对方的不适、误会、抵触、对抗，从而怀恨在心甚至伺机报复，给自己带来不必要的麻烦。还可能使友情不再、终成陌路，影响社会和谐。因而，学会如何做到既要拒绝别人，表明自己的态度，不使自己吃亏的同时还要照顾他人的面子，不让其太过难堪而心悦接受，做到拒绝了他人之后又不会有后顾之忧，就变得很重要。

因此，拒绝也并不是那么简单易行的事，而是一门高深的学问。下面，笔者概括总结了几种通俗易懂、好学易用且具有可行性的巧言拒绝解决方案。在社交场合，可以根据交际对象提出的具体要求或者拒绝者自身的各方面因素而灵活地选择、设计以及组织出千变万化、丰富多样的拒绝言辞。但不管哪种拒绝言辞，都必须讲究一个"巧"字，只有巧妙地拒绝对方，委婉地拒绝，才可以在开脱自己的同时不至于让对方有受伤的心理感受，才能有效确保人际关系的持久和谐。

## 一、无声语言法

无声语言的拒绝技巧，就是不用具体的口头有声语言直接说出拒绝的话语，而运用身体姿态或某些部位的动作、神情来演示、暗示我们不愿意接受对方的要求或者无能为力做到的事情，或者用其他形式的无声语言代替直接说出"不"的否定性拒绝的交际方法或方式。

记得读大学时，我们的英语老师在课堂上遇到同学们提出的某些问题，如果不愿回答，就微笑着耸耸肩膀，这就是一种典型的表示"无可奉告"的无声语言拒绝技巧。

比如到亲戚朋友家做客，有些人谈兴很浓，正滔滔不绝侃侃而谈时，突然发现坐在一旁的主人借故起身离开不再奉陪，其实这就是主人已经对你不着边际的长篇大论开始厌烦，又不好意思开口叫你停下时常用的一种无声语言拒绝技巧。为达到同样的目的也可以抬起手腕看表，或者用眼睛看墙上的挂钟，意味着"你已经说得太多太久了，我不想再继续听下去了"。也可以故意不小心将茶几上或沙发上的某个小物件碰落地板，借此打断对方的话语。还可以拿起扫帚扫地或转而干起别的家务事，把头转向阳台或望着窗外以表示不合作的拒绝。若是不想马上答应对方的请求，也可以用手指指自己的脑袋，表示需要认真思考一下。

在谈判桌上，遇到想要拒绝的情境，你可以不必开口说"不"，利用身体的无声语言一样可以有效表达"拒绝"的意思。在谈判中，你在倾听对手的提议或方案，当对手提出的观点你无法认同时，你可以摆摆手或摇摇头表示不赞成，也可以将双手交叉放在胸前，表达出你不接受或不认同对方的观点。对手一见你这种动作，就会敏感觉察出你的态度，从而就此打住，不继续发表他的意见了。

还有一种更加简单的无声语言法，那就是默不作声。沉默表示拒绝是约定俗成的。当人家提出某些要求，我们不表示出附和或应承的态度，而选择无声的沉默，也能表示不合作的意思。比如人家写信向你求爱，你如果看不上对方，大可不必列举对方的各种缺陷和不足以激怒对方，直接以沉默表达拒绝就好。如果对方当着你的面表白，你可以用微笑不作声来表示礼貌的拒绝。

当今信息社会，微信成为人们工作和日常交流的重要工具。微信交流也可以运用无声语言来表达你的拒绝。如果对对方的问题不感兴趣，我们可以选择沉默或发个不相干的表情；如果已经很晚，到休息时间了，对方还聊兴不减，可以发个"蓝月亮"的表情暗示对方该睡觉了。

有时候，装聋作哑也是一种重要的无声语言法。对于某些人提出的故意刁难性问题或要求，无论何种回答可能都会陷我们于尴尬之中。这时最好的拒绝方式就是装聋作哑，以一种"我没听见"的方式表示出"我不生气"的态度，是一种宽容和智慧；或者以一种"我说不出话"的方式表示出不跟对方一般见识的轻蔑，可以起到一种"此时无声胜有声"的交际效果。

装聋作哑，还可以避免对抗情绪的升级，可以化解对方的话语图谋。有些人有时候故意设陷阱为难我们，如果我们正面反击，就有可能落入他们的话语圈套。相反，如果我们装聋作哑，不予理会，任凭对方怎么挑衅，怎么兴风作浪，我们都保持沉默，对方也会陷入无可奈何的境地。事实上，在这种情况下装聋作哑，不仅可以展示我们沉着的心境、冷静的理性、优雅的风度，也能让对方感知到我们凛然拒绝的态度。

在某些商务性的谈判场合，当对方的说辞不小心出现常识性错误时，也应该学会装聋作哑，而不是当面拒绝接受对方的说法，否定对方的错误或者立即给予纠正让其脸上无光。下面的案例就是因为不懂装聋作哑的无声语言拒绝技巧而导致的交际失误：

客户经理："近年来，我们特别重视新产品的研发和已有产品的推广。与我们有合作意向的公司也越来越多。我们也经过了认真的调研和比较，最后才决定跟贵公司合作，是因为贵公司在行业内的排名和口碑都还不错。上市以来，我们公司的经济效益以每年四千多万元的速度在增加。"

小陈："哎，经理。你错了吧？你刚刚是说你们公司经济效益以每年四千多万元的速度在增长吗？企业经济效益应该是指企业的生产总值与生产成本之间的比例关系。利润是生产总值与生产成本之间的差额。可见，利润是一个绝对数，而经济效益是一个相对数。你的说法不合常识。企业利润增加，并不一定意味着经济效益的提高。只有在成本一定的情况下获得更多的利润才是经济效益的提高。企业经济效益的高低取决于两个方面：一个是利润总额，一个是生产成本。在这里存在三种可能的情况：如果利润增长幅度大于生产成本的增长幅度，这说明经济效益提高了；如果是同比增长，则经济效益不变；如果利润增长幅度低于生产成本的增长幅度，则说明经济效益降低了。"

客户经理（脸上由晴转阴）："不好意思，那就先到这里。"

上述案例中，客户经理也许是得意忘形或一时口误错把利润说成效益了，也许是真的不懂效益和利润的区别。不管怎样，在公开的谈判场合，小陈都不应该当面拒绝接受他人的错误说法，何况这样的错误跟谈判本身关系不大。面对这样的情况，装聋作哑，当作没听见就好了。像小陈逮到对方的错误就急切地直言不讳地指出来，还没完没了地解释，这样的自作聪明会被对方视作好为人师、故意挑刺外加刻意讥讽。把谈判对象的心情都弄得不愉快了，哪里还能争取谈判成功的机会呢？

下面是著名的丘吉尔巧用装聋作哑的无声语言法拒绝的典型案例：

1953 年 6 月，年已 79 岁高龄的英国首相丘吉尔到百慕大参加英、法、美三国会议。他以自己年事已高为借口，时常装聋，在需要回避的问题上就装作没听见，不予回答。而在他感兴趣的问题上则与美国总统艾森豪威尔和法国外长皮杜尔讨价还价，使与会者颇感头痛。艾森豪威尔幽默地说："装聋成了这位首相的一种新防卫武器。"①

丘吉尔能够从自身所代表的英国国家利益出发，去分辨会议中的各项问题。需要回避的问题，他没有针锋相对或直言拒绝，而是巧妙地装聋作哑不予回答。这正是外交场景中特别需要的一种非常高明的谨慎外交策略。装聋作哑的拒绝法，既可以避免同他国发生正面冲突，不至于在国际舞台上树敌太多，也为后续本国面对、思考和解决这些比较棘手的问题赢得了时间。

## 二、顾左右而言他法

对方提出某种要求，我们不想满足，也可以有意识地采用顾左右而言他的方法巧妙拒绝。顾左右而言他，就是在对方提出要求后，我们先不表示答应或不答应的明确意见，而是故意引入跟对方要求不相干的另一话题来与对方讨论。用这种方法可以有效地占用需要做出答复的第一时间，还可以为自己的拒绝做出令对方一时难以察觉和发现的掩护，逐步减弱对方急于求成的心理，等到对方明白过来的时候，即使捕捉到我们拒绝的态度，也不会产生明显的对抗情绪，因而可以维持双方原有的关系，不至于把场面弄得很尴尬。因为我们并没有直接严词拒绝。

一位名叫宫一郎的青年去拜访广源先生，想将一块地卖给他。广源听完宫一郎的陈述后，并没有做出"买"或者"不买"的直接回答，而是在桌子上拿起一些类似纤维的东西给宫一郎看，并说："你知道这是什么东西吗？"

---

① 张恒杰，张西萍，梅生贵. 国际商务谈判要略 [M]. 北京：东方出版社，1994：178.

"不知道。"宫一郎回答。

"这是一种新发现的材料，我想用它来做一种汽车的外壳。"广源详细地向宫一郎讲述了一遍，谈论了这种新型汽车制造材料的来历和好处，又诚恳地讲了他明年的汽车生产计划。广源谈的这些内容宫一郎一点也听不懂，摸不着头脑，但广源的情绪感染了宫一郎，他感到十分愉快。①

这个案例中，广源就巧妙地运用了"顾左右而言他"的拒绝技巧。他在宫一郎进门拜访提出卖地请求的第一时间，没有做出斩钉截铁的拒绝回答，也没有做出端茶送客的无礼行为。如果那样，就会给宫一郎一种碰了钉子的挫败感，会让他因被直言拒绝而羞愧万分或失望不已。这些消极情绪积累起来对两人都没有任何益处。广源先生敏锐地舍弃了那样的拒绝，有意识地随手拿起手边的新型材料，饶有兴趣地和他分享自己来年的生产计划，通过这样"顾左右而言他"的插曲式播放，既占用了对方说服自己买地的时间，也消除了对方失望的消极情绪，同时还暗示自己对买地没有兴趣，不能不令人叹服。

很多场合，我们都可以运用这样的方法来有效拒绝那些不想答应的请求或提议，或者自己觉得没有必要回应的话题或诉求。

小杨去参加一场大学本科毕业20周年的老同学聚会。20年不见的同学，有的已身居高位，有的事业有成，有的爱情美满、家庭幸福。比起这些昔日的老同学，小杨就逊色很多了，不仅工作上没什么起色，连对象也一直没谈成一个。席间觥筹交错之际，对面一位昔日的同桌春风得意，问他："老兄，现在过得可好？嫂子是干什么行业的？"小杨一听，自惭形秽，不想说出心中的实话。于是他回答同桌说："我们20年不见了，记得做学生时，我还去你家玩过，不知现在你爸妈身体还好吗？"

小杨的拒绝很巧妙，为了避免正面回答对方提出的问题，不将自己彼时的困窘和盘托出使自己处于尴尬之中，他顺手亮出"顾左右而言他"的拒绝高招，把话题转向回忆学生时代曾经到过这位同学家的故事，接着以询问对方父母是否身体健康的话题，非常自然而不着痕迹地回避了对方的问题。对方自然也心领神会，不再纠缠这样难堪的话题。

## 三、"明里肯定，实则否定"法

有时候，对方向你提出合理需求或看似合理的提议、请求或期望，但是你却没有

---

① 孟琳. 说话心理学［M］. 北京：煤炭工业出版社，2018：75.

能力或者主观上不想答应帮忙，这时，我们又必须学会巧言拒绝的另一种方案，那就是明里肯定，实则否定。

为什么要明里肯定呢？因为肯定可以稳定对方的情绪，可使对方在相对平和的心境和感受中继续听完下面的话语，不至于一开始就黑脸包公一样地回绝，导致有些心态不好的人很难接受突如其来的严词拒绝，一方的冒失和另一方的不谅解或勃然大怒都极有可能引起双方正面冲突。说穿了，"明里肯定"是手段或技巧，"实则否定"的拒绝才是目的。前面的肯定是为了最大限度地延缓对方因接受拒绝信息而产生的失望，或者是为难以避免地带给对方失望情绪提供一些额外的心理补偿。在相对舒缓柔和或婉曲的表达中表明自己的拒绝态度，对方相对容易接受。

这一技巧言辞组织的大致思路是：先肯定，然后用"但是"句子转折表达出你的否定性意见。肯定部分的内容可以是与所提要求相关的能力、学识或态度，或者是对方提出的要求本身，抑或二者同时肯定都可以。下面举例说明：

一个搞研究的学者向他的同行借书，同行不愿意借给他，这要是直接说："我的书怎么可以借给你呢？我也是搞学问的哦。"这样效果就可能使对方很尴尬，于是他说："你博学勤读，确实很好，我也非常欣赏你做学问的钻研精神，你来向我借书，也合情合理。但抱歉，这书，我也正好在用。"

上述案例同行使用的就是"明里肯定，实则否定"的方法。先对从借书这件事体现出对方的钻研精神进行肯定，后对借书本身表示理解，认为合情合理要求不过分，然后用转折句表达自己拒绝的理由。这样一来，对方就会更容易接受。

柳明的好兄弟周密打来电话邀请他一起自驾游去附近的水库钓鱼。柳明因为要陪孩子去游泳，没法答应他，于是对他说："周密，好主意呀！周末驾车去水库钓鱼，很休闲、很有格调，也很诗意浪漫，你的提议确实不错！可是，我家小不点那么小，还迷上了游泳，我不陪她不行呀。"周密一听，连忙说："没事没事，兄弟的错，只顾着自己的爱好，没有替你着想了。"

如果柳明接到周密的电话就直接拒绝他说："你不知道我周末要陪孩子游泳吗？"用这种反问的责备语气拒绝他人，可能对方会接着说："我怎么知道你要陪孩子去游泳呢？"或者说："你不去就拉倒，没必要指责我吧？"这样，两人的关系就会弄得很僵，还会令周密很难堪。柳明先肯定周密的提议是个好主意，并赞美了他一番，对对方的提议表示肯定，后面紧接着又说出自己不能奉陪的客观原因，这样的拒绝效果就好很多。

使用明里肯定、实则否定的拒绝技巧，一定要注意否定的时候，最好可以附加说出客观的理由，表达出拒绝原因非自己的主观意愿。这样的拒绝更能求得对方的谅解，也能最大限度地减弱对方的不满情绪。

下面我们再举一例：

陆羽因为疫情，已经整整两年没有回老家了。2022 年 12 月防控政策刚放开的时候，妹妹就打来电话，恳切希望姐姐春节一定要回家看看。陆羽考虑到新冠疫情还未结束，若贸然回家，说不定会增加感染的风险，再加上她想趁寒假把跟出版社签了合同的书稿完成，于是回电说："小妹呀，老姐几年未回老家了，未能在爸妈的膝下尽孝，也没机会和兄弟姐妹们好好聚聚，确实如你所说，今年春节应该回家看看，否则，就很不近人情了。但是，你也知道，老姐因为身体原因，不能注射疫苗，这时回家，很可能增加感染风险，还有书稿没完成，等忙过这阵子，我立马找时间回来吧。"

陆羽接到妹妹电话要求回老家看看，这个要求合情合理，本来自己没有理由拒绝，但是，有客观原因无法立刻动身成行。于是她选择先肯定后否定的拒绝技巧，把话说得暖心而人情味满满。妹妹听了这样的话，也觉得合情合理，不好意思说什么责备姐姐的话了，只能理解。

## 四、延宕法

兵法上有一种计谋叫缓兵之计，意思就是暂缓发兵，等抓住有利战机之后再发兵，可以争取胜算的机会。我们也可借鉴这种缓兵之计设计有效的拒绝言辞。

延宕法就是在对方提出请求后，不必当场拒绝，可以采取故意拖延或延宕处理的拒绝方式来应对。延宕法经常用到的语言有："这个呀，回头再说吧""近来很忙，等过一阵子再讨论如何""回去等消息吧""这个问题，我们研究研究再决定吧。"

我们经常需要与各种行政职能部门的办事人员打交道，有时候，我们提交的某种书面请求，人家觉得不合规则办不了或者不愿意考虑，就会对你说："这个问题嘛，我们再研究研究吧。"一般来说，能办的事情就应该立马办了，一旦需要研究研究的事，十有八九是没法办成的事。当然，也有一种情况例外，说需要研究研究也可能是人家想看看你的态度，能不能坚持，有没有决心或者懂不懂得求人办事要有所付出。这时，我们还需要判断这件事是否在人家的职责范围之内，也要了解该办事员的人品德行等，以便对这句话的潜在意思做出准确判断。假若对方平时作风严谨，只是想考验你有没有办成事的决心，那就过一段时间再跑一趟去找他办；如果这个人平时就喜欢滥用职权为自己捞好处，那就不要寄希望于他，找找别的渠道解决；如果这件事不合规则，人家就是不能给你办，你就没必要傻等了。所以求人办事也要做功课，要不然，遇到被人拒绝时就会一头雾水，难以成事。

延宕法也可用在拒绝突如其来、没有准备的情况下，对方提出的不合理要求或者一时难以回答的问题。

周三第二节课下课后，一位学生走上讲台，向周老师提了一个与课程内容没有关系的问题，周老师由于没有准备，不好正面回答，于是，他对这个学生说："这个问题嘛，你可以先加我微信，等我课间先休息一下有空再谈。"

这样的拖延拒绝技巧，没有当场拒绝学生，避免给双方造成尴尬，既保持住了老师的尊严，也可以给自己赢得准备问题的时间，比起那种一时语塞，回答不出或者反问对方"你这是什么问题？"抑或实话实说"我现在无法回答"的效果都要好很多。

有时，别人会提出一些很荒唐的无理请求，这时，我们可以运用这种类似冷处理的延宕法加以拒绝。棘手的事情就在暂且不谈中冷却了，对自己对他人都不构成实质性伤害。比如对方请你画一张时装的设计图，你明明知道自己是不能答应对方的，自己的设计怎么可以随便画在纸上给别人呢？于是，你就可以这样说："这个问题呀？我考虑一下吧。"

一般来说，考虑一下就是回避问题、表示拒绝的意思。凡是需要考虑的问题，那就真成了难以解决的难题。打官腔的领导也会经常会采用这种拒绝方法。

刘兰的好朋友向她开口借钱："刘兰，可以借给我5000元应应急吗？"刘兰当时刚刚将这个月的工资给孩子交了舞蹈班的培训费，手头也很紧张，但好朋友也是头一次向她开口借钱，于是，她说："你可以等等吗？等到下个月我发了工资再借给你吧。"

遇到上面的亲戚朋友需要借钱的情况，如果我们自己也囊中羞涩、捉襟见肘，除了用上述刘兰说的话语拒绝之外，也可以这样说："不巧，我目前手头也很紧张，你给我一段时间，我帮你想想办法。"

一般朋友都是急用钱才开口的，当你用这样的延宕法拒绝之后，对方就会敏感地知道你可能确实因为经济紧张一时拿不出来，或者是不愿借钱给他。无论是哪一种，对方都可以接受，因为你没有说不借给他，只是表明满足他的要求需要时间。

居委会主任老王召开小区居民大会，主要议题是传达上级关于冬季防火安全隐患排查问题。会议进行不到一半时，主任安排大家讨论可采用哪些具体的排查方法。这时一个独居老人站起来向主任说："主任，我的两个儿子进城打工都快五年了，他们一直都不回来，我买米买菜都快没钱了，您是不是可以先帮我解决一下呢？"主任听老人这么说，觉得事关重大，但是也没办法立马给他解决。于是，主任对老人说："老爹，这事确实重要，但我们今天的会议内容主要是讨论如何排查防火安全隐患的问题，您的问题我记下了，容我会后帮您想想办法，看如何妥善解决吧。"老人听了，也不再坚持主任先解决他的事了。

这样的延宕拒绝技巧，显然比当面拒绝，给老人心头泼凉水要好很多。要知道，这些独居老人本来就因为得不到亲人的照顾而感觉亲情如同虚设，如果主任再不答应给他想办法，本已破碎的心可能再也经不起这般冷漠的对待，他们很可能因绝望而抑郁甚至走向轻生的不归路。可见，巧妙的拒绝，不仅可以解决交际难题，有时候还能避免或预防某些社会悲剧的发生。

当我们察觉到对方提出的建议有些过分或明显无理时，我们不妨如此说："哦，我再和朋友（或家人）商量一下，你也可以想想别的办法，过几天再决定好吗？"几天之后，也许对方自己意识到你可能有什么难言之隐不方便帮忙，因为你没有直接驳他的面子，对方也不至于对你有很大的不满或怨言。

如果对方的提议，你觉得需要谨慎考虑之后再决定，或者还须进一步认真调查、考察和论证，抑或你出于对自身利益的考虑压根没法答应，那么你可以向对方展示你想要考虑的内容，需要时间来权衡利弊。这种延宕拒绝技巧，使双方都留有余地和时间来仔细斟酌和慎重考虑。可以避免因冲动或考虑不周而盲从别人，使自己受损。也许在这段时间内，对方已经找到了其他解决方案，这意味着你拒绝成功。这样做也不至于让对方太过失望，还能维持既有关系。

小张的远房亲戚找到他，想和他一起投资合伙承包一个农场。还跟他说了很多可能盈利的因素，但小张是一个做事比较稳重的人，他不想轻率地答应亲戚，于是对亲戚说："不急，缓缓，我需要认真考察求证一下这事可不可行，然后再给你答复哦。"后来，这件事就此搁置，两人关系也没有因为这事而破坏。

小张的亲戚也明白求人合伙，是要人家从腰包里掏真金白银的事，也不好勉强别人，毕竟自己也不能保证投资就没有风险，也不好让人委曲求全地答应。因此，对方虽然没有当即答应，但话说得很在理，他也能理解。

## 五、找借口法

找借口的拒绝法，就是当事人以非真正理由或假托理由来拒绝对方，找借口可以顺理成章地开脱自己应当承担的责任，而避免伤害对方或尽量减少对方对自己产生不满心理。社会交往中，有些请求，如果我们找借口来拒绝，言下之意就是在向对方表明：拒绝你并不是我主观上不愿意，而是有客观原因导致的。这样的拒绝使对方不会把被拒绝的失望迁怒于我们，也不好怪罪于我们，只好悻悻作罢。

　　晴天和冬冬是高中阶段的一对男女同学，又一起考入某所大学，平常也经常在一起讨论学习问题，也一起上图书馆，有时候还相约一起回家，时间长了，晴天就觉得冬冬对他跟其他同学不一样，于是自作多情起来，等到大三下学期的一天，他找了个机会向冬冬表白了："我们也认识很久了，你应该也不讨厌我，我们干脆做男女朋友好了。你觉得如何？"可冬冬一直以来只把晴天当作自己的同乡和同学，而且这么多年的交往和观察，冬冬觉得晴天做好同学和好朋友没问题，但是要做男女朋友就不怎么合适，于是她说："我们现在正处于人生的十字路口，我还想着要考研继续深造呢！所以这个问题就暂不考虑了。"晴天听了，也不好意思强求。

　　冬冬非常得体地运用找借口的拒绝技巧回答了晴天的请求，假如她直接拒绝他，并如实告诉他自己觉得对方不靠谱，势必伤害对方的自尊心，可能还会引起对方的反感甚至嫉恨，最后可能连朋友都做不成了。

　　运用找借口法拒绝他人，其实就是为拒绝找到合理而充分的理由。当然借口不能随便找，假如借口明显虚假或者不充分，也达不到有效拒绝的目的。那么我们究竟应该如何找借口呢？而且，借口有时也不是静静地躺在你的手边，可以让你拿来就用的，这就需要我们发挥自己的主观能动性，多动动脑筋，没有借口就想方设法制造借口。这也不失为一种生存智慧。

　　如果对方来势汹汹，势在必得，要求我们满足其某种需求，我们此刻又无法满足，一时还想不出合适的借口，这个时候，就需要花点心思。这种情形就如同我们遇上洪水猛兽，对方貌似强大，但只要我们冷静下来，从战略上藐视他，将其当作只能肆虐一时的纸老虎，抱着无畏的态度对待，就没有什么解决不了的事情。洪水来了，我们就想法往高处走；猛兽来了，我们就想法找工具跟它对抗，或找隐蔽处藏身。我们总可以从彼时彼地的周围环境中找到出路，而不是傻傻地束手就擒。要摆脱他人毫不相让的纠缠，也应该学会自己给自己找出路。

　　日常生活中，当我们被某些人缠上，处于难以脱身的窘境时，也可以有效利用周围环境中的有利因素，制造合理的借口，使拒绝理由变得名正言顺。

　　分管学生工作的高主任有一个朋友叫秋霞，是一个自由职业者，总是好为人师，找人聊天时总是喜欢分享她闲暇时道听途说的各种生活小妙招和故事。一个周五的下午，秋霞打电话到办公室找高主任："老朋友，下午有空吗？我去找你。"高主任那天正好手头没什么重要的事要做，于是在电话里说："我刚忙完手头的事，你有空就过来吧。"放下电话，高主任才想起秋霞可能又是要来找自己传授生活经验了，可是，已经答应她了，也不好反悔了。半个小时之后，秋霞准时出现在高主任的办公室。她立刻坐在旁边的位子上，一边拿出手机，一边眉飞色舞地跟高主任分享她收藏的各种生活小视频。其实，这些没几样是新鲜的。差不多刷了一个小时的小视频后，高主任受不了她了，想提前离开，又因为之前说过自己手头的事已经忙完了，如果提前离开，很可能引来对方的不快，使两人产生隔阂，对友情的维持会有所影响。

但是，高主任实在无法忍受秋霞的唠叨。于是，她借口到楼下办公室找茶叶烧水泡茶，跟另一个同事说："你大约10分钟之后拨通我手机，说学生处领导找我，有重要事情处理。让我放下手头的任何事，即刻动身前往。"之后，她返回办公室继续陪秋霞聊天。10分钟之后，高主任接到同事电话，她故意放大声音道："什么？学生处领导叫我即刻去？可是，我这里来了一个好朋友，我正跟她谈重要的事呢。哦，必须去？那我跟我朋友说明一下。"高主任放下电话，不好意思地对秋霞说："老朋友，你也听到了，领导找我有急事，你也难得来一次，要不你等我回来？"秋霞连忙起身拍拍衣服："老朋友，你是主任，办事要紧，我就不等了，下次有空再聊吧。"

这样的借口理由很充分也不显做作，当然更重要的，还有礼有节，既不得罪朋友，还能达到自己的目的。

王老板在家里接到公司秘书打来的电话，说有个客户怒气冲冲地来到公司投诉公司产品质量有问题，售后也解决不了，威胁秘书说如果今天不让他看见老板他就不走。王老板说："你告诉他，我现在在外地出差，正忙于跟客户签合同的事，有问题等我回来再处理吧。"

面对客户咄咄逼人要见老板的要求，王老板在家，显然没法满足，但他也没有正面拒绝，而是以出差在外正在跟客户签合同的客观理由拒绝，从而有效避免跟对方正面对抗，也为双方冷静处理这件比较棘手的纠纷赢得了充分的时间，还不失老板的优雅风度。

在日常生活中，我们可能经常用到这种找借口的拒绝方法。比如你周末早晨在超市购物时与一位朋友不期而遇，她顺便邀请你下午一起逛街买衣服，可是你又不太愿意陪她一起去。为了不得罪她，你可以指着购物篮的水果对她说："可是我已经跟同事约好下午一起去医院看望一个老领导。这不早早上超市来买水果了吗？"你也可以假装打开手机备忘录查看下午的日程安排，不管你看到了什么，都可以以一种遗憾的口吻对她说："哦！我本来很想陪你一起去的，毕竟我们很久没一起逛街了，但是我记得我好像还有老妈交代了很久的一件事没做，她老人家的事再也不能拖下去了，只好当你的逃兵了，等我有空时再陪你吧，不过，还是很感激你，还记得我这个朋友。"

这样拒绝的话，听起来也是毫无破绽的。人家即使知道你是在找借口，也不好意思迁怒于你。

由此可见，只要我们动动脑筋，从彼时彼地的交际情境中也可以发现为我们的交际技巧运用服务的丰富的言辞素材。只要我们事事留心，办法总比问题多，没必要委曲求全，违心答应自己内心不想干的事。

## 六、示弱法

有时，如果找不到其他合适的理由拒绝对方，也可以运用示弱法进行回避。示弱有时可以通过故意展示自己的无能或软弱，来反衬对方的强大和能干，还可以激发对方珍惜和保护弱者的潜在心理，将自己不愿意承担的责任或义务推给对方。示弱也可以故意把自己的缺点或不足夸大，让对方改变对自己的看法，对自己失望，从而主动放弃与自己合作或者接近自己。这也是一种有效而不显突兀的拒绝技巧。

学会变得软弱也是一种巧妙的拒绝方法。现实生活中有很多人都倾向于展示自己的强大，羞于在他人面前示弱。其实，示弱也是一种生活智慧和理性成熟的表现，适时地示弱，可以更好地回避吃苦受累，也可以巧妙地回绝那些你不喜欢的人和事。

有一对夫妻，妻子有时候不愿成天待在厨房炒菜，想让丈夫也体验一下做饭的辛苦。当丈夫安排今天吃什么的时候，她回答他说："这个菜我一直掌握不了合适的火候，做出来的味道总是差那么一点。还是你的技术比较好，要不你亲自来吧。""好，那就尝尝我的手艺吧。"

妻子略施小技，就不露痕迹地成功达成自己不下厨的目的。这样的示弱法火候掌握得特别好。

示弱法也适用于一方向另一方求爱或表白的交际场景：

兴子找对象要求一直都不低，三十多岁还没结婚，他母亲好不容易托人给他介绍了一个各方面条件都很好的姑娘，交往了几次，兴子决定主动追求这个姑娘，可姑娘也很挑剔，也不想这么草率就答应他。兴子兴致勃勃地向她表白："我情不自禁地爱上你了，我决定加快速度，一定要追上你！"

没想到姑娘却说："你还不了解我吧，虽然我的学历高，可是我的生活技能很差，我不会做饭菜。虽然我长得不错，但是我一点也不温柔。虽然我的工资高，可是我不爱收拾家务，家里总是凌乱不堪。这样的我你还要继续追吗？"

兴子听她这么一说，也不说什么了。

这位姑娘就是运用故意贬低示弱的技巧，从而把爱与不爱的选择题留给对方自主决定，有效地拒绝了兴子的求爱，同时还能让对方心平气和地接受。

示弱法也可以运用在职场。适当地示弱，可以避免枪打出头鸟的厄运，也可以中和性格上的强势和锋芒毕露，既能因低调谦和而拥有好的人缘，也能规避他人将不公平的工作任务安排给你。

方明刚到一家新公司,他的直属上司就把一个棘手的工作任务分配给他。聪明而稳重的方明没有正面反对领导的安排,只是说:"谢谢领导对我的关照和信任,只是我是新人,可能没什么经验,对工作也不怎么熟悉,这么重要的任务我要是完成不好,可能会影响整个公司的业绩和荣誉,给大家造成不可估量的损失。领导您看看是不是重新考虑一下?"领导听他这么一说,觉得也很在理,就取消了安排,把这工作交给公司的老业务员了。

方明在这里也有效地运用了示弱法,将自己不愿接受领导安排的理由说成可能因为自己经验不足而使公司利益受损,这么利益攸关的示弱说法,令领导不得不考虑自己的安排是否合理,以及由此发生的后果由谁来承担的问题,慎重考虑后不得不收回成命。

## 七、分析弊端法

如果我们在工作或日常生活中遇到对方提出的明显带有剥削劳动力性质或妄图免费使用服务的具有鲜明功利目的的不合理要求,我们可以采用"分析弊端"的拒绝技巧。

王老师有一天下午请他同事帮他到一个国外网站上搜索做课题的资料,没想到同事毫不客气地对他说:"这件事本来就是你的,你现在交给我,不是不能做,而是我做了,下次遇到这事你还是不能做,那么你怎么学会呢?"

同事面对王老师不懂国外网站搜索资料的方法,也不愿意花时间自己弄懂,只想轻松地获得他人无偿帮助的情况,没有委曲求全地答应,而是毫不客气地拒绝了他。拒绝言辞中还分析了王老师这种心理和行为的弊端,非常理性地表达出自己这样做的良苦用心,只是希望对方要靠自己想方设法解决这些技术性的难题,而不是自己躺平做甩手掌柜,把工作任务轻松打发给他人完成。王老师接收到这样的拒绝信息之后,也会自惭形秽,自觉不好意思,同事间的关系也不至于因为这样的拒绝而难以为继。

笔者的一位学生,因选修了笔者的一门课而加了微信,于是,经常提出各种问题。其实,学生问老师问题倒也是勤学好问的一种表现,所以笔者每次都不惜花费很多课余时间认真准备一一回答。可是,后来发展到每次她写的那些微型小说和豆腐块文章,都发给我,要求我给她提出批评意见,期末考试之前,还要求我为她整理学习笔记和考试重点,我毫不犹豫地拒绝了她:

"小旭同学,整理学习笔记是你每次课后自己应该消化完成的学习任务,你现在把它推给老师，老师并不是不可以帮你的忙，但如果这些都让老师给你完成，你自己怎么深入领会那些知识点呢？不领会那些知识点，你又如何进步呢？"

笔者发现这位同学对老师的依赖心理后，果断地运用分析弊端的方法设计了拒绝言辞，清楚地指出了学生企图回避正当学习任务的错误做法，也让学生感受到老师循循善诱的善良愿望，效果不错。

分析弊端的拒绝法也常常被家长们运用在对那些不事稼穑、不下苦功却擅长啃老、对父母提出各种无理要求的孩子身上。

豆豆上幼儿园的时候，看到他的那些同学们每天书包里都装着各种好吃的零食和水果，回到家里，就要求妈妈也让自己带零食去学校。妈妈对他说：

"豆豆，你知道妈妈为什么不给你的书包里装零食吗？因为吃零食是一种很不好的习惯，零食吃多了吃饱了，正常的一日三餐就不吃或少吃了。这样，正常的食物营养就不能得到满足了，你还怎么长高长大呢？经常吃零食，零食中的各种食品添加剂比如香料呀，色素呀，防腐剂呀，还会危害你的身体健康。你应该不希望生病受苦吧？"

"那好吧，妈妈，我不要吃零食了。"豆豆听到吃零食会影响长高长大，还会生病，害怕了，于是不再坚持自己的无理要求。

妈妈认真地针对孩子的接受心理，温柔和蔼地给豆豆分析了吃零食的几个弊端，成功拒绝了豆豆带零食去学校的无理请求，还顺便向他普及了一些有关饮食健康的科学知识。假如她只一味地反对或训斥责骂孩子，而不进行解释和分析为何不让带零食，豆豆可能会产生妈妈不爱自己的错觉，会生出失望、委屈或对抗等各种消极心理，不仅无助于学习和健康成长，久而久之，正常的母子关系也会生出隔阂。

## 八、替代补偿法

替代补偿法，指的是我们在拒绝他人对我们提出的某项要求的同时，又提供一种替代方案或答应帮对方完成另一件事来作为补偿的拒绝方法。替代补偿法又包含两种具体的方法：献可替否法和换事补偿法。献可替否是指帮对方找到其他可以完成任务的人或者帮对方想一个解决问题的其他方案；换事补偿则是自己答应帮对方做另外一件事来作为不能答应对方提出的特定要求的补偿。无论哪一种，都能起到减少直接或冷漠拒绝可能对他人造成的伤害。

献可替否，作为一个成语，本义指提出切实可行的方法，废弃不可行的方法，是古代臣下对君主提出谏言，劝善规过、议兴论革时经常用到的一种方法。这里借用来作为指称社会交往活动中一种行之有效的拒绝方法。

大禹治水，讲究疏浚，避免堵塞。待人处世，也要学会这种善于疏浚的交际技巧。当他人向我们提出请求时，大多数都是自己无能为力而把希望寄托在别人身上，希望得以摆脱困境或有人能拉一把。这时，如果正好碰上我们自己也无能为力，实在帮不上忙，我们可以试着帮对方想想其他办法，疏通一下，避免添堵。这样即使我们最终没能帮上对方，也因表达了自己的善意、关怀和爱心，而留给对方一种温暖友好的印象。假如你抽不开身，实事求是地讲清自己的困难，同时热心介绍能提供帮助的人，也能化解对方的失望情绪。这样，不管是找个人代替你来帮对方的忙，还是你帮对方想方设法做点什么来减轻他的焦虑或解决他的问题，都可以消除对方被冷漠拒绝的失望情绪。这样，对方不但不会因为你的拒绝而失望、生气，反而会对你真诚的关心、帮助表示感恩。

有时候，待人处世，最忌讳的就是用二元对立的思维模式来思考问题。很多时候，遇到别人有求于自己，不应局限于"帮"和"不帮"这样二元对立的应对思维，往往在"帮"和"不帮"之间还存在很多可以选择的能够折中或调和的其他方式。献可替否和换事补偿就是行之有效的巧言拒绝的具体解决方案。

我们先来看运用献可替否拒绝法的案例。献可替否拒绝法就是不当场拒绝对方提出的要求，而给对方完成任务提供替代人选或者提供可行性替代方案。

先讨论提供替代人选的拒绝法。提供替代人选就是别人要求你做的事，你做不到或不愿帮忙的时候，可以找其他愿意或者可以帮到他的人来提供一种替代方案。

林师傅过去几年一直担任陈教授家庭电脑的日常维护工作。有一天，他接到陈教授的电话，反映打印机打出的文件突然不清晰了，要求他抓紧时间去修理。当时林师傅正好在外地采购电脑耗材，于是，他说："陈教授，不好意思，我到外地了，所以你的要求就爱莫能助了，这样吧，我叫我认识的一个技术很好的兄弟过去帮你检修，我让他联系你，可以吗？"

陈教授连连说："谢谢，那就叫他联系我吧。"

林师傅在客户有了燃眉之急之时，不是用客观原因简单拒绝，而是设身处地为客户着想，马上推荐可以完成任务的替代人选。陈教授在对他提出请求之后听到这样的话语，心中倍感温暖和亲切，觉得多年来对林师傅的信任没有付诸东流，即使对方没能亲自帮忙也无所谓了。对于林师傅来说，也凭着这样的拒绝技巧，得以继续稳定和维持着经营多年的来之不易的客户关系。

再举一例：

一个哲学系毕业的研究生，打电话给母校的一位著名哲学教授刘老师说："刘老师，您可以给我写封推荐信吗？"刘教授一般不轻易给学生写推荐信，于是回复这个学生说："我不太了解你在校的表现情况，不过，我觉得你可以去找一下钟教授，他是你的论文指导老师，更适合来为你写推荐信，而且他之前推荐的几个学生现在都找到了好的单位。你去找找他，他肯定会帮你的。"

刘教授虽然没有答应给学生写推荐信，但是为他提供了可以替代的人选，并且提供了一些非常重要的信息。这样的拒绝言辞也不会给对方留下坏印象，因为刘教授表达了他的善意和帮助。

下面是提供可行性替代方案的献可替否拒绝法的典型案例：

有一次，侄女的小儿子——益益，推着他的带轮玩具筐在客厅跑来跑去，里面有汽车模型、积木、变形金刚等，这时，我逗他："好益益，你的玩具可以分一个给姑婆婆玩吗？姑婆婆很久没玩过玩具了。"没想到这个小家伙随口就说："姑婆婆你去看看，我的房间里还有很多其他玩具。"

话说完，大伙都叫他"小精明"，并夸赞他"小家伙真会说话"，明明是他不想把玩具让给他人玩，却没有直接说出拒绝的话，还想到了一个替代方案：叫姑婆婆去他的房间看看，意思是"你只能拿其他的玩，这些是我最爱玩的，怎么能给你呢"。有时候，小朋友会运用我们大人都可能想不到的拒绝技巧。益益的献可替否法拒绝技巧，没有得罪姑婆婆，姑婆婆也没有要到他的玩具，还能维持一团和气，也不会难堪和尴尬，实在很妙。

如果你不想答应对方要求你做的事，一时也找不到可替代人选或可行性替代方案，又不想对方带着落寞的心情而归，不妨帮对方做其他事以代替他请求你做的事，以此来推脱和补偿，这就是上文提到的换事补偿法。

如果你的好朋友小明请求你晚上跟他一起看电影，你不想去，想拒绝的时候，试着这样对他说："小明，不好意思，晚上跟你一起看电影，恐怕有难处，可是，如果你因为看电影而没时间洗衣服，我倒是可以帮你完成。"

再看一例：

一位知名作家，在国外获得某项文学大奖后，该国的读者都纷纷打电话，要求面见这位大作家，可是作家却觉得没有必要一一见面，这时他说："感谢各位的盛情，虽然不能一一见面，但你们每人可以得到一本我签名的获奖作品，见书如见人吧。"

这位作家面对国外读者一一见面的要求，确实心有余而力不足，但是他也不想在读者心目中留下高高在上、不亲和的坏印象，那样对自己作品在国外的传播也有害无益。于是他选择以赠书的方式来补偿他不能一一与读者见面的遗憾。读者虽然见面的愿望无法得到满足，但得到了作家签名的书，他们的不快心理就得到了很大程度的缓解和弥补。作家从而得以继续维持与国外读者和谐的关系。

类似这种"这件事本人爱莫能助，但是我可帮你做另一件事"的换事补偿拒绝法可以因地制宜地运用在很多不同场合。不过，拒绝的一方必须认真斟酌用来补偿的事情，既要符合当时说话的语境，也要符合说话者的身份、地位和当时的心境，还要量力而为，得讲究态度的诚恳、言辞的恳切等。这样才能有效达到自己的交际目的，换事补偿的拒绝才算运用得法，否则只会弄巧成拙。

商务谈判中因为涉及双方真金白银的利益关系，往往仅靠抽象说理和以情动人都无济于事，斩钉截铁地拒绝还会惹恼对方，导致谈判无果或生意失败。如果我们在坚持原则的基础上，考虑适当以质量和服务优势补偿价格劣势，妙用替代补偿法的拒绝技巧，往往会取得柳暗花明的效果。

报装电梯的业主对电梯安装承包商的报价高于行业均价颇有微词，于是十分强硬地提出了降价的要求，可是，承包商却坚定地说："我们的价格虽然比同行高一些。但我们代理的电梯品牌是老牌国家免检产品，核心技术进口，材质优良，相对其他品牌来说成本要高，我们承包的电梯井道所用的钢筋混凝土也是国标一等品的质量。我们的维保和售后服务完善，提供两年免费维保服务，有问题随叫随到，使用我们的服务可以做到真正的无忧售后。"

这位承包商拒绝降价的同时提供给对方很多有关产品品牌、质量、材质和服务方面的优势信息，可以补偿对方不满价格的失望心理。于是，生意顺利谈成。这就是替代补偿法的拒绝技巧在谈判中的灵活妙用。

## 九、晓以利害法

晓以利害的意思是把事情的利害关系给人讲清楚。如果答应别人的请求或者帮助别人必须以自己的某些方面的利益受损为前提或代价，我们不妨启用晓以利害的拒绝技巧。当你能准确预判若是贸然答应人家办事可能导致自己身陷困境，就坦陈利害，当对方听到你晓之以理的言辞时，也会主动打消请你帮忙的念头，不好意思让你替人受过，勉为其难。

如果有人懵懵懂懂提出叫你一起去做一些不务正业的事，或者涉及原则性的问题，你应当坚决拒绝，并说清楚利害，让他觉得这样做对双方都不利，你的拒绝确实不是有意拂他面子，让他难堪，反而是为他着想，让他改过从善，避免更坏或更糟糕的结果发生。这样，只要对方不是利欲熏心，为所欲为，大概都会理解你拒绝他的良苦用心。

我们先来看《资治通鉴》上记载的一个历史故事：

楚国想联合齐国、韩国共同进攻秦国，顺便灭掉周王朝。周王派东周的武公对楚国任令尹一职的昭子说："周朝可不能算计。"昭子说："要说算计周朝，那是没有的事。尽管如此，我想问你，周朝为什么不能灭掉？"武公回答："西周现在的地盘，取长补短，也不过方圆一百里。抢占这块地方并不足以使哪个国家富强，得到那里的百姓也不足以壮大军队。但西周却有天下共同拥戴的宗主名义，谁攻打它，谁就是犯上作乱。尽管如此，还是有人想去攻占它，是何原因呢？就是因为古代传下来的祭祀重器在那里。老虎的肉腥臊而又有尖牙利爪，仍有人猎取它；山林中的麋鹿没有爪牙之利，假如再给它披上一张诱人的虎皮，人们猎取它的欲望一定会增加万倍。楚国的情形正是这样，分割楚国的领土，足以使自己富庶；讨伐楚国的名义，又足以有尊崇周王室的声名。楚国要是残害了天下共同拥戴的周王朝，占有了夏、商、周三代相传的礼器，你刚把礼器运回南方，各国征讨的大兵也就到了！"令尹昭子觉得言之有理，于是放弃了楚国原来的打算。①

昭子一厢情愿地认为"周朝式微"，可以灭掉。武公从昭子的言论出发，先让他认识到周朝乃天下共同拥戴的"宗主"，攻打它违背纲常伦理，也违背世道人心。然后用"老虎和麋鹿"的类比来分析攻打的结果，让昭子明白楚国如果执意灭掉周朝，无异于蛇钻竹筒，自取灭亡，楚国会因此成为众矢之的。武公运用了晓以利害的策略，巧妙阻止了昭子灭掉周朝的轻率图谋。

我们如果能把不拒绝可能导致的危害后果在拒绝之前先明示对方，让对方知道我们如果不拒绝，自己的正当权益就会因此丧失，人都有同情心理，将心比心，对方也不好一意孤行，纠缠不已，最后只能收回要求，或者另想办法，或者理解你的拒绝。因而，晓以利害的拒绝比当场严词或冷漠拒绝，什么都不解释说明的拒绝效果要好很多。

小芳是大二的学生，热心参加学校组织的各种公益活动。有一次，为了准备第二天的爱心募捐义卖活动，叫室友明明帮她代写老师布置的课外论文作业，明明对她说：

"小芳呀，作业我可以帮你做，可是那样一来，老师发现咱俩的论文雷同，你我就都成了抄袭作业，成了舞弊事件的当事人了，谁也不能置身事外。"

这样说，对方听了就会权衡利弊，就会知难而退，并且也不会对你怀恨在心。

随着信息和网络技术的发展，给各种网络诈骗提供了可乘之机。某单位的一名保

---

① 司马光.资治通鉴：第1卷 [M].长春：时代文艺出版社，2002：62.

安经不住利益的诱惑，就向身边的亲戚朋友伸出罪恶的黑手，要求他们提供某些身价不菲的朋友的联系方式或家庭住址等个人信息。一天，他向同事打听他们处长的联系方式、收入情况和家庭成员。同事意识到可能跟网络诈骗有关，就当机立断地对他说：

"你打听人家的家庭成员和收入信息莫非是被他人利用，想非法获取他人的私人资料吧？你不知道这是违法犯罪行为吗？你如果被抓住，我就成了同谋和帮凶，君子爱财，取之有道，你不能将我拖下水呀。"

保安听他这么一讲，很不好意思地说："谢谢提醒，我知错了。"

遇到这种可能触碰法律红线的请求，就应当像这位同事一样，即刻拒绝的同时晓以利害，让对方明白我们之所以拒绝，只是在预防违法犯罪。

晓以利害的拒绝技巧运用时必须注意切中肯綮地分析利害，利与害必须与双方切身利益休戚相关，大而无当地进行威胁和恐吓同样起不到作用。

## 十、插科打诨法

行走世间，社会交往，帮人办事必须讲究合乎规矩，遵守原则。不合规会逾矩的事情，就要巧言拒绝。在对方颐指气使地对你提出一些刁钻的问题，不好回答，或因对方不尊重自己而不想回答时，也必须巧言回绝。又或者对方提出某些建议时，我们不同意而又不想把原因和盘托出时，可以采用插科打诨的幽默拒绝法。这时，运用调皮戏谑或者幽默诙谐的话语避开直接回答可能导致的尴尬，从而绕出一条有利于自己的道路来。

有位女演员拥有迷人的外表，家世背景也堪称一流，但不是科班出身。她非常崇拜一位才华横溢、著作等身的单身男剧作家。由于出身高贵、颜值不错，还顺利地成了当红明星，她自然就有了一种优越感，以为只要自己主动追求，剧作家肯定会考虑或答应。于是在一次两人共同参加的聚会上，她见到了剧作家，她充满自信地对剧作家说："亲爱的剧作家，如果我的美貌，加上你的才华，组成一个家庭，生下一个孩子，一定是最优秀的!"剧作家听后，对她微笑着说："您的想法太好了。但是如果这孩子继承了我的长相和您的才华，那又如何呢?"这位女演员自信的神情顿时僵住了，马上觉察到剧作家的画外音，于是悻悻退场了。不过，她并没有对剧作家怀恨在心，反而特别崇拜他，后来成了他的忠实读者和很好的朋友。

剧作家对女演员的过分自信式的追求和表白，没有表示出不满和刻薄的讽刺，他利用了双方各自的不足，针对对方话语中的缺漏，设计了如此幽默的拒绝言辞，不仅留给对方彬彬有礼、很有风度的绅士印象，也成功拒绝了对方自以为是的傲慢。

下面的例子，也说明了当对方的提议影响了我们自己的行程安排时，可以运用插科打诨的说法幽默回绝对方，使对方在淡然一笑中化解对我们的戒心和失望。

高尔夫球技高超的杨洋总想说动他的一位同事能和他周末一起去郊外打球，顺便也让他见识见识自己精湛的球技。可是他朋友不愿把辛苦挣来的工资花在这些贵族运动上。于是说："我很想陪你去，可是我答应你嫂子周末陪她去买菜。""兄弟，来吧，让嫂子一个人去吧，你到底是大丈夫还是小媳妇？"没想到同事解释说："你不知道，你嫂子她不怕大丈夫，就怕小媳妇。"

同事这么一说，杨洋笑得前仰后合，说："看来打高尔夫是没戏了。"只能作罢。

杨洋幽默地拒绝了同事，还给同事留下了诙谐有趣的印象。

还有些人，闲得无聊专门给人出难题，提出一些刁钻古怪的要求让别人去完成，面对这种情况，我们可以抛给对方一个同样不可思议的问题，让对方应对，对方听到你的问题后，就知道自己提出的问题有多么不合情理、多么荒唐，从而主动放弃先前的提议或要求，这也是一种诙谐有趣的拒绝技巧。

爱喝酒、经常喝醉的爷爷有一天突发奇想，问旺旺："旺旺，你能告诉爷爷人可不可以孵出小鸡吗？"旺旺没有正面回答爷爷。他马上跑到书房关上门，然后爷爷在外敲门问："你跑到书房还关着门干什么呢？"谁知旺旺回答爷爷说："我正在试着孵鸡蛋呢，我不试试怎么知道人可不可以孵鸡蛋呢？"

旺旺觉得没办法回答爷爷的问题，他也不正面回答可不可以，躲进书房借口说自己在孵鸡蛋，幽默地拒绝了爷爷的古怪问题。

一位男士追求他一个办公室的同事，发了很多次相同的模板式求爱信息，女同事装作没看见。可是这个男士决定穷追不舍，又换了另一个模板继续发信息。女同事不胜其烦，想沉默拒绝却失效了。于是，她又想了另一个办法：把他第一次的信息和第二次的信息全部原样复制，还多加了从网络上复制粘贴的另外一条，全部发给对方，然后补充说："如果还不够，我有空再给你找哦。"这下男士终于收手了。

面对这种无理纠缠的异性，使用普通的拒绝技巧无效后，可以试着选择这种独辟蹊径的幽默技巧，以其人之道还治其人之身，可能会收到意想不到的效果。

## 十一、设置障碍法

设置障碍法就是假装答应对方，但提出令对方很难达到的苛刻条件或要求，为对方达成目的设置难以跨越的鸿沟或障碍。对方听到这样的拒绝言辞后，也会心领神会，明白你的态度，最后改变初衷，调和折中或自动放弃之前提出的不合理要求。

设置障碍拒绝法可以在对方罔顾提醒或不听劝阻，一意孤行不断纠缠或提出超越自身能力的要求时使用，让对方知难而退。

一位保健品推销员从张欣的同事处得知她的联系方式，于是，每隔一天就打电话向她推销养颜抗皱的护肤保健品，还邀请张欣参加保健品公司组织的免费游玩活动。向张欣介绍说她代理的保健品成分为纯天然名贵草本植物，任何肤质均可使用，连续使用四个疗程，半年后即可见效。张欣由于之前用过很多类似保健品，都收效甚微，她不再相信保健品推销员所说的神奇功效，想拒绝推销员，于是，她说："我也很想试试你家的产品，但是你必须承诺你们的产品如果使用无效可以退款。"推销员只是代理产品，当然不能保证无效退款，也明白了张欣不想购买的真正意思，于是不再电话打扰。

张欣想拒绝保健品推销员的诉求，就巧妙地给她设置障碍，叫她承诺如果无效可以退款，推销员自然无权承诺。于是，成功拒绝对方。

一对谈了不到半年的恋人，男方的家长想快点给孩子操办婚事，于是向女方家长提出一年内结婚的要求，女方家长不想这么草率就把女儿嫁过去，于是回答男方的家长："如果今年国足夺得世界杯冠军，什么时候结婚都可以。"

男方家长听对方这么一说，就明白对方拒绝了自己的要求，于是无奈只能等待双方结束考验再说了。

刚入职不久的小雅向跟她一起合租套房的同伴借裙子："小贤，你新买的裙子可以借给我穿出去约会吗？"小贤先是当做没听见，以沉默表示拒绝，但接下去小雅继续说："反正你又没有男朋友，裙子就借给我穿一下嘛。"

小贤打心眼里觉得小雅爱慕虚荣，竟然想借她还没穿的裙子去吸引约会对象。但是，她也不想直接谴责她，于是小贤说："裙子并不是不可以借，但我现在买了新裙子没钱吃饭了，你可以先借我 500 块吗？反正现在你也没有急用。"小雅听小贤这么一说，只好说："不好意思，让你为难了。"

小贤的上述回话也是运用了"设置障碍"的巧言拒绝技法。既达成了有效拒绝的目的，同时能"以其人之道还治其人之身"，可以引导小雅听完反思自己诉求的无理。

设置障碍的拒绝技巧也可用在商务活动中用来讨价还价。假如对方要价过高或开价过低，我们可以先答应对方，但是提出对方不能接受的苛刻条件，为其砍价或提价设置障碍，最后迫使对方为了销售产品或得到某种既定质量的产品、服务而妥协服从。

某单位向某工厂采购手套等劳保产品，采购员提出每双 2.5 元的进价，工厂销售代表听到这么低的开价，本来打算二话不说就拔腿离开，可是想到因为疫情，工厂效益本来就不好，准备再争取一下。于是，他对采购员说："2.5 元一双也可以，不过手套不能用棉线，只能用无纺布来生产了，并且手套的合格率也没法保证在 95% 以上了。因为工人们的工资需求是固定的，贵方开那么低的价格，我们就只有降低产品成本，提高生产效率来满足你们的需求了。您觉得是否可行呢？"采购员听他这么一说，当然觉得此法不可行，于是只好答应以 4 元一双成交。

生产手套厂家的销售代表，就巧妙地运用设置障碍的拒绝技巧为工厂赢得了某单位的订单。否则，销售代表若采用冷冷的愤愤不平的拒绝，等待他的就只有生意的落空、工厂效益下降以及自己工作绩效无法达成的恶性连锁反应。

## 十二、诱导否定法

诱导否定法也是一种行之有效的拒绝法。在上述各种拒绝法可能都无效或效果不好的情况下，我们还可以采用诱导否定法。所谓诱导否定法，就是在对方提出某种可能会损害公序良俗、公共道德或者影响了自己正当合理权益的提议、要求时，我们可以针对对方提出的要求，设计一个或几个两难问题，引导对方做出回答，不管对方如何回答，他都会陷入对自己不利的窘境中，从而反思自己要求的出格或不合理，最后主动撤回要求的拒绝法。

我们先来看一段对话：

儿子："爸爸，给我买一架无人机，好吗？"

爸爸："买了无人机，我还能在家安静地做学问吗？"

儿子："我可以在你午睡或休息时再玩呀！"

听了儿子的话，爸爸又问他："那我还能安静地午睡或休息吗？"

这时候儿子无言以对了。

这就是诱导否定拒绝技巧的典型案例。在爸爸的思维中，如果给儿子买了无人机，他就不能在家安静地做学问了。于是他诱导儿子做出回答，当儿子意识到不能保证爸爸安静地做学问时，就找了个借口，说他可以在爸爸午睡或休息时玩，这时，爸爸又抛出一个同样的问题："那我还能安静地午睡或休息吗？"儿子就无言以对了。因为他如果玩无人机，要么会影响爸爸安静地做学问，要么会影响爸爸安静地午睡或休息，这时候，儿子就被爸爸诱导着进入一个两难困境，无论他怎么回答，爸爸都不会答应给他买无人机。

日常交际场合中，有些无理或者不正当的要求不好当面或当场拒绝，如果当面拒绝，或令对方颜面无存，下不来台；或令自己形象受损。这时，就可以采用提问的方式诱导对方做出回答，不管对方如何回答，只会陷入两难困境，最后不得不自我否定，从而达到有效拒绝的目的。这样的拒绝技巧会让对方自讨没趣，坠入话语的陷阱，而自己趁机达成有礼有节拒绝对方无理诉求的目的。

美玲的闺蜜向她打听另外一位她们共同的同事的八卦事件。美玲问闺蜜："你说的那件事是人家的私人秘密吗？"闺蜜马上说："不是。"

美玲回答道："不是的话，你应该知道的。还来问我干吗？"

美玲面对闺蜜打听同事的私事，内心里肯定不想随便传播对他人不利的八卦新闻，但是没有当面指斥闺蜜的无礼和欠思虑，而是巧妙设计了一个无论对方怎样回答都有可能招致拒绝的问题。如果对方回答"不是"，那等待的就是上述美玲的回答。如果闺蜜回答"是"，美玲也可以回答："既然是私人秘密，那我怎么可以随便告诉你呢？"最后的结果就是不管闺蜜回答"是"或者"不是"，都将得到美玲的拒绝。这样的拒绝技巧不仅非常有效，而且能让对方反思自己要求的无理，并且知道自己为什么被拒绝，从而也只能平静接受被拒绝的后果。

一个从事服装私人高端定制的老板和网上的顾客有一段如下的对话：

"老板，你们家的定制价格为什么那么高呀？可以多优惠一些吗？"

"亲亲，您觉得价格越优惠的成衣越好吗？"

"当然不是。"

"亲亲，那你认为高端私人定制的成衣跟普通的批量生产的成衣是一个质量档次的货吗？应该有一样的优惠定价吗？"

"当然也不是。"

老板面对顾客价格优惠的诉求，没有正面拒绝他，而是给他两个问题：第一个问题，让他否定"价格越优惠的成衣越好"，其实就等于承认"价格越优惠的成衣就越不好"，从而否定价格优惠的诉求；第二个问题，引导对方否定"高端私人定制的成衣跟批量生产的成衣是一个档次，应当有一样的优惠定价"的观点，等于承认"高端私人定制的成衣跟批量生产的成衣不是一个质量档次的，不应该有一样的优惠定价"，从而让对方在回答问题中掂量出老板话语的轻重，自觉放弃砍价的诉求。

## 十三、等价交换法

等价交换法也是一种行之有效的拒绝方法。当某些人想不付出就从我们身上免费得到某种好处，或把我们当作可免费役使的仆人呼之即来挥之即去时，可以先答应对方要求，但同时提出对方应拿出等价的金钱、物质或服务来换取。这些试图一毛不拔的铁公鸡多半会权衡利弊之后自动放弃请我们帮忙的要求。这样的话，我们不用说出"不"就巧妙地达成了拒绝的目的。

日常生活中，总有些人会想方设法打人家钱包的主意。有些爱面子做老好人的人觉得如果不借钱给他人就容易伤感情，于是轻易将自己辛苦挣来的钱借给对方，等到约定的还款日期，对方不是忘记就是找各种借口不还。所以，自己的钱袋子还得自己看好守住。我们先来看刘力拒绝他表弟借钱的技巧：

刘力的远房表弟在外打工，有一天突然加上他的微信，发了条短信：

"表哥，在吗？"

"你在哪里？怎么突然想起我来了？"

"求你帮个忙，借我 3000 元，我有事急用。半年后就还你。"

"这样吧，都是亲戚朋友的。你问问你老婆，看你家的那头黄牛卖不卖，我买了。不够的钱我再补上。"刘力答复他。

"那就算了。"表弟只好说。

刘力被多年没有往来的远房表弟借钱，他没有说不借的话，而是让对方拿出高于借钱数目的黄牛来作为交换，并主动提出"不够的钱我再补上"。最后顺利让对方明白他拒绝的态度，知难而退，还不会伤及双方感情。

一位教授在网上找到一位资深的律师，想向她咨询有关著作权侵权案件的相关问题。他按照律师提供的联系方式加了对方的微信，然后把自己想咨询的问题编辑好发给这位律师，这位律师不久就发过来一句："我的咨询是收费的，3000 元每小时。"

这位教授本来想着咨询律师应该是免费的，哪知道这位律师的咨询不仅不免费，还要价这么高，只好作罢。律师也没有直接拒绝教授，只是表明自己的专业服务是需要付费的。确实，社会交往中，一件事情或一项任务，如果没有你情我愿和公平合理，就很难保证双方都能心平气和地合作完成。

职场中，有些人习惯对他人颐指气使，经常占用人家的休息时间为自己服务，或是心安理得地欺负那些习惯于逆来顺受的同事，要求他人免费帮各种各样的小忙。这时，如果我们及时拿出等价交换的筹码，就可以不留痕迹地巧妙拒绝对方。

小谢是办公室的文员，本职工作是协助办公室另外一名教务秘书处理教务上情下达的文字处理工作。因为性格温柔、人缘好，于是，学院里的老师有什么文件需要打印的，都发到她的微信上，领导有什么文档需要处理的，也交代她办好。她每天都是办公室杂事最多的那一个，经常不能按时下班。有一天，她终于意识到自己以前做了那么多本职工作之外的事情，后来，同事再在微信里发给她文档要求她处理或打印的时候，她就编辑了这样的信息回复：

"我可以加班给你们处理文档，你们可以给我解决下班后买菜、接孩子的问题吗？"

大家看到这样的信息，就明白小谢也是需要私人空间的。于是以后大家有了文档要处理，就到办公室自行解决，小谢感到前所未有的轻松。

小谢的信息就运用了等价交换的拒绝技巧。没有说她不能为大家继续免费服务了，但是提出了如果谁还要求她加班处理文档，那么谁就得帮她解决买菜和接孩子的问题。这个要求合情合理，一点也不过分。当对方看到这样的信息时，就会觉得如果想得到小谢帮忙，还要自己付出代价，那么就会思考一下是不是有必要了，于是自然就会放弃之前的不合理要求。小谢也无须继续被同事们当成软柿子捏，反而落得一身轻松。

## 本章结语

巧言拒绝也没有可以放之四海而皆准的一成不变的模板，可以根据具体交际情境，因人而异、因时而异、因情而异、因事而异地借鉴本章论及的各种不同解决方法，综合性和创新性地灵活运用。

# 第八章　风趣幽默

我们在言语交际实践中，不仅要学会恰当称谓、见什么人说什么话、什么场合说什么话、运用委婉和暗示、不吝得体赞美、懂得巧言拒绝，还应该学会风趣幽默。把义正词严的话说得温婉动听、轻松活泼；把辩论反驳的话说得诙谐有趣、语重心长；把振振有词的话说得妙趣横生、和蔼可亲；把批评指责的话说得和风细雨、不露锋芒。

风趣幽默，是人作为自然之灵长区别于低级动物的鲜明特质之一。幽默不是一种可有可无的生活点缀或装饰，也是人作为历史主体的各种智慧和才能的集中体现。风趣幽默，是一种需要交际主体具备更高修养和更能灵活应变的交际言辞技巧。它以平等尊重的思维为核心，宏阔广博的知识视野为基础，还要求有强大而理性的内心做支撑，有博爱包容的悲悯情怀做铺垫。缺少其中之一，就难得幽默技巧的精髓。

风趣幽默的言辞，有神奇的话语魅力。在谈判桌上，不费一兵一卒，进可攻退可守；面对生活艰难时，能使满腹戾气变得澄静平和；因过失而与人发生冲突和隔阂时，能弥补错误和重归于好；当泰山崩于前，能镇定自若优雅从容；当牛奶已经打翻，不怨天尤人，潇洒承受。

本章主要讨论风趣幽默言辞技巧的话语魅力，以及概括介绍风趣幽默言辞技巧的多种可行性策略。

## 第一节　"风趣幽默"言辞技巧的话语魅力

风趣幽默不仅体现为一种鲜明的话语风格，而且代表一种难得的生存智慧，一种豁达的人生态度，一种平等的伦理道德和博爱的人文情怀。在社会交往活动中，风趣幽默的言辞作为一种非常重要的交际技巧，具有非常神奇的话语魅力：可以回避正面冲突，缓解交际矛盾；可以展现智慧、才思和灵感，有利于提升自我形象；可以彰显豁达自信、潇洒自如的人生态度；可以轻松说服别人，传递观点；可以寓庄于谐，谐中见刺；可以化解痛苦和焦虑，有利于身心健康。下面进行详细分析。

## 一、"风趣幽默"言辞可以回避正面冲突，缓解交际矛盾

因为人性有趋利的本性，所以人与人相处容易相容难，相容容易相让难。在社会交际活动中，不管是职场上的上司和下属，还是家庭中的妻子和丈夫、父母和孩子，商业交往中的消费者和服务人员，还是其他社会场景中的各色人等，人们很难违背人性本真，放弃利益之争，因此就会引发各种各样的人际冲突。有时还会钩心斗角，各不相让，造成僵持不下、酿成不共戴天的紧张局势，甚至冲动到使用拳头或暴力解决，导致不可收拾的后果。假如冲突的一方能心存宽容，及时运用理智而得体的幽默，往往可以使双方从利益争夺的正面对决中撤出，减小"摩擦系数"，避免紧张局势的进一步升级，化解二元对立的敌意，达成社会的持久和谐。

一位绅士下午下班后点了一份外卖，本想着马上可以解决温饱问题了，没想到本来 20 分钟可以送达的外卖却足足等了差不多 40 分钟才送到，送来的时候，外卖员自知理亏，连忙边道歉边解释说："先生，非常对不起，我的电动车中途出了故障，无奈只能倒回餐馆换了另一辆之后重新赶来的。恳请先生可以理解，不要投诉。"绅士听外卖员这么一说，温和地说："没关系，你推迟送到，正好我的胃可以多休整一会儿。不过，以后接单前得认真检查一下电动车，确保无故障才行哦。"

这位绅士遇到上述交际情境，本可以直接责备外卖员不负责任，事先不检查电动车车况就接单的，但他在听完外卖员的解释后，用幽默的话语表达了他的豁达和对外卖员迟到的包容，没有为难生活原本就不容易的底层劳动者，有效化解了双方的尴尬，避免了一桩消费纠纷。

夫妻同住一个屋檐下，很难避免磕磕碰碰的烦心事，假若一方可以保持低调，用幽默言辞包容另一方，那很多家庭矛盾就可以有效避免，离婚率也可以大大减少。

有一位妻子，由于没有一份正经的工作，在家里做全职太太，忙着各种跟养育两个孩子以及柴米油盐酱醋茶相关的琐碎家务活，时间久了，也有脾气不好的时候，这时就难免跟丈夫使使小性子，挑起家庭矛盾。一天，丈夫回家后，妻子正在阳台准备把刚洗完的床上用品晾到晒衣杆上，无奈自己力气不够，被褥湿透后又死沉死沉的。这时，妻子见丈夫回来后就直奔书房，坐到了电脑旁，也不来帮帮忙晒被子，于是，就没好气地冲书房大喊：

"你个甩手掌柜的，你的眼睛长哪里去啦？看不见我一个人在阳台累吗？"

"帮忙就帮忙，你会说话吗？"丈夫的回答也不友善。

"你不主动还有理了，这是我一个人的事吗？我都忍了你二十几年了。"妻子很

委屈的样子。

"那你还想干什么？"丈夫丝毫不示弱。

"我还想再忍你二十年！"

一听到妻子的话，这位丈夫突然说不出话来了，只好跑到阳台上认真地晾好了被子。从此以后，这些力气活，他都主动争着抢着干了。

这位妻子正是意识到跟丈夫争个孰是孰非的话语可能激化双方的矛盾，于事无补，于是马上转变话语方式，放弃针锋相对的话语，用"还想再忍你二十年"幽默回答了丈夫生气时的挑衅式提问，及时化干戈为玉帛，成功平息了一场家庭风波。假如她还顺着丈夫的话题，不解气地用河东狮吼的语气回答说"那就不过了"或者"离婚"之类的，最后的结局很可能就是妻离子散，甚至造成家破人亡的人间悲剧。

我们常常可以发现，当一方的错误已经发生，难以补救的时候，另一方如果能不求全责备，不过分追究，而是善于运用幽默言辞原谅对方的过失，给对方一个可以顺着下的台阶，也许就能及时化解一触即发的正面冲突，从而扭转事态的发展方向，避免更坏的事情发生。

一位先生家里的灯管坏了，打电话给水电维修公司，要求马上派维修工人来修理。可是一个晚上过去了，维修工第二天上午才赶到，他歉疚地说："对不起，我来晚了。"

先生回答道："没有关系，你若不来，我和我的家人还能继续在黑暗中摸索！"

这位先生没有揪住维修工人的过错进行大肆发挥、训斥或指责，而是用幽默的语言表达了对工人迟到的理解，话语中同样暗含了对维修工人工作延误所造成后果的不满，使维修工人在他的幽默回答中感到他"得理也饶人"的善意，迅速把工作完成。相反，如果先生在维修工人赶来时劈头一顿数落，板起脸来恶语相向地责备工人来得太晚，害得他一家摸了一个晚上的黑，这样的话语会使对方感到愧悔、难堪、紧张和不安，害怕因此丢了工作。如果还将这种消极情绪带到工作中，会影响维修的质量，留下安全隐患，还可能导致双方都没有好心情。

在刻意的挑衅者面前委曲求全，往往被视为软弱无能的表现，只会招来更加肆无忌惮的欺负；大发雷霆又有失风度和涵养，影响个人魅力的加分。这时，幽默言辞技巧就成为一种最有力量的可行性方案。

熟悉三国历史的人，应该对大才子孔融有深刻的印象。

孔融不仅有让梨的佳话，在很小的时候就十分聪颖。十岁时，他与父亲参加一个名人聚会，在宴席上与那些名人交流起来，对答如流，让众人啧啧称奇。然而有一位陈姓官员却攻击道："小时候是厉害，但长大了未必就有多好。"孔融想也没想，机智地反击道："这么说，大人你小时候应该挺厉害的。"

孔融针对这位陈姓官员不友善的否定性评价，没有正面进行驳斥，但能抓住对方观点中的逻辑，并摆出一个前提或事实，让对方自己去推理，从而让对方陷入一种搬起石头砸自己的脚的无奈和尴尬，从而有力维护了自己的尊严，使出语刻薄之人自取其辱。

两名城里的富翁为了赶时髦，周末跟着单位的老人们一起去到郊外的农家乐旅店休闲度假。到达农家乐后，看到了一个跟城市装修风格很不相同的房间，远处草坪上还有几头牛在溜达。于是，其中一个富翁问农家乐的服务员：

"这个牛栏住一晚要花多少钱?"

服务员想也没想，就回答说：

"一头牛 50 元，两头牛 80 元。"

服务员听到富翁将农家乐的房间贬为牛栏，没有表示出明显的不满，而是按照对方的说话逻辑进行幽默回答，将其话语中的不恭和无理进一步添油加醋，并回敬给对方。对方听后，像哑巴吃了黄连，只好自作自受。

## 二、"风趣幽默"言辞可以展现智慧、才思和灵感，有利于提升自我形象

风趣幽默跟深邃的城府、长久的思虑无关，而得益于临场应对的审时度势和足智多谋、敏捷的文才和巧思。它不是可预期、可准备的合目的性结果，而犹如"踏破铁鞋无觅处，得来全不费工夫"的浑然天成的璞玉。风趣幽默往往与灵光乍现、出其不意的奇思妙语相连。善于幽默的人往往不按常理出牌，又能将话说得深入浅出、意味深长，且通俗易懂、趣味盎然。风趣幽默不是故作惊人之语，不玩文字游戏，也不用大话惑众。敏捷的思维、超人的情商、博闻强识的才华和冷静理性的人格是幽默的源头活水。善用风趣幽默言辞的人往往令人敬佩，容易在大众心目中树立起品位高雅、不可轻侮的自我形象。

当代著名作家王蒙，就是一位风趣幽默的人。

有位美国朋友对他进行采访，问他 50 年代的王蒙和 70 年代的王蒙，哪些地方相同，哪些地方不同。王蒙答曰："50 年代我叫王蒙，70 年代我还叫王蒙，这是相同的地方；50 年代我 20 多岁，70 年代我 40 多岁，这是不同的地方。"那位美国朋友说王

蒙太幽默了。①

王蒙面对美国朋友的提问，没有一本正经地从自己创作的同和异来回答，如果那样回答，会很无趣，一点幽默感也没有，也难以表现出自己的谦虚。因而，王蒙故意回避谈论自己的创作，而敏捷地从自己的名字和年龄出其不意地巧妙作答，效果比正面回答要有趣很多，还给采访者留下了谦虚的个人形象。

美国喜剧明星霍博擅以自嘲说笑，不但获得了观众的笑声，也赢得了无数人的敬爱。当他第一次去好莱坞应征演员时，导演问他："你擅长表演什么呢？"

他说："诙谐的身体语言，还有口头幽默。"导演见到这么自信的人，就要他当场表演。

他就对办公室外面苦苦等候的其他人说："你们都回去吧，公司已经录用我了！"就这样，他以机智的幽默进入演艺圈，为自己赢得了一席之地。②

霍博能够抓住导演面试时的提问机会，迅速地以别出心裁的风趣幽默言辞一鸣惊人，展示了一个杰出喜剧演员应有的高超演技，因而被导演看中，顺利进入演艺圈。

清朝乾隆年间被派到江南主考的考官王尔烈也是凭借他敏捷的才思，用风趣幽默言辞征服了江南的考生，并赢得了他们的尊重。

清朝乾隆年间江南科举，应试的举子都是当时名士，一连换了几个主考官，都被举子们一个个顶回来。乾隆又命王尔烈到江南主考。举子听说主考官是个北方人，想奚落他，居然在王尔烈的驿馆门旁贴出一个上联："江南千山千水千才子。"王尔烈提笔续写下联："塞北一天一地一圣人"，"塞北"代指北方，"圣人"指孔夫子。

众举子不由赞叹：多少才子也抵不过一个圣人哪！一个举子躬身问道："王大人学识如此渊博，敢问尊师大名？"

王尔烈笑道："天下文章数三江，三江文章数吾乡，吾乡文章数吾弟，吾为吾弟改文章。"

举子们自愧不如。③

如果，来到江南的主考官王尔烈对不上举子们的对联，就只能白白接受他们的奚落，举子们就不会把他放在眼里，他就很难胜任主考的官职，个人形象也会大打折扣。

爱尔兰的萧伯纳是一个举世闻名的剧作家，他的风趣幽默也是有口皆碑的。社会上流传着他在各种场合机智应对各色人等对他的刁难和刻薄嘲讽的有趣故事。

---

① 章亭晖. 名人幽默 [M]. 北京：长城出版社，1999：195 – 196.

② 张建设. 中外名人幽默故事 [M]. 北京：书目文献出版社，1994：110.

③ 章亭晖. 名人幽默 [M]. 北京：长城出版社，1999：10.

有一次，一个皮鞋油制造厂的老板要求萧伯纳允许该厂用他的名字作为一种新品种的皮鞋油的商标。老板对萧伯纳大大地恭维了一番之后说："这样一来，世界上千百万人都会知道您的大名了。"

萧伯纳立刻回答道："但是没有穿皮鞋的人可例外哪！"①

萧伯纳抓住对方话语中的疏漏敏捷地做出回答，委婉而风趣幽默地拒绝了老板表面堂而皇之其实却自私自利的要求。

有一次，瘦削的萧伯纳遇到一位大腹便便的商人。商人想借机奚落他，便说："人们看见你，就知道世界上现在正在闹饥荒。"

萧伯纳不慌不忙地予以回击，说："人们看见你，就知道闹饥荒的原因了。"②

萧伯纳从对方大腹便便的形象中准确地把握了对方的职业特点，同时在对方奚落性的话语中寻找表达的着力点，然后迅速组织回应话语，毫不客气、话中有话、幽默风趣地完成以牙还牙的交际任务。他不仅语带讽刺地揭露正是因为有了对方这些商人们的唯利是图和为富不仁，才会使得另一些人处于饥荒之中，还以智慧的应答提升了自我不可轻辱的高贵形象。

又有一次，一个资本家想在众人面前羞辱萧伯纳。他大声宣告说："人们说，伟大的戏剧家都是白痴。"萧伯纳笑着说道："先生，我看此时此刻你就是最伟大的戏剧家。"③

萧伯纳思维的迅捷不能不令人佩服。这回他又从对方辱骂性的话语中抓住了对方用于推理的逻辑，然后迅速地设计出一个前提抛给对方，让对方按照自己的逻辑去推理，得出自己是白痴的结论。他以一种迅雷不及掩耳的速度性极强的幽默技巧，迫使对方自取其辱，陷入无从解脱的尴尬境地，再无还手之力。

萧伯纳一次又一次运用风趣幽默的言辞瓦解对方的恶言相向，不经意而又有力地回击了不怀好意、气焰嚣张的对手，展示了自己睿智的才能和大度的胸怀，成功地佐证了风趣幽默言辞具有展示个人良好形象的话语魅力。

### 三、"风趣幽默"言辞可以彰显豁达自信、潇洒自如的人生态度

我们每个人在现实生活中无法避免曲折失败，更不可能十全十美。如果生活有缺

---

① 拾月．文艺大师的情操风范［M］．长春：吉林出版集团股份有限公司，2016：118.
② 拾月．文艺大师的情操风范［M］．长春：吉林出版集团股份有限公司，2016：118.
③ 拾月．文艺大师的情操风范［M］．长春：吉林出版集团股份有限公司，2016：118.

陷，我们就努力去填补；如果工作有失误，我们就拼命改正。人生的路上总会有各种坎坷，只有满怀希望向前看，才会遇见开阔地。也只有具备一种积极自信的心态，眼中才会过滤掉暂时的不悦，丢下黑暗，看见并投奔远方熠熠闪烁的希望。而风趣幽默的本质，就是一种自信豁达的人生态度。也许我们觉得生不逢时，被时代耽误；也许我们出身寒门，小时候还经常饿着肚子。这些都不应成为我们努力打拼争取出人头地的障碍和借口，我们可以学会用风趣幽默来使自己变得强大和自信。我们可以自己设计一些幽默的言语来为自己解除心理困惑：

"我出生的年代，就是时势造英雄的年代，只不过我没想过要当英雄。"

"我们那时候一点也不穷，只不过没有力气将饭碗牢牢地端在自己手中。"

我们也许其貌不扬，走在大街上，随时都会消失在人群中；也许技不如人，找不到一份称心如意的工作，如果懂风趣幽默，也能正确看淡这些人生的缺陷并想方设法在其他方面超过别人。

"上天虽然没有赋予我好颜值，可是我和别人一样有手有脚！"

"工作虽然很苦很累，但若每天轻轻松松，也少了很多磨炼和体验。"

如果你因投资失败，把前半生的积蓄都亏得差不多了，你只需要豁达地对自己说：

"谁被'轻信'和'盲目'那对魔鬼缠上了，谁就活该亏掉一百万。"

"只要天不亡我，二十年后，我又是一条好汉。"

当我们获得某种至高无上的荣誉时，我们要学会以平常心淡泊对待。当别人千里迢迢赶来祝贺你的荣誉，你要能够微笑着对别人说："那只不过是上天对我的眷顾。"

风趣幽默，不仅可以展示自己的自信和豁达，同时，也能涵养我们在对待他人时的大度和雅量。学会以幽默对待他人，坦然容忍他人某些不足或欠缺。这世界有人，就有千种风情，万种性格，对他人的脾气秉性尤其需要运用幽默去宽容。而不是任何事都斤斤计较，一点小事就耿耿于怀，非要计较个谁是谁非，那就会把精力和时间浪费在某些细枝末节上，难成大事。

三国时期，蜀国后期，诸葛亮去世之后，由蒋琬掌管朝政。他的下属有一个名叫杨戏的，性格孤僻，讷于言辞。蒋琬与他说话，他也常常只是应而不答。有人看不惯，在蒋琬面前嘀咕说："杨戏这人对你如此怠慢，太不像话了。"蒋琬坦然一笑，说："人嘛，都有各自的脾气秉性，让杨戏当面说赞扬我的话，那可不是他的本性，让他当着众人的面说我的不是，他会觉得我下不来台，所以，他只好缄默不语了。其实，这正是他为人的可贵之处。"后来，有人称赞蒋琬"宰相肚里能撑船"。

蒋琬正是由于内心有足够的自信与强大，才能宽宏大量地理解自己的下属。因为恰恰是一个人内心缺少什么，需要什么，才忌惮什么，才希望别人给予什么。

一个民间诗人在好朋友举办的公司聚会上朗诵他的诗歌，朗诵完后，有个员工不以为然，说："你这是什么诗歌？既不能催人奋进，也没有什么感染力！"诗人很冷静，从容不迫地回答这位员工道："那是因为我的诗本来就不是号角，也不是流行性感冒！"

很明显，员工在公众场合对诗人的诗歌表达反问和质疑，或者是因为自己对诗歌不理解，或者是想哗众取宠或蓄意挑衅，不管属于哪一种，诗人在这种情境中，如果一五一十、有板有眼地和这位员工解释他诗歌的内涵或艺术形式方面的特点，不是一句两句就能说清楚的，无疑是不适合的；如果反唇相讥，指责对方不懂诗歌就不要胡乱发言，也会有失风度。诗人选择了机智幽默的言辞，巧妙地从对方的问话中寻找回话的突破口，转换角度：你说我的诗歌"不能催人奋进"，那是因为它"本来就不是号角"；你说我的诗歌"没有什么感染力"，那是因为它本来就不是"流行性感冒"。面对故意挑衅的滋事者，这样的回答既风趣幽默，又能让对方无法继续反驳。

一个优雅潇洒的诗人，面对一群在他面前不停炫耀金钱和物质的艺术家，坦然承认自己没有家，在艺术家纷纷虚情假意地为他找借口抱不平的时候，又幽默地表明自己没有家很正常：

一群艺术家聚会，先是炫耀各自最近得了多少版税、有多少约稿应付不过来。再谈到京城房价之高，并不失时机地表露出自己的房子有多大。这时，有人看到一位诗人一言不发，便问诗人住在哪里。

诗人回答："我没有家。"其中一位艺术家感叹说："唉，当今诗坛不景气，诗卖不到几文钱，成家很难啊！"另一位艺术家又感叹道："诗人太浪漫了，到处去找灵感，怎么能有'家'呢？"诗人回答："在座各位都是小说家、音乐家、书法家，当然有家，没有人称呼诗人为'诗家'，所以诗人没有家是正常的。"①

这个案例中，那群开口闭口不离金钱和成功的艺术家给人的感觉，是内心的空虚和瞧不起他人落寞的幸灾乐祸。而质朴自信的诗人，则具备一种"我心岿然不动"的特立独行的幽默风范。

### 四、"风趣幽默"言辞可以轻松说服别人，传递观点

很多时候，我们需要表达自己的正确观点，说服他人认同某些看法，很多人习惯

---

① 李灿明. 口才三绝［M］. 北京：华龄出版社，2020；47.

用摆事实讲道理这一中规中矩的方式。但事实证明，这种普通的说服方式往往事倍功半，收效甚微。因为，每个人对自己认同的观点，不管事实上的对错，都有一种坚持和捍卫的心理，尤其当他人指出其错误的时候，还存在一种逆反心理：你越不认同我的观点，我就越要坚持我的观点；你越想反对我的观点，我就越要竭尽全力坚定我的信念来维护它。因此，如果要有效说服他人接受我们的观点，循规蹈矩、严谨烦琐的推理或抽象论证做不到时，我们可以选择一段很有人情味的饱含情感的幽默言辞，就可以轻松说服别人，传递自己的观点。

对别人存在明显问题的表达，我们可以用幽默的方法寻找形象生动的事例类比说服。

一位作家对批评家批评其创作非常不满，对批评家说："要想公正地评论一篇作品，批评家本人必须会创作才成。"面对这样的指责，批评家并没有大发雷霆，而是轻松地说道："我亲爱的作家，我有生以来没有下过一个蛋，可是请你相信，我比任何一只母鸡都更清楚鸡蛋的味道。"

批评家用了一个母鸡和鸡蛋的事例来做类比，简明扼要地阐明了"一个人善于观察和分析事物的能力并不等同于亲力亲为某件事情的能力"，成功说服了作家。

当交际双方出现了观点冲突，而一方又想说服另一方接受他的观点时，最好不要一开始就否定对方的观点，可以运用幽默言辞打破僵局，以便营造出一种轻松气氛，然后将对方引导到你想要表达的观点上来。再看下面的案例：

一个日本年轻人辛辛苦苦编写了一本《儿童英语百科辞典》，但他没有足够出版的资金，而且很多人也不看好这本书。因为这里位置偏僻、经济落后，当地学习英语的人一直很少。但年轻人却不这样认为，他想越是落后的地方，越是需要提高教育水平，这种书的需求量就越大，于是他去求助于当地的一位富商。来到富商家里，年轻人诚恳地说明了自己的来意。哪知富商面无表情地说道："你走错地方了，我投资是要看收益的，你这不行。"年轻人并未放弃，连忙解释道："先生，如今日本越来越国际化了，使用英语的地方越来越多。您也有孩子吗？您肯定不希望他们一辈子待在家里，不出去见见世面吧？"听到这儿，富商刚才冷冰冰的神情已经消失了，他若有所思地问："这英语好学吗？"年轻人并没有直接回答，而是反问道："我见您家里在养狗，您和家人是否怕狗？"富商毫不犹豫地回答："那当然不怕。"

"对呀，因为我们习惯了养狗，所以不怕狗。学英语也一样，如果从小养成一种习惯的话，就不觉得难了。学英语应该从小抓起，不知不觉中就会对英语产生兴趣，这正是我编写这本书的初衷。"年轻人觉得有希望了，有些兴奋地回答。富商并没有下定决心，说道："我再考虑一下吧。"

年轻人依然没有放弃，说道："如果我们的孩子哪天到了欧洲一些国家，因为不会说英语而迷路了，您愿意吗？您总不会到时才想给他们邮寄一本英语词典吧？"一番幽默的话过后，富商终于爽快地答应了年轻人的投资请求。①

上面案例中，编书的年轻人想说服富商投资出书，可是富商却和大多数人一样，一开始并不看好他的书，认为其没有投资价值。年轻人于是巧妙地用养狗和学英语进行幽默类比，在一种轻松有趣的气氛中让富商放下了对书的成见和对自己的戒心，后面年轻人再追加一个有关孩子到欧洲国家不会说英语可能遭遇尴尬的场景想象和描述，再用一句幽默的反问，最终成功说服富商爽快答应了他的投资诉求。

在说服他人的过程中巧妙地添加幽默言辞，想要传达的道理和观点就具有深入人心的感染力，即使对方很有主见，最终也能改变初衷，接受提议和诉求，让本来观点不同的双方达成合作。

有时候，某一行业领域的规章和条文要取得对公众更好的规约效果，也可以换一种幽默的表达方式。

马来西亚到处都是引人入胜的风景，吸引了世界各地的游客。马来西亚的公路网络密布，车辆流量大，一度交通事故频频发生，十有八九都是因为车速过快导致的。原因既已明了，对症下药就能避免悲剧重演。但政府屡次明令限速，成效并不显著。后来，他们在一些交通要道张贴了这样一段标语牌：

"欢迎各位游客和司机朋友的光临，温馨提示如下：阁下驾驶汽车时，如果时速保持 30 公里左右，你可以饱览本市的优美景色；如果车速超过 70 公里，法庭欢迎你前来做客；车速超过 90 公里，设施完备的急救医院随时恭候你的光临；车速超过 120 公里，请你安息。上帝会接见你的，阿门！"

不久，马来西亚的车祸发生率大大降低了。②

马来西亚政府没有使用干巴巴的"禁止超速行驶"的标语，也没有警告驾驶人"超速行驶可能会车毁人亡"，而是用幽默的语言，善意地把几种不同速度超速行驶的后果全部罗列出来，让人触目惊心之余顿生恐惧之感，从而不得不放弃冒险而尽量遵守限速行驶的驾驶规则，规避和杜绝这种对自己和他人的生命不负责任的违法行为。

有一种说法，说世界上有两件最难的事情：其一是要从别人口袋里掏钱；其二就是要改变别人的思想和观点。当别人的观点跟我们不一致时，我们想要对方放弃其观

① 泰歌，罗胜辉. 怎样有逻辑地说服别人［M］. 哈尔滨：哈尔滨出版社，2021：190.
② 李维文. 幽默沟通［M］. 青岛：青岛出版社，2015：54

点，毫无技巧、直来直去的说服是很难奏效的。毫不设防、无所顾忌地指出对方观点的谬误也是不合适的。运用职权或势力急功近利地强行控制更不可取。最好的方法就是运用幽默打破僵局，先营造出一种和谐轻松的交谈氛围，在与对方谈天说地或快乐闲谈中表明你的观点，再慢慢引导对方认同。

### 五、"风趣幽默"言辞可以寓庄于谐，谐中见刺

生活中，没有人可以不犯错，也不可能完全回避犯错的人。对别人的错误视而不见，熟视无睹，不置可否，就会助长错误。对他人的过错容忍不发，委曲求全，任其发展，不仅犯错的人会更嚣张，事态也会扩大，最后变得不可收拾。如果一旦发现别人有错，就抓住不放，甚至穷追不舍，不批倒决不罢休，不仅于事无补，给犯错之人带来损害。正常的人际关系也难以维系，也是吃力不讨好的事。如果运用幽默技巧，寓庄于谐地加以应对和处理，就能有效地避免上述各种情形的发生。既能在轻松一笑中让对方快乐改错，息事宁人，还能于诙谐中凸显我们对待错误的原则和庄重严肃的态度，于奇言妙语中表现我们待人处事的大格局和大智慧。

有位老板忙完一上午的工作之后，径直走入路边的大排档，要了一碗米饭和一份农家菜"蚂蚁上树"（粉丝炒肉），没想到刚吃一口，就吃到一粒沙子，接下来几口，还是不断地发现有沙子。这个老板干脆认认真真地将餐盘里的沙子一一挑出来摆在餐桌上。这时，服务员过来了，面露难色地说："不好意思，对不起，这盘菜里尽是沙子吧？"老板摇摇头，马上接过服务员的话说："不，也有粉丝和肉末。"

本来，不管是什么级别的餐饮门店，菜肴的卫生都是应该有所保障的。不应该出现沙子之类的硬伤。这位老板遇到这种比较严重的卫生问题，本来可以跟这家大排档讨个说法，甚至还可以投诉他们的厨师和服务员，以维护自己的正当权利。可是，这位老板却没有选择任何一种维权途径，而像一位司空见惯的高人一样，只说了一句："不，也有粉丝和肉末。"幽默的话语中，既客观地陈述了当时的事实，也流露出他与人为善的宽容，同时，也话中有话地辛辣讽刺了餐馆的卫生工作存在严重问题。这种发现问题时"不从鸡蛋中挑骨头，而从鸡蛋中挑鸡蛋"的幽默，就是一种难得的待人接物的智慧，非有大爱心和有大修养的人做不到。

下面，我们再来看契诃夫的著名微型小说名作《威胁》中讲述的故事：

有一个贵族老爷的马被盗了。第二天他在所有的报纸上都刊登了这样一个声明："如果不把马还给我，那么我就要采取我父亲在这种情况下采取过的非常措施。威胁生效了。小偷不知道会产生什么严重后果，不过他想着可能是某种特别可怕的惩罚，

很害怕，于是偷偷地把马送还了。能有这样的结局，贵族老爷很高兴，他向朋友们说，他很幸运，因为不需要步父亲的后尘了。

"可是，请问你父亲是怎么做的？"朋友们问他。

"你们想知道我父亲是怎么做的吗？好吧，我告诉你们……有一次他住旅店时，马被偷走，他就把马肚带套在脖子上，背着马鞍走回家了。如果小偷不是这样善良和客气的话，我发誓，我一定要照父亲那种做法去做！"①

在这篇微型小说中，契诃夫别出心裁，运用幽默笔法，不针对盗马的小偷，却将讽刺的矛头直指马的主人贵族老爷。讥笑他的威胁恫吓只是虚张声势，是一种过时却仍然要倚仗的贵族威势；笑他不以父亲当年马被盗后"背着马鞍走回家"的狼狈和尴尬状态为耻，反以为荣的昏聩；笑他觉得不必"步父亲的后尘"了的自我庆幸背后根深蒂固的精神胜利法。

这篇故事差不多三百字的篇幅，言简意赅，发人深省。令人在笑声中不禁思考：造成这一现象的背后原因是什么。特别是结尾，再次强化贵族老爷的矛盾形象：这位老爷最后还在发威，说什么小偷要是不把马送还，"我发誓，我一定要照父亲那种做法去做！"这话看来只是令人捧腹的玩笑话，其实则是契诃夫对色厉内荏、既背时又玩世不恭的俄罗斯没落贵族的辛辣嘲讽。

## 六、"风趣幽默"言辞可以化解痛苦和焦虑，有利于身心健康

现实生活中，我们很多时候会陷入一地鸡毛的无奈，处于一种有心无力的痛苦与焦虑之中。面对一些短时间之内难以有所改观的消极事件，风趣幽默也可以用来化解个人的痛苦，摆脱不堪，作为一种健康合理、积极有效的自我心理调适剂而存在。

鲁迅笔下的阿Q，一遇到自己无能为力改变的现实困境，就会启用精神胜利法，求得精神上的超越和自我拯救。虽然鲁迅塑造这个形象的意图旨在批判其不能正确面对自己现实处境的劣根性。但是，同一事件，若站在另一思考角度进行观察，也可以得出不同的结论。试想想，地位低下的贫雇农阿Q，一个人微言轻的底层民众，在面临那些高高在上的贵族老爷的挤兑和欺辱时，除了本能地频繁使用精神胜利法之外，还能有什么更好的行之有效的应对办法？因此，从言语交际的角度来看，阿Q的做法有其合理性，是底层民众在面对人生艰难时进行自我拯救的生存智慧。

---

① 契诃夫．威胁［M］杨宗建，唐素云，译//凌焕新．中外经典微型小说读本．南京：南京师范大学出版社，2017：3.

汪曾祺笔下的底层民众，在面对鸡零狗碎的家庭矛盾时，走到当地的安乐居喝上一壶茶，缓解痛苦和不快后，再回到家里，继续和老婆孩子过着辛苦而平凡的日子。他们有时也会用艺术化的方式来化解人生的某些酸楚和经济的拮据。他们甚至会用"一个鸡蛋，打出两碗蛋花汤"的审美化的生活艺术来超越经济的困窘，把缺衣少穿的赤贫日子活得有滋有味。

因此，风趣幽默，也是应对人生苦难和化解痛苦时必然找到的一种自我拯救途径。生活中的某些艰难和困苦，我们以一己之力，有时候没办法妥善处理、应付和超越，这时候便需要依赖自身的精神力量来战胜或超越，采用自我调整的心理机制来修正不良情绪，避免可能出现更加糟糕的后果，并平衡个体和他人、现实和理想之间的差距，风趣幽默就堪当此任，具有消除心理失衡、化险为夷的功能。幽默言辞，可以成为一种个体通过主动的心理调适，来自行愈合创伤和排解焦虑的有效方式。可以有效减少负面情绪的积累，避免身心过多的压抑和耗损，有益个人身心健康。

比如，我们因为支付不起某种价格昂贵的汽车，可以及时请出"吃不到葡萄就说葡萄酸"的幽默技巧，找出这种汽车某个方面的缺点，比如油耗大或者颜色不经典，然后对自己说："这只油耗子要是买回来，我可能得把一日三餐换成一日一餐了，还是先把自己养好再考虑养油耗子吧。"或者说"这么不耐看的颜色，买回来天天看着开着也不舒服"，轻而易举地将"自己付不起费用"的失败体验转变为"自己不愿付费"的明智之举。虽然没有改变自己困窘的经济状况，却及时地排解了消费受挫的不良心理，也不失为一种生存智慧。

我们生活在社会环境中，几乎每时每刻都会遭遇各种各样不合心意的人和事，会和他人发生各种难以预想和防范的不确定性的冲突，假如能有效地运用幽默的言语交际技巧，就有可能化解冲突，缓解工作压力，重构和谐的人际关系。

小李是一家城市规划设计院的院长助理。每天都必须处理各种琐碎的杂务。还要接待各种客户，处理客户的各种诉求，帮助院长查找各种资料，还要随时听从院长的指令，每天工作总是很紧张，没有多少闲暇时间，不过小李已经习惯了这样的工作状态，并没有因杂务缠身而心情不佳，相反遇事她都能以幽默的言语来从容和冷静应对。

有人打电话找院长："我要和你们院长见面。"

"我可以告诉他您是谁吗？"小李问。

"快给我转接你们院长！"来电话的人语气急躁，不容商量，"我必须要和他立刻面谈！"

"抱歉。"小李平和地说，"设计院安排我来接电话，似乎很欠缺考虑。因为十个电话中有十个是找院长的。"

来电话的人笑了，然后报上了他的名字和联系方式。

上述案例中的小李，面对客户的不友好，运用巧妙的幽默言语技巧缓和了客户的紧张情绪，也在很大程度上消除了自己的工作压力。

西方有个关于苏格拉底的故事。这位大名鼎鼎的哲学家，其妻的脾气非常暴躁。有一天，当苏格拉底正在跟一位客人谈话时，夫人忽然跑进来大骂苏格拉底，接着拿桶水往苏格拉底头上一倒，将全身都淋湿了。这时，苏格拉底一笑，对着客人说："我早就知道，打雷之后，一定会下雨的。"①

夫人只顾发泄自己的不满，不分地点和场合当着客人的面对自己的丈夫勃然大怒，已然让苏格拉底在客人面前很没面子了，可是苏格拉底却按捺住心中的不悦，像没事人一样，轻描淡写地说这是自己意料之中的事，用风趣幽默的言语化解了尴尬、解除了危机，使本来对自己很不利的尴尬场面随之化于无形。苏格拉底自己也尽显哲学家的智者风范。试想想，假如苏格拉底不能及时运用幽默技巧化解，对妻子的无理取闹大打出手或愤然斥责，一场家庭大战一触即发，在所难免，事情最后可能会变得不可收拾，大哲学家的形象也会荡然无存。

家庭经济状况不怎么好的姬某去参加他多年不见的初中同学主办的聚会，聚会上和老同学一起聊天，不知怎么就聊到了有关私家车的话题，同学们纷纷发表对于自己开的私家车品牌的议论，然后，一个同学突然问："老姬，你家的车是什么牌子?"他平静地说："哈哈，你不知道吗? 我的私家车牌子叫'永久'呀!"

面对对自己经济状况不熟悉的老同学的这番问话，姬某没有表示出不理解或难过，也没有觉得羞愧难言，而是运用幽默的话语，将自己的自行车品牌当作私家车品牌加以回答，既表达了他对突发状况的从容和坦然应对，也展示了他用幽默言辞化解了自己因经济困窘而导致难堪的交际智慧。

当事情已经发生，遗憾或伤心难以避免，最正确的事就是正视它并想方设法从痛苦中走出，不让这些痛苦和伤心无休止地折磨和打垮自己，进而开始全新的生活。也许有人会说，无视痛苦的幽默并不能真正改变现实，只能是一种带有自欺欺人性质的心造幻影。我们要强调的是，心理的强大也是强大，遭遇痛苦或难堪时，与其缴械投降，什么也不做，或者自怨自艾，毫无对策，不如自我拯救，用幽默技巧，开心化解，为以后争取事情的进一步实质性解决提供一个健康的身体和良好的心境，才会有本钱在有能力打拼时放手一搏。

---

① 马晓琴. 心理健康 [M]. 西安：西安出版社，2005：180.

## 第二节 "风趣幽默"言辞技巧的运用策略

古往今来，人们在言语交际实践中，发现了要实现幽默诙谐机智的言语效果，可以采用丰富多样的可行性策略。具体来说，主要包括：自我调侃法、欲擒故纵法、故作神秘法、刻意曲解法、移花接木法、将错就错法、借用故事法、反唇相讥法、顺水推舟法、旁敲侧击法、谐音双关法、形象描述法。日常生活中，大家可以因地制宜、因人而异地运用到交际实践当中去。

### 一、自我调侃法

有时候，言语交际双方由于不甚了解，话题难以开启或继续；有时候，生活中难免发生一些小小的意外事件，或者由于自己做错了什么、说错了什么，需要自己给自己找台阶下；有时候，一不小心我们会陷于当众出丑的危局；有时候，对方有错，又不方便直接批评和指责。这时，我们不妨启用自我调侃法，制造幽默，化解尴尬。

自我调侃，也叫自我解嘲。我们都知道，一般来说，我们受他人调侃或嘲弄会心生不悦，但是假如这个调侃行为的发出者就是自己，接受起来就会容易很多。同时，假若自己确实错了，在别人笑话我们之前先去面对自己的错误，效果比回避或者沉默要好很多。自我解嘲可以用于某些意外发生时的应急言语策略。日常生活中，我们每个人都不知道什么时候会发生一些难堪的意外，比如身处大庭广众之中，突然鞋跟掉了，摔了一跤，很不好意思的时候，你如果赶紧从地上爬起来，拍完身上的灰尘时来一句："问题不大，幸好我长得五大三粗的，刚好完成一个高难度的翻滚动作，身体还没开出花。"在调侃自己粗壮的同时，也让旁边的人开口一笑，尴尬随即在笑声中化于无形。

在某些演讲场合，某些取得重要成就的前辈为了激励后人、亲和听众，放下架子，也可以一种平易近人的态度，跟听众分享自己的工作得失和体验，也可以对之前在工作或生活中存在的某些无关紧要的缺点或错误进行自我调侃。

一位资深的营销经理在上培训课时给他的学员做了"营销给我带来了什么"的即兴演讲。在演讲过程中，他列举了诸多自己在营销生涯早期出现的低级错误事例，博得了学员阵阵喝彩和善意的点赞。演讲最后他还非常自豪地说："你们说营销人员初入门时出点谬误那又有什么要紧的呢？生活还在继续。我的妻子依然爱我，我儿子照样还叫我爸爸。我们身边的风景依然那样美丽。每天太阳也会照常东升西落，人们还是会在周一到周五正常上班。休闲的时候他们依然开心，就如我们现在过得这么快乐一样。"

通过自我调侃的幽默话语和引以为豪的精彩演讲，资深营销经理传达给学员：资深经理也是普通人，初入门时也会犯各种错误。这样自我调侃的幽默言辞，将学员心目中遥不可及的"资深经理"从一个高高在上的神秘人物还原成一个平常人，并具有良好的激励学员不怕犯错、勇于实践的作用。

有位教师由于身材较矮，与新生初次见面时，就招致他们窃窃发笑。但这位老师并不生气："我知道你们在笑什么，但你们恐怕不知道，我踮起脚比拿破仑还要高两厘米呢。拿破仑干出了惊天动地的事业，我也想在教学方面有所作为。在今后我们相处的三年里，我想改进一些教学方法，大家要做好心理准备……"①

这位身材较矮的老师，在面对学生们嬉笑和不尊重的目光时，没有斤斤计较愤怒批评，而是不急不躁、豁达大度地拿"个子不高但名垂青史的拿破仑"来自比，说出如此乐观自信的幽默言辞，不仅成功化解当时的尴尬，而且还意味深长，暗含着"人不可貌相，海水不可斗量"这一观点的传达，也是对学生的生动教诲。

当然，自我调侃的幽默要注意跟"强词夺理"区别开来。强词夺理一般是指缺乏逻辑、牵强附会的答辩或说理言辞，而自我调侃法主要针对的是那些不足以产生重大社会影响或损失的小毛病或小事件。对于关系到国计民生的大事，可千万不能自我调侃，更不能强词夺理，那样就等于文过饰非，粉饰太平，吃亏的最终还是自己。

战国时代，宋国有一个大夫（官名），名叫高阳应，是一个强辩的人，没有理由的事情，他也要强辩硬说。别人虽然嘴上说不过他，可是心里就是不服。有一次，高阳应要建一座房子。一位有经验的木匠看了盖房子的材料向他说："现在还不能动工，木头还没有干呢！用这样潮的木头做柱子，不久会有裂痕。木头一有裂痕，就会支撑不住房子了，将来房子会倒塌的。还是等木头风干以后再动工吧！"高阳应却反驳说："根据你的说法，恰恰相反，用潮木头做柱子，房子不仅不会倒塌，反而应该更坚固。你看，木头越干就越有力，砖瓦泥土越干就越轻。现在木头还潮的时候，加上了屋顶尚且能支架得住，过了些时候，砖瓦的压力减少了，木头风干了，不是更能支持得了吗？怎么会倒下来呢？"

木匠被他这么一驳，无话可答，只好依着主人的意思去做。房屋很快盖起来了，但是没多久，不出木匠所料，房子果然倒塌了。

---

① 赵子仪. 你的思路价值百万 [M]. 哈尔滨：哈尔滨出版社，2008：389.

后人用"强词夺理"比喻硬用语言强辩，把无理说成有理。①

把出丑说成是难得的享受，也是自我调侃之常用技巧。生活中，偶尔由于意外或不小心，我们往往会遭遇一些当众出丑的境况，这时不妨把出丑当成难得的享受，自我调侃一番，化尴尬为皆大欢喜。

比如，骑摩托车或自行车，突然摔倒在众目睽睽之下，这时大家都等着看你的笑话，你不妨爬起来说：

"第一次跟大地亲密接触的感觉真好！有点像大师表演魔术，也有点像作家观察生活。"

于是，众人在你的陶醉和忘乎伤痛的描述中自然也就不好意思再看你的笑话了。

有时候，明明是对方做错了，可是有的人打死也不承认，这个时候，我们不妨把责任揽在自己身上，在自嘲中幽默地不动声色批评对方，使其认识到自己的错误。

期末考试，有学生不及格，不反省自己平时没认真听课，却责怪老师有意抓他不及格。这个时候，老师发言了：

"是的，我抓你不及格了，是我的错，我简直是疯了，自己的学生学习那么认真，我都竟然要抓他们不及格，现在弄得学生不开心，我自己脸上也无光啦！"

如果会听话的学生，就会觉得老师这是在表明，自己不会无故抓学生不及格。因为这样，不仅学生不好受，老师自己脸上也无光。这句话还暗示了，其实并不是老师要抓你不及格，相反，恰恰是学生自己学习不认真才导致的。这样的自我调侃，比师生双方大声理论，或者面红耳赤地争论谁对谁错来得更巧妙更有效果。这就是自我调侃幽默言辞的魅力。

## 二、欲擒故纵法

欲擒故纵，本是我国古代兵法中提及的制胜之计，意思是想要擒拿对方，故意先放开对方，目的是让对方输得心悦诚服，以有效消除对方心中的不满、对抗或恨意。《三国演义》中诸葛亮"七擒孟获"就是这一策略的典型诠释。

欲擒故纵，其实就是说心里想要抓住一个什么东西，表面上却装出对这个东西无所谓的样子，让别人的视线模糊，搞不清你是真不喜欢还是假不喜欢，这样有时候会歪打正着，达到自己的目的。

胜天是某净水器公司的特约推销员，一天，他奉公司之命到一小区的超市推销公

---

① 吴登美. 中华典故：第2卷［M］. 长春：吉林大学出版社，2009：55－56.

司的拳头产品，他先是选择一个周末，趁超市人多的上午 10 点，向众多的顾客宣讲并演示这种净水器的各种特点和功能，引起顾客的好奇和兴趣，当顾客们正犹豫着要不要买的时候，他突然从口袋里拿出手机，接了个电话之后，匆匆离开了。临走时，他对大家说："亲们不急，可以多了解了解，反正我们工厂的工人现在紧赶慢赶着生产，可能也供不应求。"一听这话，那些顾客都留下来向超市经理打听这名推销员的联系方式。后来，果不出这位推销员所料，这一周的 58 个订单，都来自那天上午在超市看过他宣讲和演示的顾客。

这位推销员之所以能够推销成功，就有赖于他恰到好处地运用欲擒故纵的推销技巧。他那天自始至终都没有一句话直接表达希望顾客购买他们公司产品。当顾客犹豫着要不要买的时候，他竟然借故离开，临走时还流露出"反正我们的产品不是卖不出去，而是供不应求，你们买不买都无所谓"的态度，无形中给顾客造成"不下单会后悔"的心理，于是收获了大量订单。

推销员的交际技巧同样启示我们：商业交易活动中，如果是卖家，你的推销言辞就要表达出"我这个东西很好卖"的意思，给买家造成一种不尽快下单，就可能会缺货的心理压力，很可能不砍价就买单了。反过来，如果是买家，下单之前，你可以向卖家表明"这个东西可买可不买，如果便宜一点可以买，要是贵了，就不买"之意，对方会觉得，确实是这个道理，反正现在商业竞争也很激烈，不卖的话，就要囤积在仓库，还不如卖了，赚到钱才是王道。这些也是欲擒故纵的幽默技巧，

现实生活中，我们有时会碰到他人向自己提出一些明显不合理或违反规章制度的要求，这时，我们没有必要一开始就拿出一副公事公办的架势，这很容易让人对你产生有权就颐指气使，给人一种高高在上不近人情的感觉。再说，直接驳斥可能还会挑起争端。这时候，不如启用欲擒故纵的幽默言辞技巧，先顺着他的意思答应他，随即给他提出正当而合理的要求或规范，让他自己做选择。这样大多数人都会觉得自己理亏，而按规章制度行事。

某单位的郑某下班后开车去乡下，突然想起上午已经跟女朋友约好一起去庆祝同事爸爸的七十岁寿辰，他赶紧将车速放慢，准备将车停放在路边一家店铺门前，正好遇上店老板从店里出来，他于是赶紧将车门打开，对店老板说："大哥，通融一下，我停车打一下电话，几分钟就好。"

店老板回答说："当然可以。停 1 个小时也没问题。"

然后，郑某正高兴地想踩刹车停车，这时，店老板走过来大声地对他说："哥们，车可以停，不过，因停车而影响顾客进店的损失，你怎么补偿我呢？"这下郑某才回过神来，对店老板说："你太会说话了，那我还是找个空地再停吧。"

这位店老板听到郑某提出的无理要求，没有直接驳斥他。因为他考虑到直接驳斥他可能会导致郑某的不悦。于是，他先答应郑某，答应的言辞就体现了"纵"的话语策略，然后当郑某以为店老板真的答应了的时候，店老板及时对郑某喊话，让他知道在店铺门前停车会影响顾客进店进而会导致生意受损失，这就相当于"擒"。这次事件中，店老板就是运用了欲擒故纵的幽默言语技巧，成功地说服了郑某不要在他店铺门前停车。

家庭生活中，夫妻一方有可能有一些生活陋习，而且明知故犯，屡教不改。这时候，另一方不妨运用欲擒故纵的幽默言辞技巧跟其认真严肃地谈一次，可能收到意想不到的好效果。

周姐的先生以前有抽烟的嗜好，后来到医院检查照 X 光发现得了肺结核。周姐知道了，跟他慎重地谈了一次。她说："其实，我也不想剥夺你的那一点爱好。你可以继续抽烟。"先生顿时有些激动，于是说："还是我老婆比较理解我。"没想到周姐接着说："只是到时候住医院，我还得上班带孩子，没人照顾你，你要是吸烟吸出个肺癌来，一大堆医药费你准备好了吗？"这时，先生的激动神情顿时收敛了。他这时静下心来想想周姐的话，觉得她说得句句在理，于是决心痛改前非，没过多久就戒了烟。

如果周姐一开始就用吵架的方式或以一种威胁的口吻跟她先生说"如果你再不戒烟，那我们就离婚吧"，可能得来的是一句"离就离吧，谁离了谁不行呀"的对抗式回答，谈话就没法进行下去了。可是，周姐事先进行了预判，避免了这种僵局的发生，选择了"欲擒故纵"的幽默技巧。她先表示自己也不愿剥夺她先生抽烟的爱好，表示出一个妻子对丈夫生活嗜好的理解、容忍和理性态度。当她先生怀着激动的心情正要感谢她的时候，她又转用严肃的口吻跟他分析吸烟对身体的害处，让她先生自己去权衡利弊，于是成功说服先生戒烟。

有的时候，我们面临某种看起来无法解决的难题，也可以试试先承认或接受，然后运用欲擒故纵的幽默技巧来想办法达到自己的目的。

一位老人退休后想图个清静，于是就在郊区买了一所房子。住下的前几周倒还太平。可是不久，有几个年轻人开始在附近追逐打闹，且经常大喊大叫。老人受不了这些噪音，于是他想了一个办法来消除这些噪音。有一次，这一群年轻人又来了，噪音比上次更加厉害。老人走出去对这些年轻人说："我一个人生活太孤独了，而我又喜欢热闹，如果你们每天都来这里玩耍，我给你们每人一元钱。"年轻人当然高兴，既玩了还能得钱，何乐而不为呢？于是他们更加卖力地制造噪音。过了两天，老人愁眉苦脸地对他们说："我现在还没收到养老金，所以从明天起，每天只能给你们五角钱了。"年轻人虽然显得不太开心，但还是接受了老人的钱，每天下午继续来这里打闹。又过了几天，老人很沮丧地对他们说："真对不起，通货膨胀使我不得不重新计划我的开支，所以每天只能给你们一角钱了。""一角钱？"一个年轻人脸色发青："我们才不会为区区一角钱在这里浪费时间呢，不干了！"

从此，几个年轻人再也没有来过，而老人有了安静悠然的日子。①

上述案例中，老人就娴熟地运用了欲擒故纵的幽默技巧，从而巧妙地制服了这帮调皮难缠，又处在逆反心理期的小年轻。假若他只是一味地训斥，可能会适得其反；一味地提要求，很可能也无济于事；找警察来处理，又会闹得动静太大，虽说可以达到预期，效果肯定要比"欲擒故纵法"逊色很多。

## 三、故作神秘法

故作神秘法指的是在某些交际活动中，我们有时不愿跟他人分享自己的内心秘密，想要给对方一种神秘感，不让对方对自己的某些负面情感或缺失了如指掌，使自己变成透明人而使用的交际技巧。故作神秘不同于故弄玄虚，故弄玄虚主要指故意要弄心思，运用招数，掩盖真相，迷惑别人，一般用来指具有欺骗性的手段或行为。而故作神秘的幽默言辞，虽说也会构成不说真话的事实，但跟恶意欺骗无关，而成为一种交际智慧。

我们先来看一个故事：

有一个算命先生，自称上知天文，下晓地理，前能算出 800 年因果，后能算出 800 年报应，自称"活神仙"。

一天，有三个进京赶考的秀才路过此地，来到了他的卦摊前。其中一个秀才问道："我们三人这次能考中几个？"算命先生闭上眼睛，掐指算了一算，然后伸出一个手指头来。三人不明其意，异口同声地问他："这是什么意思？"算命先生笑笑说："天机不可泄露。"秀才们无论怎样追问，想知道个究竟，可是算命先生怎么都不开口。无奈，三个秀才只好继续赶路了。

算命先生的徒弟见秀才们走远了，忙问师父说："您刚才伸出个手指头，到底是什么意思？"算命先生看看旁边没有人，就悄声地说："他们一共有三个人，如果一人考中了，这一个指头就是告诉他们只能考中一人；如果他们有两个考中了，这一个指头就是告诉他们三人之中要有一人落榜；如果他们三个人都考中了，这一个指头就

---

① 李楠. 人际交往心理学［M］. 北京：新华出版社，2017：72.

表示一起考中；如果他们三人都没有考中，那就表示一个也考不中。"

小徒弟听后哈哈一笑，说："天机原来是这样的，的确不能泄露啊！"①

这个故事就是算命先生通过故弄玄虚法玩弄的骗人伎俩，不能算作真正意义上的交际技巧。而故作神秘的幽默言辞技巧，主要是指我们在现实生活中为了不让对方在第一时间对我们的话语意图、所作所为和某些家庭背景之类的情况了如指掌，故意不把真相对对方和盘托出，而运用一些子虚乌有的说辞加以应对的交际技巧。

曾经有个生意场上的朋友，在一次聚会上问笔者："老朋友，为什么你可以发表那么多文章，还能写书，给我分享分享一下成功秘诀吧。"笔者盛情难却，回答他："你不知道，我是天上文曲星下凡吗？"朋友笑了，大家都笑了，笔者自己也笑了。

其实，一个做生意的朋友之所以这样问，不过是在客套性地恭维，并不是他真正关心起笔者的写作来了。再说，一个人的写作秘诀也没必要随意透露给别人。于是，笔者灵机一动，想到这个"天上文曲星下凡"的说法，这就是典型的故作神秘的幽默言辞技巧。这样的说辞，既没有表现出拒人于千里之外的高傲，也坚持了自己为人处世的底线，而有效地避免了自己被他人牵着鼻子走的尴尬发生。再来看一个例子：

在一位老人的105岁生日宴会上，有人要求老人介绍自己的长寿秘密，老人不动声色地回答："那只是因为有寿星在护佑我。"

众所周知，一个人的长寿跟寿星是否护佑毫无关系。再说寿星之说，本身就是子虚乌有之谈，老人没有在他人兴致勃勃的时候故意扫他人之兴，也不愿意如实告诉他们自己真正的长寿秘诀，或许压根就没有什么秘诀可言。于是，老人成功拿来"上天"这个虚无缥缈的形象来作挡箭牌，非常巧妙地运用故作神秘的幽默言辞加以机智应对，不乏老成和睿智，也包含幽默和风趣。

故作神秘的幽默有时候也可以运用在某些不便直说的场合。这时候需要我们选择符合交际情境、跟话题密切相关的说辞，来暗示所要表达的意思，取得某种既具有针对性，同时又能淡化对抗情绪的带有"虚化"特征的交际言辞，用一种较为曲折而间接的话语营造一种令人愉悦、和谐的交际氛围。

一位家庭主妇快步进入一家小区门口的便利店，很不客气地对营业员说：我女儿大约半小时前在你这边买了一袋糖果，我特意用秤称了称，发现糖果的斤两不足。营业员听到这位主妇的投诉，一点也不生气，因为她做事认真负责，并且坚信自己没有看错斤两。她大概猜到可能是小女孩在回家路上忍不住嘴馋，先拿出一部分糖果吃了。于是她不慌不忙地对主妇说："大姐息怒，我想问您，您称糖果之前，有没有称

① 刘仁增，刘晓丹. 每天一个幽默故事 [M]. 福州：福建少年儿童出版社，2010：149–150.

一下您女儿？"

主妇听营业员这么一说，才突然一下子想起，她女儿回家时还真的有"玉米味的这种糖果味道棒极了"的说法，应该是女儿偷吃了一些才导致分量不足的。于是，她说了声"对不起"，两人相视一笑，问题圆满解决。

这名营业员面对主妇的责问，没有出言为自己争辩，也没有直接说出"你怎么不想想是不是你女儿偷吃了？"之类的涉嫌羞辱对方的话语。如果这样说，不仅一点幽默感都没有，而且可能导致事与愿违的不确定性后果。她坚信自己没有错，于是向主妇提出了一个看起来似乎不着边际的话题，而其实，问题中却暗示主妇应该从自己女儿身上找原因。于是，主妇也从她的问话提醒中想起自己的草率，从回忆女儿回家时的细节，确认了糖果短斤缺两的真相乃回家途中被女儿偷吃，避免了一场争执。

社会交往中，其实，虚虚实实作为一种生存技巧和处世智慧，是很多高人奉行的人生哲学。因为有时候，保持自己在别人心目中的神秘感和魅力，非常重要。特别是在复杂的社会环境中，如何避免将自己的某些不如人意的缺陷过早地暴露在他人面前，而使自己处于不利的局面，这就需要拥有一种"藏掖"功夫，不在他人面前轻易露出自己的底细，也是对自我尊严的有效维护。

故作神秘的幽默技巧，有时也是为了增添交际活动的情趣，类似于俗话中的"卖关子"技巧，也有点像我国古代的说书人或者章回小说家经常在故事情节的要紧处突然停下不讲了，然后抛出一句"欲知后事如何，且听下回分解"之类的话语策略，以吸引读者持续关注。

外贸公司办公室主任刘姐生性风趣，平时工作不紧张的时候喜欢跟要好的同事发短信聊天。有一天，她跟笔者发信息："这一周，我先生出去开会，不在家，我可十足地享受了一回皇太后待遇。"笔者听她这么一说，好奇心就有了："真的吗，此话怎讲？说来听听！"她看笔者开始对她的话感兴趣了，说："你真想听？"笔者自然羡慕地催她："真想听。"她说："那个滋味，我敢说，你一辈子都没享受过吧？"为了让她快点开口，笔者就答道："那是肯定的。"于是，她又扔过来一句："那你可得替我保密，对别人我可谁也没说哦。""那是当然。"最后，她才很不情愿地发来一段很长很长的信息：

大女儿参加高考，我得上阵督战；小儿子关心国际时事，我得垂帘听讲；还有，代表公司出席重要的活动，跟各种客户订立不同的合同；还要亲临家庭五星级厨艺大赛现场并做评委；作为老爸老妈的专属营养师兼家庭医生，每天都得为他俩的健康不间断地发号施令。最重要的，还得每天出入菜市场，兜底一家六口的民生，让大家吃饱喝足。

这个刘姐本来是想向笔者抱怨诉苦的，可是，看她诙谐地说一半留一半，硬是把痛苦通通埋在心里，脸上开心地笑了。生活中，当我们无法赶走烦恼和琐碎时，不妨幽自己一默，开心地排解负面的心理。

## 四、刻意曲解法

"刻意曲解"也叫"有意误解"，这是交际过程中人与人之间为了维护脸面，避免紧张对抗而采用的交际技巧。也就是说话者假装误解，营造一个可能威胁对方面子的情境。

伊籍，字机伯，山阳（今河南修武西北）人，少时依附同郡刘表。后刘备至荆州，伊籍即有自托于刘备之意。刘表卒，伊籍随刘备南下，后又随刘备入益州。刘备攻取益州后，任伊籍为左将军从事中郎，待遇仅次于简雍、孙乾等人。后刘备派遣伊籍出使东吴，孙权闻知伊籍有才学，善言辩，意欲以言辞为难伊籍。伊籍入拜孙权时，孙权问他："如此劳累，难道即为事奉无道之君吗？"伊籍回答："一拜一起之间，不足以为劳累。"伊籍敏捷善对，大多如此，孙权对他颇为称赏。①

孙权问话中"无道之君"本意指的是刘备，伊籍却刻意曲解为孙权，把刚才对孙权行的拜见礼，说成是"侍奉无道之君"，不仅不动声色地瓦解了孙权想要为难他的图谋，同时也成功维护了刘备的形象。伊籍运用"刻意曲解"的幽默言辞在外交场合中随机应变，值得我们借鉴。

刻意曲解具有维护面子、抵御侮辱、制造幽默、调和冲突、打破僵局、摆脱困境、建立和谐人际关系、避免不利后果等功能。

临近春节前的一天下午，某大型超市收银台前排着长长的队伍，某公司的业务员章某排在后面，突然他接到老板的电话叫他抓紧时间赶回公司紧急处理一个重要问题，由于事情紧急，他于是很自然地走到前面插队，排到了一位年轻女性的前面，见章某突然插到自己前面，她想也没想，就非常生气地说："招呼都不打，就随便插队，你以为你是谁？什么人呀？"

业务员从容地说："我和你一样是这超市的顾客，咱们都是大忙人呀！"年轻女性听他这么一说，觉得这个业务员又好气又有趣。就不再说什么了。后面排队的顾客听了，也帮着业务员打圆场说，"既然有急事忙，那就通融理解一下，让他先结账先走"。

---

① 白玉林，曾志华，张新科. 三国志解读 [M]. 北京：华龄出版社，2006：248.

这个案例中，年轻女性说出的"你以为你是谁？什么人呀？"已经是锋芒毕露的话语了，本来有错的业务员，如果反应强烈，直接反驳："你是谁，你又是什么人？"的话，势必引起双方更为严重的冲突，还会触犯众怒，成为众矢之的；如果沉默不语，不做解释，又可能会招致年轻女性进一步的轻蔑和侮辱。业务员针对当时的交际情境，选择了故意曲解的幽默言辞来应对，及时化解了自己的尴尬和困窘，风趣的话语也消除了年轻女性的怒气。

一个公司高管，要出门跟客户谈判，刚好碰上司机请假不能送他，于是，跟他的秘书一起坐公交前往。周一公交车上人真多，拥挤不堪，因为赶时间，高管顺手将他的手机放在公文包的侧口袋里，还忘了将拉链拉紧，手机半截露在口袋外边。这个细节恰好被他右边的年轻人发现了，就起了扒窃之心。于是，他趁着高管没注意时，以极快的速度将手机拿出来攥在自己手里。正在此时，高管下意识地发现自己的公文包晃动了一下，猛然看见自己的手机在年轻人手上，他屏息了两三秒钟之后，拿出自己的名片，非常客气地对这个年轻人说："先生，非常感谢您，及时发现了我包包里险些掉到地上可能会摔坏的手机。现在，为了不给您添麻烦，您可以把它交回给我了吗？这是我的名片，以后有什么帮得上您的，我定当全力以赴。"年轻人听他这么一说，只好将手机交回给他。

这个高管，把话说得太有水平了。本来是要批评和指责的话语，在他嘴里，变成了感恩。然而，不动声色的话语让年轻人听了，又不得不承认错误，这就是刻意曲解的言语交际技巧，具有化干戈为玉帛的力量！假若他第一时间责问："你为何拿我手机，这不是偷吗？"不管年轻人是个惯偷，还是临时起意，在大庭广众之中，只会使其难堪，接下来可能是狗急跳墙式的争吵、谩骂或者暴力伤害，后果可能大相径庭。

刻意曲解不仅可以曲解对方的侮辱性或对自己不利的行为，还可以表现为刻意曲解他人话语，交际者根据对方先行语在形式和内容方面的漏洞或模糊性，利用相似的话语故意扭曲对方的观点。

德国诗人路德维希·乌兰德有一次与妻子共赴朋友的晚宴时，乘着酒兴断然地说道：

"世上任何事物都有两面性。"谁知他的妻子听后却笑道：

"不见得吧？我就知道有一种只有一面的事物。""不可能吧？"乌兰德好奇地问道。这时他妻子这才说道：

"你的信！亲爱的，它们从来都只有一面！"①

---

① 李晖，海慧. 名人幽默精华［M］. 北京：中央民族大学出版社，2000：282.

诗人的妻子为了在晚会上调节气氛，不遵循理性思维逻辑，用替换概念的思路，故意曲解了乌兰德话语中"世上任何事物都有两面性"中的"面"的内涵，用"对方写的信只有一面"的说辞反驳了丈夫的观点，乌兰德冷不丁被妻子幽了一默，妻子故意曲解的话语机智风趣，带有戏谑性，让闻者开心一乐。

有时候，对方提出一个超越我们认知水平的问题，为了不直接表现出自己的无知，也可以运用故意曲解的回答，化险为夷。

小张有一天和同学聊天，问同学："你知道3D打印是什么吗？"这位同学平常很少接触这些与高科技相关的前沿信息。当时他脱口而出："我当然知道。它肯定不是1D打印。我还知道它的另一个特点。""它的另一个特点是什么？""它也不是2D打印呀。"同学的回答，逗得小张哈哈大笑。

面对小张提出的超出自己认知范围的提问，他的同学既没有埋怨他故意"哪壶不开提哪壶"，也没有冷冰冰地回答"不知道！"，而是从对方问题中的3D打印的字面意思做文章，设计出如此个性化的回答，展示出幽默的临场交际应对技巧。

## 五、移花接木法

移花接木，本来指的是将某种花木的枝条嫁接到另一种花木上，比喻暗中使用手段更换原来的人、事、物。这里借用来指称交际活动中如果遇上不好回答的问题，可以将棘手的问题暂时移开，把它转移到另外一个有利自己的话题之幽默技巧。

文学大师萧伯纳有一天接到一位小姑娘写给他的一封信，信中说：

"您是一位最使我敬佩的作家，为了表示对您的热爱，我打算用您的名字来命名我的小狮子狗，不知您的意见如何？"

萧伯纳回信说："亲爱的孩子，我十分赞同你诚恳的希望。但是，最主要的一点是，你一定要和你的小狮子狗商量商量，并征得它的同意才是。"[①]

这个事例中，萧伯纳针对小姑娘提出的具有明显侮辱性的请求，表达了赞同的态度。随即移开了这件事可能对自己造成伤害的事实，不做理论，同时迅速地找到了事件中涉及的另一方小狮子狗作为话题。接下来进行话语设计，以要求小姑娘必须征得小狮子狗同意才行的回答幽默地拒绝了她的无理要求。移花接木的幽默技巧用在这里，如行云流水，了无痕迹，令人不能不叹为观止。

下面案例中运用的移花接木的幽默言辞和上例具有同样的交际效果：

---

① 拾月. 文艺大师的情操风范［M］. 长春：吉林出版集团股份有限公司，2016：118.

　　张某应聘到某公司负责一个工程项目的改建工作，可是，之前双方谈好的改建经费却迟迟不到位，听说公司还准备削减经费。于是，张某只好去找负责经费的办事员讨说法，可是，办事员不仅不积极解决，还振振有词地找理由应付："你来找我有什么用？这些经费都是有钱人赞助的，有钱人才有发言权。"张某听办事员这么一说，于是，从手提包的钱夹里拿出几张零钱放在办事员面前的桌子上，说："我是有钱人，现在我有发言权了吧？"

　　办事员没想到张某会以这种方式反驳他，一时也找不到其他措辞，只好让张某说下去，张某于是就将推迟和削减经费的弊端一一说出，办事员也觉得他说的很在理，于是把张某的意见和建议一一汇报给工程主要负责人，负责人和赞助商协商后，最后经费虽然推迟了一段时间，但没有削减，全部如数发放到位。

　　张某面对办事员不想作为、试图搪塞的"振振有词"，没有针锋相对地表现出愤怒，也没有紧张，而是机智冷静地将对方说的"有钱人"的概念内涵所指移开，换上对自己有利的对"有钱人"一词的理解，采用移花接木的幽默言辞，使对方措手不及，从而取得说话的主动权，最终达成自己的交际诉求。

　　汉代的皇家藏书里有这样一个名为"东方朔饮不死之酒"的传说：

　　洞庭君山有美酒，饮者不死。汉武帝斋七日，遣男女数十人至君山，得酒，欲饮之。东方朔曰："臣识此酒，请视之。"一饮致尽，帝欲杀之。朔曰："杀朔若死，此为不验；以其有验，杀亦不死。"乃赦之。①

　　这则案例中，东方朔先移开自己"偷喝酒犯了死罪"这一事件不谈，先抓住"不死之酒"，借题发挥，进行"是"与"不是"真相的推测，顺利地留给汉武帝一个两难选择：如果这酒是"不死之酒"，那么，你即使想杀我，我也不会死。如果这酒不是"不死之酒"，那么，你没必要把我杀死。因此，不管这酒的真假如何，你杀我都失去意义和价值了，从而顺利为自己的偷酒行为成功辩护和开罪，保住了性命。可见，处于危难境地时，善用移花接木的幽默言辞技巧，有多么重要。

　　"移花接木"这种幽默技巧，一般用于交际中意外出现的尴尬或危机场景。这时，听话者可以迅速调动自己的知识储备，利用说话者言辞中可能有的缝隙或多种内涵，先移开说话者针对的话题或事件不去一探究竟，迅捷而巧妙地把该话题转嫁到另一个相关事件或话题，朝着对自己有利的方向去设计具体的言辞。这样的言辞可以将话题引向跟自己无关的他人，也可以留给对方一个两难选择。

　　在商务谈判中，如果对方硬咬住过低的进货价不松口，而我们又不能接受对方的

---

① 孙能传，孙德敦．皇家藏书：益智编下 ［M］．北京：中国戏剧出版社，2000：780．

开价时，也可运用移花接木法，委婉地设计一个对方无法跨越的障碍，既委婉地表达自己拒绝的理由，又能坚持自己的原则不动摇。比如下面的案例：

某大型超市的工会主席说："经理，我们老板说了，这批工作服的进价我们只能出到每套 100 元。"

"主席，这个价格也不是不可以。前提是我们把全棉面料换成化纤面料，生产成本降低 40% 才能满足你们的开价。"

经理移花接木地设置障碍的言外之意是一分价钱一分货。如果对方所开的价格过低，那就只有换其他劣质面料才可以达成。亏本生意肯定没人会做，而对方肯定不同意换劣质面料，于是只有在价格上妥协满足对方达成合作。

移花接木作为一种交际技巧指涉的言语行为，需要跟偷梁换柱、偷天换日等区别开来。"移花接木"主要指用甲代替乙；"偷天换日"强调运用职权改变或掩盖重大事件的真相；而"偷梁换柱"则侧重指以假乱真、以次充好。前者为中性词，后两者多为贬义。因此，移花接木幽默技巧要注意在确保交际意图正当合理的前提下正确使用。任何时候，利用职权偷天换日或者为了贪图钱财偷梁换柱，弄虚作假，都要尽可能避免。

## 六、将错就错法

将错就错，是指错误已经发生，干脆索性顺着错误的方向继续下去。将错就错，有时候也能制造出绝佳的幽默效果。将错就错的幽默技巧，既可以在说话者发现自己出现错误言行之后运用，也可以在发现对方出现错误之时使用。

先来看说话者发现自己出现失误的情形：

有一次，张作霖出席名流雅席。席间，几个日本人突然声称，久闻张大帅文武双全，请即席赏幅字画。张作霖明知这是故意刁难，但在大庭广众之下，盛情难却，就满口应允，吩咐笔墨侍候。只见他潇洒地走到桌前，在铺好的宣纸上大笔一挥写了个"虚"字，然后得意地落款："张作霖手黑。"按上朱印，踌躇满志地掷笔而起。那几个日本人，丈二和尚摸不着头脑，面面相觑。机敏的随从秘书一眼发现了纰漏，"手墨"，亲手书写的文字怎么成了"手黑"？他连忙贴近张作霖耳边低语："您写的'墨'下面少了个'土'，'手墨'变成了'手黑'。"张作霖一瞧，不由得一愣，怎么把"墨"写成"黑"啦？如果当众更正，岂不大煞风景？他眉头一动，计上心来，故意训斥秘书道："我还不晓得这'墨'字下边有个'土'？因为这是日本人要的东西，这叫寸土不让!"①

张作霖这里使用的将错就错的幽默技巧，确实十分高妙，既及时有效地弥补了自己的手误，又给了没怀好意的日本人以迎头痛击，可谓一语双雕。社交活动中，当自己出现失误的时候，应该及时想方设法加以妥善订正、挽救和弥补，以免授人以柄、成为众矢之的，导致自己名誉受损而陷入危局。

值得强调的是，将错就错的幽默技巧不能滥用。比如在商务场合，当他人指出我们的过错（如果过错属实），这时就不适合运用将错就错的交际技巧。否则，后果会很严重。

在工艺商品店里，一名妇女在质问经理："在上个星期，你们卖给我的这个象牙盒是假的，我请人鉴别过了，它根本不是用象牙做的!""请原谅，夫人。如果真有这么回事的话，那么，在科学如此发达的今天，这也不是不可能的：我想，或许那头大象曾经成功地镶过一只假牙……"②

这个故事中经理的回答，显然是想用高科技时代的说法来掩饰自己店铺出售假货的真相，是典型的抵赖和无耻行径。这种刻意文过饰非的将错就错，可能不仅不能博得顾客的开心一笑，还会导致顾客的火上浇油。假如妇女继续追问："那么，请把用那头大象嘴里没镶假牙的其他真牙做成的象牙盒子给我。"这位经理就无话可说了。所以，经理的将错就错式的辩解就不能算真正的幽默，只能令人生厌。在社交中，我们要尽量避免。

人非圣贤，孰能无过？有时候一不小心，我们就有可能说错话。如果错了，千万别惊慌失措，错上加错，可以立刻冷静下来，接着错误的话题继续发力，朝着之前错误言辞的反方向内涵设计另外的幽默言辞加以应对，就有可能救场圆错：

在一次婚宴上，主持人向两位新人传达祝福："你们即将步入婚姻的殿堂，共同度过漫长的婚姻生活。幸福美满的婚姻需要两人去共同经营。机器想要运行顺畅就需要润滑剂，你们就好比是一对旧机器……"

主持人的话还没说完，来参加婚礼的宾客就发出了一片嘘声，那一对新人也是面红耳赤。主持人想起来，这对新人是各自离异之后，历经波折才终成眷属。现在将他们比喻为一对旧机器，就像是在讥讽他们。

但是主持人并没有慌张，他好似没有听到宾客的嘘声一般，不慌不忙地说道："……一对旧机器，已经过了磨合期，接下来只要享受美好的日子就可以了。"

① 白晓.人际交往心理学［M］.长春：吉林出版集团股份有限公司，2019：219.
② 章亭晖.办公室幽默［M］.北京：长城出版社，1999：17.

话音刚落，台下顿时响起了掌声，那一对新人听了主持人的话，也感觉格外幸福。①

在自己与他人同处尴尬的场合，也可运用将错就错的幽默言辞加以化解：

有一次，俄罗斯大文豪列夫·托尔斯泰去火车站迎接一位来访的朋友，在站台上被一个刚下车的贵妇人误认为搬运工，便吩咐托翁到车上为她搬运箱包，托翁毫不犹豫地照办了，贵妇人付给了托翁五个戈比。此时，来访的朋友下车见到托翁，赶忙过来同他打招呼，站在一旁的贵妇人才知道这个为她搬行李的人竟是大名鼎鼎的托尔斯泰。贵妇人十分尴尬，频频向托翁表示歉意并请求收回那五个戈比，以维护托翁的尊严。不想托翁却表示不必道歉，和蔼地对贵妇人说，"无须收回那五个戈比，因为那是我应得的报酬"。

双方的尴尬顿时化解在轻松的欢笑声中。②

托尔斯泰被他人误以为是搬运工，能顺着对方之意将错就错泰然处之，在朋友出现指认了自己的身份之后，对方发现了自己之前误认的错误，这时，对方也陷入了尴尬，于是，豁达机智的托尔斯泰再次成功运用将错就错的幽默言辞加以化解，表现出他对对方本来就没有恶意或无大碍的犯错的体谅和善意。

当然，有的时候，对方的错误如果是不可饶恕的或可能导致重大后果或影响的，我们则需要运用另一种将错就错的幽默言辞毫不客气地加以纠正。

加拿大前外交官斯特·朗宁，生于喀麦隆，他出生以后喝的是非洲奶妈的乳汁。在后来的一次竞选中，他的对手抓住他生在非洲这一点，对他进行攻击，说："你曾经是喝非洲奶妈的乳汁长大的，你身上有非洲血统，不适合做加拿大的外交官。"朗宁冷笑了一声，说道："你从小到现在一直在喝加拿大的牛奶，那你身上就有加拿大奶牛的血统了。"③

斯特·朗宁在这个交际案例中就使用了将错就错的幽默技巧。面对竞争对手咄咄逼人然而又存在明显逻辑漏洞的观点，他冷静应对，没有直接反驳，而是先不理论对方观点的正确与否，找出对方观点背后的逻辑推理，然后按照对方的逻辑再推出一个更加荒谬的观点。推出的这个荒谬的观点连对方自己都不能接受，最后有力地证明对方先前的观点本身就是错的。这种将错就错的幽默也叫以谬制谬。这种幽默言辞帮助外交官完美地达成了"以其人之道还治其人之身"的交际效果。

---

① 张笑恒. 情商高的人，不会输在说话上 [M]. 南昌：江西美术出版社，2020：215.
② 萧胜平. 赢在幽默 [M]. 北京：中国纺织出版社，2009：15 – 16.
③ 李平. 大学生实用口才培训教程 [M]. 西安：第四军医大学出版社，2006：23.

## 七、借用故事法

借用故事也是造就言语风趣幽默的另一种有效策略。有些观点或道理，如果我们每天把它当公式概念化地传授给他人，要求他人谨记于心，效果并不一定好。相反，假如我们能够借用讲故事的形式，运用生动有趣的故事情节、栩栩如生的人物或具体的环境来诠释某些抽象的道理，接受者则更容易记住并认同。

给管理者做培训的机构，为了更好地说明管理职位的重要性，以及管理职位的特点，培训师经常会给观众和学员讲下面这个故事：

有一个人去集市买鹦鹉，看到一只鹦鹉标价二百元，在旁边特别说明：此鹦鹉会两门语言。另一只鹦鹉售价四百元，也有个说明：此鹦鹉会四门语言。应该买哪一只呢？这个人仔细地比较着，两只都鬼精鬼灵的，非常讨人喜欢，左看右看的，反倒是拿不定主意了。就在这时候，他突然发现在两只鹦鹉身后还有一只鹦鹉，毛色暗淡散乱，又老又丑的，却公然标价八百元，旁边没有任何说明。

他赶紧把摊主叫过来问："这只老鹦鹉是不是会说八门语言？"

摊主摇摇头说："不会啊。"

这个人觉得奇怪了，追问摊主："既然是这样，你为什么胡乱抬价，拿一只老鹦鹉欺骗顾客呢？"

摊主笑了，说："你不要急嘛，我这只老鹦鹉之所以值钱，确实有理由啊，因为它管着另外两只鹦鹉，是另外两只鹦鹉的领导，所以就值钱。"①

培训师拒绝了抽象的说教式讲学方式，而采用生动活泼的故事形式，让学员们在幽默诙谐中、在会心一笑的轻松中明白了一个道理：一个真正优秀的领导者，就像那只老鹦鹉一样，自己的专业水平不一定有多高，或业务能力有多强，而是要善于从大局着眼，知人善用，会尊重人，会管理人，学会团结各种可以团结的力量，善于做各种有能力人士的领导，懂得组织有专业知识和能力的各种人完成各种任务，从而提高自己的身价。

故事讲述的幽默技巧也可运用在家庭教育上。教育者可以有针对性地选择一些切中肯綮的故事来教育孩子如何在社会上立身行事，让孩子通过对故事情节的感悟接受正确的思想教育。

一个四十多岁的妈妈，看到其女儿在高中二年级时开始关注时尚明星们的穿着，

---

① 李枢苇，江丽思. 跟着大师学管理 [M]. 长春：吉林文史出版社，2017：179 – 180.

有时还会时不时问爸爸要钱购买某些品牌服装，后来发展到严重影响学习的程度。妈妈苦恼极了，不知如何教育这个女儿才有效。于是，去咨询教育学方面的专家，专家找出了一个故事，叫她回去讲给女孩听。于是，她把专家讲的这个故事下载在随身携带的 U 盘里，回去真的就给她女儿讲了下面这个题为"阿尔伯特·爱因斯坦的大衣"的故事：

著名的科学家爱因斯坦在纽约的大街上碰到了他的一位老朋友。朋友说："爱因斯坦先生，看来你需要换一件新大衣了，瞧，这件已经穿坏了。"

"没关系"，阿尔伯特·爱因斯坦回答，"在纽约没人认识我"。几年过去之后，他们又在纽约相遇。这时爱因斯坦已是世界闻名的物理学家了，但他仍穿着那件旧大衣。他的朋友又一次试图劝他换件新的。

"现在没有必要了"，爱因斯坦说，"这儿的每一个人都认识我了"。

这个有关爱因斯坦追求真知和才华，任何时候都拒绝衣着和外表浮华的故事，比直接的道理说教更感性、更生动，教育效果也要好很多。从那以后，她女儿慢慢改掉了追求名牌时尚衣着的爱好，把精力集中到学习上来，后来顺利考上了名牌大学。

故事讲述的幽默技巧还可用于妥善处理恋爱期间发生的情感纠葛。我们知道，恋爱初期的一见钟情，多半是被对方有形的外表、家庭背景、地位等吸引，而随着约会的增多和交往的频繁，德行和素质这些内心的东西才会慢慢浮出水面。当一方德行方面的某些缺陷被另一方发觉而不能接受的时候，分手就成为无法回避的问题。但是，分手毕竟是一件令人不快的事，如果处理不好，很容易招致对方怀恨在心，还会可能招致事后的报复等不良后果。因此，如何选择妥善的分手方式，选择温和却坚定的言辞向对方表达出自己想分手的意愿，就显得格外重要。通过故事讲述的方法来幽默表明自己的态度，就是一种有效的正确选择。

著名的女作家铁凝有一个短篇《四季歌》，讲的是一对青年男女在公园里春夏秋冬的四次约会。在第三次秋天的约会中，男孩跟女孩讲了他在认识女孩之前跟前任女友的一段感情，故事里男孩的言语中充满着对前任恋人的指责、不屑和各种贬损。后来在冬天的一次约会中，女孩也跟他讲了一个故事，关于她哥哥和嫂子的故事，她哥哥曾经被嫂子深深伤害过，不仅有精神上的，也有身体上的，最后不得不离婚。在故事结尾，这对青年男女有如下的对话：

"现在我又有了新嫂子。但哥哥从来不许我们当着新嫂子的面议论过去的一切。"

"他自己呢？"

"他自己从不对任何人诉说以往和嫂子之间的痛苦。我替他生气，问他这是为什么。他告诉我，因为，她还有自己的生活和……前途。"

　　姑娘停住脚步：“从那儿开始，我才知道什么是男人。”①

　　这个故事中的女孩在听完男孩有关前任的恋爱故事之后，对男孩的人格和担当产生了不好的印象，产生了和男孩分手的想法。但是考虑到如果直截了当地提出分手，可能会产生不良后果，于是，她借用哥哥和嫂子的情感故事讲述，让这位男孩意识到分手的原因是他自己的错。因为，一段情感的结束，不仅不是哪一方单方面的错，即使是，也不宜拿出来到处宣扬，特别忌讳在现任面前极尽诋毁前任之能事。试想想，一个把前任说得一钱不值的男人，他的理性、反思、责任、担当和大度又在哪里？

　　故事讲述的幽默技巧也适用于某些公众场合。有时候，别人的言语触犯了我们可接受的底线，需要加以回击或拒绝时，就可以眉头一皱，从记忆库中迅速打捞一个有利于反击的故事讲述出来，在制造幽默缓和气氛的同时也让对方敏感地知难而退或知错就改。

　　我们来看看一则题为“张大千的胡须”的故事。著名画家张大千经常留一把长胡须，而且爱胡须如命。有一次，几个朋友在一起吃饭，酒至微醺时，其中一位一时兴起，三番五次拿张大千的胡须说事，并且和另外几个朋友一起调笑张大千。对此，张大千先容忍不语，后来实在受不了，就开始不露声色、不紧不慢地说：

　　“看到大家说得这么高兴，我也有个与胡须有关的故事，可以说出来供大家娱乐。据说，当年关羽和张飞阵亡之后，刘备调兵遣将，想集结兵力为这两个兄弟报仇。听说此事后，张飞和关羽的儿子都争先恐后要当主帅，以便亲手为父报仇。眼看着他们争执不休，为了表示公平，刘备让他们分别讲述各自父亲的战功，谁列举的战功多，谁就有权当主帅。这时，张飞的儿子张苞抢先说道：‘我的父亲当年在当阳桥大展雄风，还战胜了马超，又凭借智慧占领了瓦口，又劝降了严颜，可谓真英雄也。’这时，关羽的儿子关兴也不甘示弱，原本就口吃的他因为紧张，更加结结巴巴地说：‘我的父亲有几尺长的美须，当年献帝还曾经亲口夸奖他是美髯公呢！所以，必须由我来当主帅，率领大军为父报仇。’此时此刻，正立于云端的关公气得连声叫骂：‘这个无用的不孝子，我斩颜良，杀死文丑，浴血沙场，奋战不已，还单刀赴会，这么多英雄事迹都不讲，只说我的胡须有什么用处！’

　　听完张大千的话，在场的朋友们全都你看着我，我看着你，谁也不知道该说些什么。从这一刻开始，不但当天的宴席再也没有人说起关于胡须的话题，在此之后，再也没有人以胡须为理由调侃张大千了。②

　　上述交际场景中，为了找乐子，张大千的一班朋友不惜恶作剧地拿他的胡须调

---

①　铁凝．四季歌［M］//铁凝文集：第3卷．南京：江苏文艺出版社，1996：162.

②　刘艳华．沟通心理学［M］．天津：天津科学技术出版社，2017：163－164.

侃，使张大千不得不成为众矢之的。将胡须视同生命的张大千，不能容忍这些朋友的公然冒犯，也不愿得罪这些朋友。他需要想方设法掌握话语主动权，为自己争取从无聊调笑中脱身的机会。他并没有选择直接拒绝，没有对朋友恶言相向或怒气冲冲地严词斥责，也没有选择不理不睬的冷处理法。因为他知道如果那样，不仅达不到自己有效拒绝的预期和诉求，弄不好还会因一言不合使得多年的朋友变成陌路，还可能给对方留下一个"小肚鸡肠"的骂名。于是，他没有采取任何冲动或不理性的言行，而是从容地给大家讲了一个有趣的故事，幽默有力地进行回击，这样达到的效果就非常好。这个故事根治了那些闲得无聊的人喜欢俗不可耐地调侃他人身体特点的毛病，也让张大千自己从被人调笑的困窘和尴尬中得以脱身，这就是风趣幽默言辞的神奇和魅力。

## 八、反唇相讥法

在交际场合，有些人出于玩笑或故意，会出语伤人。语带讥讽的话语总会给听话者带来多多少少的伤害、尴尬、痛苦和不安。如果我们不想委曲求全，就有必要反戈一击。这时，"反唇相讥"就不失为一种行之有效的交际策略。用得巧妙的话，不仅可以摆脱交际困境，维护自身的权益和面子，也可以让对方惊叹于我们善于幽默的交际智慧和人格魅力，最后心服口服，不敢再次挑衅。

反唇相讥是指受到他人的玩笑、指责、谩骂或侮辱之后，不接受，并且反过来用同类性质的言语指责或讽刺讥笑对方。反唇相讥幽默技巧的使用者，必须反应敏捷，在第一时间能够分析对方言辞的特点，善于抓住对方话语中的某些可能对自己有利的因素，把握回应言辞的大方向。还要善于利用彼时彼地交际情境中的某些元素进行话题生发。再综合运用语言知识进行话语组织。这是一种难度相对高的言语交际技巧。

冯梦龙在《谈概》里记载了这样一则关于杨、李二公的轶事：

邃翁冬天气盛，而西涯怯寒，二公同坐，西涯屡以足顿地作声。邃翁曰："地冻马蹄声得得。"西涯见其吐气如蒸，戏云："天寒驴嘴气腾腾。"[①]

这个故事里，杨一清（邃翁）因为自己冬天血气旺盛，不怕冷，然后就以诗文或对联的形式笑话李东阳（西涯），话语中以马蹄戏称。没想到李东阳毫不示弱，当他看到当时杨一清呼出的气有些像蒸汽，于是就以"天寒驴嘴气腾腾"反唇相讥。两人在嬉笑中不仅增进了友谊，而且留下了一幅非常有创意同时对仗非常工整的对联。

---

① 冯梦龙. 冯梦龙四大异书：谈概 [M]. 杨军，校. 长春：长春出版社，1993：689.

清代纪晓岚的辩才是负有盛名的。《清稗类钞·诙谐种族·是狼是狗》中记载了他成功运用反唇相讥的幽默技巧敏捷应对他人戏谑的故事：

纪文达（纪晓岚的谥号，笔者注）宴于某尚书家，同座有某御史，亦滑稽者流，见一狗从庭前过，乃佯问曰："是狼是狗？""侍郎"与"是狼"同音，意指文达也。文达急对曰："是狗。"尚书问曰："何以知之？"文达曰："狗与狼有不同者二：一则视其尾之上下而别之，下垂是狼，上竖是狗；一则视其所食之物而别之，狼非肉不食，狗则遇肉吃肉，遇屎吃屎。"①

纪晓岚与和珅在乾隆时期都官居显位。纪晓岚胸怀坦荡，性好滑稽，才华横溢；和珅善于钻营，敛财有道，贪婪无比。当时和珅担任尚书职务，纪晓岚只是担任侍郎，官阶虽然比和珅低，但说话交际能力却要远超和珅和御史等人。当时御史嘴里的问话"是狼是狗？"原来是一句运用谐音戏骂人的话，"是狼"音同"侍郎"，即纪晓岚，没想到纪晓岚反应敏捷，话音刚落便意识到这是御史在骂他。但是他没有当即拆穿他，而是不慌不忙，仍然顺着他问话的字面意思继续做答，同样运用谐音双关法进行反唇相讥："上竖"字面上指尾巴翘起，与和珅问话的字面意思紧密相连，言外之意却音同"尚书"，即和珅，连起来便等于回骂"尚书是狗"。"遇屎"则音同"御史"，戏谑"御史吃屎"。一句话，成功回骂两个不怀好意的人。

日常生活中，有些说话者本来就怀着不合作的态度，故意挑刺、刁难和责备他人。面对这样的挑衅者，我们可以运用反唇相讥的幽默技巧法进行反驳，不仅可以不卑不亢，在社会交往中牢牢把握和维护自己的主动权，也可以压制对方的嚣张气焰。

一位富翁和他妻子回老家，某天，两人一起到镇上的市场去买菜。

经过市场管理处的时候，管理员冲着富翁的妻子叫喊起来："君荔，还记得我吗？高中时我们常常约会呢！"

回去的路上，富翁愤愤地说："你嫁给我是你的福气，不然你将只是一个市场管理员的妻子，而不是有钱人的夫人。"

妻子反唇相讥道："你应该庆幸和我结了婚，否则有钱人就是他。"

妻子面对丈夫的无礼之辞，敏捷机智地利用夫妻之间的关系组织话语，反唇相讥地说出反驳丈夫的话语，让丈夫有口难辩，也不失风趣幽默。

爱尔兰著名剧作家萧伯纳有一次受到一位金融家的侮辱，且看他是如何反败为胜的：

萧伯纳有一次坐在沙发上沉思，他身边的一位美国金融家说："萧伯纳先生，如

① 徐珂.是狼是狗［M］//清稗类钞：第14册 诙谐种族.上海：商务印书馆，1912-1948：22.

果您让我知道您正在思考什么的话，我愿意给您一美元。""我的思考一美元也不值。"萧伯纳看了他一眼，金融家感到很得意。萧伯纳话锋一转说："我所思考的正是你。"金融家本想戏弄萧伯纳，没想到自讨没趣。①

面对上述诸如金融家所说的侮辱和轻蔑之辞，我们就要学会像萧伯纳这样不动声色地运用反唇相讥的幽默毫不留情地予以回敬，使对方自讨没趣，自食其果，心服口服，不敢再次冒犯。

交际活动中，有些人的话语表面上好像没有任何问题，但是会听话的人却能从中感受到不友善之态度，这时，也可以运用反唇相讥的幽默技巧加以应对。我们再来看大学问家庄子是如何使用这一技巧的：

庄子家里没米做饭，为此去向监河侯借点粮食。监河侯说："好吧！我快要收到封地的税款了，到时候我借给你三百两黄金，可以吗？"庄子怒气冲冲地说："我来这里时，半道上听到有喊救命的声音，转头看见车辙中有一条鲫鱼，我问它：'鲫鱼呀，你有什么事？'它说：'我是东海里的水族大臣。你能弄到一点水来救我的命吗？'我说：'好吧，我将到南方去吴越等国游历，我将引来西江的水迎接你行吗？'鲫鱼气愤地说：'我只是失去我平常生活的环境，无法安身，只要有半升的水就能活下去。可你竟说这样的不切实际的大话。等你引来西江的水，我早已变成鱼干了，你还是早点到卖鱼干的店铺里去找我吧！'"②

庄子去向监河侯借米，监河侯的回话让庄子感受到了很不友善的敷衍以及言过其实的虚伪。庄子没有当场揭露他，而是耐着性子给他讲了一个故事，故事的内容就绵里藏针地表明了自己的反应和态度，这是一种更为高超的反唇相讥的幽默技巧。

因为反唇相讥这种幽默技巧具有针锋相对的言语效果，所以平常要注意慎用。在运用的时候，尤其要注意区分对方的话语动机。如果对方只是无聊之时开开玩笑，没有恶意，那就得饶人处且饶人，幽默诙谐地组织语言，在和谐的交际气氛中维持住自己的面子就好了，没有必要和他一般见识、和他一样语出伤人，从而拉低我们自身的档次。如果对方本来就用心险恶，故意慢待、轻视甚至出言伤害或侮辱，我们也可斩钉截铁地运用反唇相讥的幽默交际技巧进行有礼有节的回击，没必要顾虑重重，给人留下我们"好欺负"的软弱印象。

---

① 戴尔·卡耐基. 说话的艺术［M］. 郁丹，译. 北京：中国言实出版社，2017：118.
② 章亭晖. 反唇相讥［M］. 北京：长城出版社，1999：102.

## 九、顺水推舟法

日常生活中，有时候，我们会受到一些不怀好意者的取笑、嘲讽或故意为难。此时，暴跳如雷、破口大骂，不仅于事无补，还会授人以柄、徒增烦恼。假如我们能够采用顺水推舟的幽默技巧，就既可迅速摆脱窘境，又可显示我们的文化修养和人格魅力。

所谓顺水推舟，就是抓住对方的话茬，顺着说下去，让本来对自己不利的事态向着有利于自己的方向发展，从而产生"山重水复疑无路，柳暗花明又一村"一般神奇的幽默效果。

不妨先看几个例子：

诸葛恪的父亲诸葛子瑜，是诸葛亮的胞弟，侍奉孙权。诸葛子瑜的脸长得特别长，好像一副驴脸。有一次，孙权大宴群臣，为了开诸葛子瑜的玩笑，便让侍臣牵来一头驴，并在驴脸上写了一行字："这是诸葛子瑜。"众大臣一见，无不笑得前仰后合。

当时，诸葛恪的年龄很小，正好跟着父亲去赴宴。他见孙权用这种办法来取笑父亲，心里很不是滋味，于是连忙取过笔砚，在后加上"之驴"二字，变成"诸葛子瑜之驴"。

文武百官一见，顿时止住了笑声，皆被这小诸葛恪的才智所惊服，连孙权也赞不绝口。[①]

诸葛恪年纪虽小，却机敏过人。他遇上父亲受人讥笑这样的烦心事，没有当场据理力争，只是顺着那些大人们的做法，巧妙地在后面续写了两个字，就使事情有了转机，朝着有利于父亲的方向变化，使得父亲成功脱离险境。

只要我们留意生活，就会发现我们身边不少的人都懂得这种顺水推舟的幽默技巧：

有一个年轻人慕名前去请一个市里有名的高端西服定制店老板帮他定制西装，进店后先问了问老板：在您这边定制一件西装需要多少工费呢？老板回答："4000元起。"年轻人想也没想就抱怨道："怎么这么贵呀，4000元的工价差不多可以买20米进口顶级西装面料了。"老板回复他："要不您试着将20米顶级西装面料直接披在身上，会如何呢？"

---

① 黄钦德. 中外幽默大观［M］. 济南：山东文艺出版社，1992：204.

定制店老板，对顾客有关西服定制价格太贵的抱怨没有以伤人的言辞进行回击，而是顺着顾客"可以买 20 米进口顶级西装面料"的说法，找到其中的漏洞，温和地对顾客说出"要不您试着将 20 米顶级西装面料直接披在身上，会如何呢?"的问话，用顺水推舟的幽默言辞，含蓄地告诉顾客西服的高端定制价格不可以和高端面料价格相提并论，因为如果不经过高端的定制加工，再贵的面料也只是面料而已。

在现实中，不知什么时候，我们就会陷入一些猝不及防的口角之中。此时，如果我们能熟练掌握顺水推舟的幽默技巧，抓住对方言辞中某些有利于自己的东西借题发挥，组织应对言辞，我们就能化被动为主动。德国大诗人海涅的做法就值得我们借鉴:

德国大诗人海涅是犹太人，常常会因此遭到无端攻击。一次晚会上，一个旅行家对他说:"我发现了一个小岛，这岛上竟然没有犹太人和驴子!"海涅不动声色地说:"看来，只有你我一起去那个岛上，才会弥补这个缺陷!"①

海涅遭受旅行家取笑自己犹太人的身份时，精准地抓住对方言辞中"没有犹太人和驴子"的表达，然后顺着对方的意思，说了句"只有你我一起去那个岛上，才会弥补这个缺陷!"，轻而易举地让对方自作自受成了"驴子"。这一招顺水推舟的言辞就很好地完成了"请君入瓮"的交际使命，讽刺旅行家自己就是他先前所说的岛上所缺少的驴子，不可谓不高明。整个谈话过程中，海涅没有任何过激之语，也没有任何的面红耳赤，却让对方难堪至极，这算得上是炉火纯青的"顺水推舟"幽默技巧了。

英国诗人乔治·英瑞面对他人有意刁难时的回应也和海涅异曲同工:

英国诗人乔治·英瑞出身于一个木匠的家庭。他在上流社会中从不隐讳自己的出身。有个贵族子弟嫉妒他的才华，在众人面前想出出他的洋相，就高声地问道:"对不起，请问阁下的父亲是不是木匠?"

"不错，您说得很对。"诗人回答。

"那他为什么没把你培养成木匠?"

乔治微笑着，很有礼貌地反问:"对不起，那阁下的父亲想必是绅士了?"

"那当然!"这位贵族子弟傲气十足地回答。

"那他怎么没把你培养成绅士呢?"②

在上述交际案例中，乔治也是准确地抓住对方话语中试图借父亲身份和儿子一脉

① 孙红颖. 幽默心理学［M］. 北京:北京日报出版社，2016:88.
② 陆若离. 新幽默［M］. 北京:西苑出版社，2009:7.

相承的推理漏洞来侮辱自己的特点，先假装认同对方的观点，再顺着对方的推理推出一个对对方不利的结论，将对方带入一种他自己设置的险境或陷阱之中，最后毫无还手之力，只好自认理亏。

我们再来看一则笑话：

隋朝时，有个人很聪明，但说话结巴。官高气盛的杨素，常常在闲暇无聊的时候，把那人叫来说说笑话。

年底的一天，两人面对面地坐着，杨素开玩笑地说："有个大坑，深一丈，方圆也是一丈，让你跳进去，你有什么办法出来吗？"

这个人低着头，想了想，问："有有有有梯子吗？"

杨素说："当然没有梯子，若有梯子，还用问你吗？"

那人又低头想了想，问："是白白白白天，还是黑黑黑黑夜？"

杨素说："不要管是白天还是黑夜，你能够出来吗？"

那人说："若不是黑夜，眼眼眼又不瞎，为什么掉掉掉掉到里面？"

杨素不禁大笑。又问："忽然命你当将军，有一座小城，兵不满一千，只存几天的口粮，城外有几万人围困。若派你到城中，不知你有什么退兵之策？"

那人低着头想了想，问："有救救救救兵吗？"

杨素说："就因为没有救兵，才问你。"

那人又沉吟了一会儿，抬头对杨素说："我审审审审慎地分析了形势，如如如如您所说，不免要吃败败败败败仗。"

杨素大笑了一阵，又问："你是很有才能的人，没有事情不懂得。今天我家里有人被蛇咬了脚，你能医治医治吗？"

这个人应声回答："用五月端午南墙下的雪就好了。"

杨素问："五月哪里能有雪？"

那人说："五月既然没没没没没有雪，那么腊月哪里有有有有蛇咬？"

杨素笑着打发了他。①

这个故事中杨素试图取笑和为难的人虽然口齿不清，但回答问题时不仅思维十分清晰，而且善于抓住杨素问话中露出的马脚，成功地运用顺水推舟的幽默技巧，给自己迂回曲折地开辟出一条脱身的道路，不可谓不聪明。

日常生活中，对付有些人明显无理和不公平的说法，也可运用这种顺水推舟的幽默技巧来从容应对。下面故事中的丈夫，就是这样一位从容的胜利者：

①　李连成．幽默沟通［M］．北京：中国商务出版社，2018：123－124．

女人买了一只鸽子，回家让丈夫炖，然后自己跑去听音乐会，丈夫也想一起去。

女人说："两个人听浪费钱，你把鸽子炖好，等我听完回来，边吃边和你分享音乐会的感受。"待女人听完回来时，没见到鸽子，就问丈夫："鸽子呢？"

丈夫淡定地坐到沙发上："鸽子我全吃了，来，我给你分享分享吃鸽子的感受。"

这个聪明的丈夫，面对妻子的说辞，没有当场进行指责，而是容忍不发，其实在心里已经想好了对策：你一个人去听音乐会，那我就一个人吃鸽子，也算平等，谁也不亏。他顺水推舟地把鸽子一个人吃掉，然后等到女人听完音乐会回来后问到鸽子时，再学着女人的语气轻描淡写地说："来，我给你分享分享吃鸽子的感受。"妻子听完，只能无话可说，因为丈夫不过是完全按照她的逻辑把鸽子吃了而已。这就是幽默的力量。

## 十、旁敲侧击法

旁敲侧击原意指在旁边和侧面敲敲打打，比喻说话或写文章不直接从正面阐明本意，而是用若明若暗的语言朦朦胧胧地表达出来，或转弯抹角、曲折隐晦地说出来。

使用旁敲侧击的幽默技巧，一般是因为说话者觉得话题直接说出来不好意思，面子上过不去，有时也是为了照顾听话者的接受心理，而运用话语提醒的方法进行沟通交流的言语交际技巧。

北宋著名词人苏东坡和佛印之间流传着很多佳话，其中，下面这件轶事就特别有趣：

一日中午，苏东坡去拜访佛印。佛印正忙着做菜，刚把煮好的鱼端上桌，就听到小和尚禀报：东坡居士来访。

佛印怕把吃鱼的秘密暴露，情急生智，把鱼扣在一口磬中，便急忙出门迎接客人。两人同至禅房喝茶。苏东坡喝茶时，闻到阵阵鱼香，又见到桌上反扣的磬，心中有数了。因为磬是和尚做佛事用的一种打击乐器，平日都是口朝上，今日反扣着，必有蹊跷。

佛印说："居士今日光临，不知有何见教？"苏东坡有意开老和尚玩笑，装着一本正经的样子说："在下今日遇到一难题，特来向长老请教。"佛印连忙双手合十说："阿弥陀佛，岂敢，岂敢。"苏东坡笑了笑说："今日友人出了一对联，上联是：向阳门第春常在。在下一时对不出下联，望长老赐教。"佛印不知是计，脱口而出："居士才高八斗，学富五车，今日怎么这么健忘，这是一副老对联，下联是：积善人家庆有余。"苏东坡不由得哈哈大笑："既然长老明示磬（庆）有鱼（余），就请让我来大饱口福吧!"佛印无奈,只好拿出了藏在磬里的鱼与自己的老友分享。①

佛印本是出家人,有吃鱼之戒,无奈禁不住鱼肉的美味诱惑,在无人之时也顾不上那么多清规戒律了,没想到鱼刚做好,苏东坡这个不速之客就来了。佛印为了不让自己吃鱼的秘密暴露出去只好把鱼偷藏起来,没想到这一秘密没能躲过苏东坡的眼睛。苏东坡也不能直接对佛印说"我想吃你做的鱼",那样会有失体面,很不好意思。于是,他找了个借口,用询问对联下联的方式,用话语双关的方法旁敲侧击地叫佛印自己说出"磬有鱼"。最后佛印只能拿出鱼和朋友一起分享,这就是读书人和出家人之间默契的交际趣闻。

如果说上面的事例是说话者碍于自身的面子问题而运用的旁敲侧击的幽默技巧,下面这个故事则是说话者为了照顾听话者的面子而运用的旁敲侧击的幽默技巧:

一位顾客坐在一家高级餐馆的桌旁,把餐巾系在脖子上。这种不文雅的举动很是让其他顾客反感。经理叫来一位侍者说:"你让这个绅士懂得,在我们餐馆里,那样做是不允许的,但话要说得尽量含蓄。"

怎么办呢?既要不得罪顾客,又要提醒他。侍者想了想,走过去很有礼貌地问了那位顾客一句话:"先生,您是刮胡子,还是理发?"

话音刚落,那位顾客立即意识到自己的失礼,赶快取下了餐巾。②

侍者没有直接指出客人将餐巾系在脖子上这一做法的欠妥,也没有用命令式的语气传达大堂经理的指示。他非常礼貌地走到这位客人面前,幽默地针对客人将餐巾系在脖子上的事实寻找话题,只是问了客人"您是刮胡子,还是理发?"这样看似牛头不对马嘴的问题,言下之意就是:您如果不刮胡子,也不理发,就没必要将餐巾系在脖子上。话一出口,客人马上意识到这是侍者在善意提醒自己,立马将餐巾取下,侍者的目的也完美达成。侍者恰到好处地运用了旁敲侧击的幽默技巧。

我们常常碍于面子不敢向人讨要债务,如果懂得运用旁敲侧击的幽默技巧,这个问题就会迎刃而解。

王女士是笔者很要好的闺蜜,也是周小姐的同事。8年前周小姐投资房地产向王女士借了5万元钱,当时答应两年之后就连本带利还清的。没想到8年过去了,周小姐连提也没提还钱的事。这时候,王女士的孩子考入了大学,她有一次在和笔者微信聊天中突然谈到这个问题,意思是不知如何开口向周小姐讨要债务。笔者于是给她设计了一个方案:

---

① 欧阳彦之. 纵横家的策辩 [M]. 北京:中国财富出版社,2016:208.
② 姜翔. 公关实用口才 [M]. 北京:中国戏剧出版社,2000:229.

"老周，我得郑重地感谢你，要不是你 8 年前向我借了 5 万块，我那 5 万块可能就投到网络金融平台里了，那就打水漂了，今年我家孩子上大学的钱，我还不知怎么筹集呢。"

立竿见影，周小姐没几天就把 5 万元转账给王女士了。低头不见抬头见的同事听到这番旁敲侧击的话，如果还想要维持这段关系，她除了还钱，还能说什么呢？

使用旁敲侧击的幽默技巧目的一般都只有一个，巧妙地提醒对方自己想要得到的东西。这种技巧虽然表面上看起来对实际的交际意图和目标有所掩饰和回避，但是本质上还得实话实说。下面这个案例就能很好地说明这个观点。

"喂，孩子，你想干什么？"食品店老板跟他打趣道。

"哦，没什么。"

"没什么？我怎么觉得你想拿一块饼干啊。"老板说。

"不，你错了！先生，我是想尽量不拿。"小男孩顽皮地回答。

此时，老板不禁被这个男孩的机智和可爱逗得哈哈大笑。于是，这位老板就送给男孩一盒饼干，作为"嘉奖"。①

这个孩子的话语之所以逗得老板大笑并愿意送他一盒饼干，是因为这个孩子一方面要否认老板觉得自己想拿一块饼干的猜测，但另一方面又不得不暴露出内心真实的想法"我是想尽量不拿"，"尽量不拿"的说法无疑还是在旁敲侧击提醒老板"我确实还是想拿"。小孩于是留给老板可爱和诚实的印象，并因此而得到一盒饼干的嘉奖。

## 十一、谐音双关法

谐音双关指说话者借助汉语同音的两个字或词语，在特定的交际语境中将本来没有关系的词语联系在一起，造成不直接表达某种不便直接表达出来的意思，或者有意造成听话者理解干扰来曲折表达某些指责或者否定性内容的交际技巧。我们有很多民间歇后语，使用的就是这种谐音双关的幽默。比如用"气管炎"（妻管严）来形容那些惧怕老婆的丈夫，破袜子补帽檐——一布（步）登天，空棺材出葬——木（目）中无人，高山上敲鼓——四面闻鸣（名）等。

接下来我们先引用北宋大文豪欧阳修用这种谐音双关的幽默技巧，巧妙地批评一个不学无术的秀才的案例：

---

① 谭波．魅力交流指南［M］．长春：吉林出版集团股份有限公司，2018：162．

在北宋时，有一个不学无术的秀才喜爱卖弄文采。一日，他去拜访著名的文学家欧阳修，走到半路正好碰见了欧阳修，欧阳修问他去哪里，他面带得意地说了原因。欧阳修笑笑，也不说破，故意打趣说："我也要去拜访他，咱们一起走吧！"于是两人结伴而行。走到一条河边，一群鸭子吓得纷纷跳下水去。

秀才见此景诗兴大发，忍不住吟道："一群鸭仔婆，一同跳下河……"

欧阳修见他摇头晃脑的酸劲，顺口接："白毛浮绿水，红掌拨清波。"

二人刚上船，秀才又诗兴大作，禁不住吟道："二人同乘舟，去访欧阳修……"

欧阳修语带双关地调侃道："修已知道你，你还不知修（羞）！"

秀才没有醒悟，连声赞道："妙，佳句！"[1]

欧阳修巧妙地运用自己名字中"修"的谐音，意在言外，批评了这个不学无术的秀才不知"羞"，秀才到最后也不知道眼前的这个人就是欧阳修，没领悟到"不知修"的真正含义是"不知羞"，这就是责备了人也不让人轻易发现的绝佳批评技巧。

下面这个案例，就是舌灿莲花的大学士纪晓岚，利用谐音幽默技巧成功逃避皇帝责罚的故事：

乾隆皇帝微服私访下江南时，带了大学士纪晓岚在身边。一天，两人走得口干舌燥，纪晓岚看到路边有棵梨树，就摘了一个梨独自吃了起来。

乾隆皇帝很是生气，质问道："孔融四岁能让梨，爱卿得梨为什么不让呢？"这时候，纪晓岚才发现自己失礼了，赶忙说："梨者，离也！微臣奉命伴驾，不敢让梨。"乾隆皇帝又说："那你不能分给我一口梨吗？"纪晓岚接着说："微臣有生之年，都将为皇上效命，绝无二志，怎敢与陛下分离（梨）呢？"[2]

纪晓岚敢于故意在乾隆皇帝面前独自吃梨，不怕因为此举不恭而得罪皇帝，就得益于他胸有成竹地一再运用"梨"的谐音"离"字做文章，巧妙地回答了乾隆的两次问话，成功将自己从不利的窘境中拯救出来。

嘉庆皇帝问刘墉："为什么国库年年进银子，可还是不够用呢？"

刘墉答道："银子都掉进河里去了。"

皇帝很是诧异，追问道："既然银子掉进了河里，那为何不打捞？"

刘墉这才微微一笑："河深（和珅）呀。"

原来如此，一语"河深"使皇帝顿悟了，原来银子都进了和珅的腰包了。[3]

刘墉在皇帝面前不好直截了当地说因为和珅的搜刮和暴敛，国库空虚，毕竟直接

①　吕长青．幽默越简单越好［M］．北京：北京工业大学出版社，2015：47.

②　陈宗厚．趣侃说话［M］．厦门：厦门大学出版社，2012：251-252.

③　章亭晖．名人幽默［M］．北京：长城出版社，1999：22.

得罪自己的同僚也不太合适。于是，他故意用"银子都掉进河里去了"的说法引导皇帝继续追问，等到时机成熟，用"河深"的回答暗指和珅才是国家银子不够的元凶。

李鸿章有个远房亲戚，胸无点墨而热衷科举。在考场上打开试卷，竟有一多半字不认识，急得如热锅上的蚂蚁。眼看交卷时间就要到了，他灵机一动，在试卷上写道："我乃李鸿章李中堂大人的亲妻（戚）。"主考官批阅这份试卷时拈须微笑，提笔在试卷上批道："所以本官不敢娶（取）你。"①

主考官利用李某试卷上写错的字，顺着错字的意思，用了谐音幽默法，谐中带刺地讥讽了李某的不学无术。

当今时代，根据谐音原理，我们也可以创造性地在言语交际活动中设计很多幽默用法：

有一个农民出身的大老板，这几年办公司积累了很多财富，可是他还惦记着年少时的那帮朋友，经常给他们介绍工作，或者拿出自己的积蓄偶尔帮衬帮衬他们。他的另一个朋友不理解他的这种做法，于是忍不住问他："哥们，你这样做有什么好处呢？"这位大老板轻描淡写地回答道："他们'穷兄极饿'（穷凶极恶）呀，我帮帮他们，可以少和他们交恶呀。"

"穷兄极饿"的谐音幽默，不仅表明了这位来自农村的大老板关心民众疾苦，没有忘本的精神品质，也流露出他的交际智慧：竭尽所能为兄弟朋友排忧解难，也是为自己积德行善。

## 十二、形象描述法

形象描述法也常常被某些人在交际活动中适时适机运用，增添幽默效果。形象描述法一般用于替代某些抽象解释或说理，比抽象僵化的理论更加具有亲和性和及物性。

形象描述，顾名思义，就是说话要尽量摒弃空洞抽象的说理或尽量避免使用观念化、概念化的那一套；要注意善用形象刻画，突出强调摹写生动的场景，使说话具有鲜活的画面感或情景感；努力用感性化的言辞给听众营造一种身临其境之感。形象描述的幽默法还可以超越老生常谈，是一种具有打破常规的创新性的幽默技巧。

明朝初期著名文学家解缙，就很擅长在交际活动中用对联的形式，对自己想表达

---

① 易尚. 中层领导说话处事方略［M］. 3 版. 北京：中国纺织出版社，2020：106.

的观点进行形象描述，取得幽默效果：

在皇帝的身体力行、大力倡导下，上至仕宦公卿，下至平民百姓，都爱作对子。作为大学士的解缙更因擅长对对联，被人们誉为"对联大师"，声名远播。许多人都慕名向他求教，但也有一班自恃才学出众、自我感觉良好的人不服气。一天，某秀才要与他比个高低，好一举成名。只见这个秀才摇头晃脑地念道："牛跑驴跑跑不过马；鸡飞鸭飞飞不过鹰。"这算什么对联？简直不通嘛！解缙听了，感到好笑，当即就写了一副对联送给他："墙上芦苇，头重脚轻根底浅；山间竹笋，嘴尖皮厚腹中空。"①

解缙遇见上述缺乏真才实学却没有自知之明，不以为耻、反以为荣，不肯承认他人成就的不学无术的交际对象时，送给他的这副对联，就通过对"墙上芦苇"和"山间竹笋"形态特征的惟妙惟肖的形象描画，就切中肯綮地表达了自己对对方缺乏功底、徒有虚名，只会夸夸其谈、虚张声势的轻蔑和不屑，对联寓辛辣的嘲讽和批评于以物喻人、形象生动、幽默诙谐的言辞之中。这样的幽默言辞很有力量，使得对方无招架之力，只能无言以对，最后羞愧而去。

日常生活中，孩子有时也会运用这种形象描述的幽默言辞进行交际：

笔者暑假到妹妹家去，有一天，带着小外甥女岑岑一起去买菜。妹妹向来走路飞快，下楼后不多久，笔者和小外甥女就被她甩下一段很长的距离。这时，笔者牵着小外甥女的手，准备去追赶。没想到小外甥女朝她妈妈大喊："妈妈，我用脑袋走路也赶不上你啦。"

岑岑的说话就非常有意思。她没有埋怨妈妈走路太快，而用了"脑袋走路"这样别出心裁的幽默说法，来形容妈妈走路的速度太快了，她要用腿走路，根本就没法赶上了，话语中也包含对妈妈走路不考虑孩子速度的责备和提醒。

一位先生到理发店去理发，叫年轻理发师给他理成平头。年轻的小师傅却没理过平头，最后把先生的头发理成小孩样的时髦发型了。先生照镜子的时候，有点生气，但他却说：

"师傅手艺不错，不到半小时，就造就了一座山，可是这座山要让蚂蚁拄着拐杖爬，怕也爬不上呀！"

这位睿智的先生本来是要责备理发师为何差不多理成光头，但他按捺住自己的性子，没有直接说"你干脆把它理成光头算了"，而是换了同一个意思的另外一种说法："蚂蚁拄着拐杖也爬不上。"这种形象描述的交际技巧不仅显示了他的豁达大度，

---

① 邹雷. 南京历代楹联［M］. 南京：南京出版社，2016：13.

而且暗含对年轻理发师的责备，可谓"一语双雕"。

航海家哥伦布也运用形象描述的幽默法，成功应对了当时人们对发现新大陆的不以为然：

据说，哥伦布发现美洲后，许多人都不以为然，认为美洲就在那儿，哥伦布只不过是凑巧看到、发现了而已，其他任何人只要有运气，都可以做到。于是，在一次盛大的宴会上，一位贵夫人向他发难道："哥伦布先生，美洲就在那儿，我们谁都知道，您不过是凑巧先上去了，如果是我们去也会成功的。"

面对责难，哥伦布很镇静，他灵机一动，拿起了桌上一个鸡蛋，对大家说道："诸位先生、女士们，这里有一个鸡蛋，把它立在桌上很容易，请问你们谁能做到呢？"大家面面相觑，不少人跃跃欲试，却一个个败下阵来。哥伦布微微一笑，拿起鸡蛋，在桌上轻轻一磕，然后鸡蛋就立在那了。哥伦布说："是的，就这么简单。发现美洲确实不难，就像立起这个鸡蛋一样容易。但是，诸位，在我没有立起它之前，你们谁又做到了呢？"[1]

哥伦布面对人们对他发现新大陆的不认同，没有针锋相对地进行反驳，而是用生动的例子演绎了一个事实，形象而有力地说明了一个道理：做出一个新发现确实很简单，但并不是每个人都可以轻易做到，从而让这些对他发现新大陆颇有微词的人们不得不打心眼里佩服他。

## 本章结语

总之，睿智的人明白生活中的是是非非本就难免，我们要做的事就是把它们看淡然后理性对待，可以给自己先设置一个正确对待他人冒犯的情绪缓冲带；然后以幽默言辞化解，万万不可气盛心急，那样不仅可能适得其反，有时还会身心疲惫，得不偿失。

说话幽默，是指要意味深长，但并不是要把话故意说得让人听不懂，让人听不懂的话只能叫自说自话，不能叫沟通。因此，真正的幽默，既要意味深长，还要让人听得懂，还不能一听就懂，这就需要讲究技巧。技巧这个词本来就不是一看就会或者一学就会，而是一个需要持续训练方能到达妙境的功夫活。

---

① 胡展赫. 高阶思维 [M]. 沈阳：沈阳出版社，2018：117

# 第九章　言语交际的最高境界——捭阖自如

捭阖，就是开合的意思。鬼谷子认为：一开一合，与天地阴阳之道相通，是事物发展变化的普遍规律。对"捭阖"的认知，是人类掌握事物的关键。所谓"捭"，指开放、发言、公开；所谓"阖"，指封闭、缄默、隐忍。从言语交际的视野来看，"捭阖"强调说话之前要根据具体交际情境思虑周详，要善于权衡利弊、轻重、缓急。"捭"主要指在时机成熟时，或争取他人的帮助，或感化帮助他人，目的是达成交际双方的沟通和共鸣，讲究真诚以待、推心置腹，合作共赢；"阖"则主张时机未到时暂且忍而不发、行事低调持重、理性静观、不事张扬，做到大智若愚、大才若庸，能够忍辱负重、以德报怨，或等待时机，或出其不意地达成交际目的。鬼谷子告诫我们，言语交际技巧必须注重开合有道、阴阳兼顾、刚柔相济、有张有弛、能屈能伸、可进可退，因人因事而异，因情因境而议，才能达到炉火纯青、捭阖自如的最高境界。

本章阐述达到"捭阖自如"交际境界需要注意的几个方面。

## 第一节　综合运用多种技巧达成交际目的

前面各章的内容，为了行文的方便，我们单独论述了各种不同的交际技巧，学会了某种单独的技巧使用方略，可以应对比较简单的交际场景。但是，交际实践中很少出现只需某种单一的言语交际技巧就能顺利解决的问题，往往更多地需要我们同时具备综合运用多种言语交际技巧的实操能力，才能有效完成既定的交际目标。换句话说，要做到捭阖自如，仅仅能够将某种单一的技巧对应于某种简单场景，是远远不够的，机械套用也是无济于事的。真正达到捭阖自如境界的人，就是那种能够根据具体交际情境实况，敏锐地进行理性判断，然后能够迅速地调动所有的技巧理论知识，选择并组织出体现多种交际技巧，事半功倍地完成交际任务的交际高手。

《资治通鉴》里记载了春秋时期魏国的大臣翟璜巧言救任座的故事：

魏文侯使乐羊伐中山，克之。以封其子击。文侯问于群臣曰："我何如主？"皆曰：“仁君。”任座曰：“君得中山，不以封君之弟而以封君之子，何谓仁君？”文侯怒，任座趋出。次问翟璜，对曰：“仁君。”文侯曰：“何以知之？”对曰：“臣闻君仁则臣直。向者任座之言直，臣是以知之。”文侯悦，使翟璜召任座而反之，亲下堂迎之，以为上客。①

这个故事里，任座和翟璜均为人臣，任座之所以惹得龙颜不悦，就是在君臣都在的公众场合，没有顾及上下尊卑的等级关系，口出直言，当着那么多人的面，指责君王不仁，虽然表现了为丞的忠心和耿直，但冒犯了君王威严，险些招来杀身之祸。而同为臣下的翟璜，其实当时也处于一种很尴尬的窘境之中。一边是自己的同僚已经说错话了，无奈只得快步退出，一边是君王已经怒形于色，自己如果还接着任座的话题去责难君王，可能和任座两人都难以全身而退。同时，正义告诉他，也不能顺着君王的情绪火上浇油去责备任座，干落井下石之事。毕竟任座的指责既符合事实，同时还忠心可鉴，只是话说得比较直接。于是，他急中生智，顺水推舟地给文侯戴了一顶特别漂亮的高帽子，谁也不得罪，反而让文侯按着自己的意图行事，最后是一石三鸟，既救了任座，也不得罪文侯，还完成了用赞美技巧委婉指责君王达到进谏的目的，话中有话地表明了"如果文侯容不下任座这样的忠臣，那才是真正的昏君"的意思。文侯如果不想成为不仁的君主，就只有按照翟璜的意愿召回任座奉为上宾，并且为了对得起这个"仁君"的称号，保持"仁君"的形象，魏文侯还默默纠正了之前的很多错误，成为春秋战国时期享有盛誉的任人唯贤的明君。谁说良药一定要苦口，忠言必然会逆耳呢？那只不过是不懂交际技巧的人的一种主观武断而已。

结合前面几章的内容，我们可以发现，翟璜的言语行为就综合运用了"见什么人说什么话""什么场合说什么话""赞美""委婉"等多种交际技巧。他不仅自觉地意识到此时此地自己的身份，也明白文侯作为一国之君，最忌讳的也许就是有人指责他不是仁君，最爱听的也许就是有人称赞他是仁君。同时他也注意运用"什么场合说什么话"的技巧，在这需要救场的危机场合，知道君王不可冒犯，同僚必须解救。于是他冷静从容，机敏睿智地运用有效的"赞美"和"委婉"等技巧，最终成功地破除了君臣之间的隔阂，内方外圆地收获了皆大欢喜的交际成功。

在商务场合中，要完成一次成功的推销，也需要运用多种交际技巧。我们来看世界上最伟大的推销员布莱恩·崔西的推销实践：

有一次，崔西出去推销图书，遇到了一位非常有气质的女士。那时候，崔西还是刚刚开始运用赞美这个法宝。当那位女士听到崔西是推销员时，脸一下子阴了下来：

---

① 司马光. 资治通鉴精华：上 [M]. 傅春晓, 译注. 沈阳：辽宁人民出版社，2018：9-10.

"我知道你们这些推销员很会奉承人，专挑好听的说，不过，我不会听你的鬼话的。你还是节省点时间吧。"

崔西微笑着说："是的，您说得很对，推销员是专挑那些好听的词来讲，说得别人晕头转向的，像您这样的顾客我倒是很少遇到，特别有自己的主见，从来不会受到别人的支配。"

这时，细心的崔西发现，女士的脸已由阴转晴了。她问了崔西很多问题，崔西都一一做了回答。最后，崔西开始高声赞美道："您的形象给了您很高贵的个性，您的语言反映了您有敏锐的头脑，而您的冷静又衬出了您的气质。"

女士听后开心得笑出声来，很爽快地买了一套书籍。而且后来，她又在崔西那里购买了上百套书籍。①

这个案例中，推销员就成功了运用了"见什么人说什么话""什么场合说什么话""无声语言""赞美"以及顺水推舟的幽默言辞技巧。面对第一时间对他表示出反感和否定的有气质的女顾客，他用微笑容忍她的数落，之后顺水推舟地赞美其是自己很少遇见的有主见的客人，成功扭转了女士的态度，接着再次切中肯綮地赞美女士的个性、头脑和气质，赞美的话说到了女士的心坎上，所以能够说服她爽快地掏钱买书。

再看下面的案例：

晓英在一家健身会所负责和客户沟通。因为培训会所年初更新了健身器材和设备，会员月卡费用相应调高了 200 元，有一位时任某公司副总的中年女士嫌培训费用价格贵了，有退课的想法。于是，晓英准备亲自登门拜访这位女士，约好周末请她喝咖啡。

于是约会那天，她捎上一个 U 盘，里面保存有自己精心编辑的有关"家居休闲健身注意事项"的电子文档。见面之后，双方寒暄过后，副总开门见山地说："你们今年的健身月卡比去年涨了 200 元。我的身材保持得还可以，不去健身也未尝不可。况且我去年投资一个项目亏了很多钱，你们的价格在市内也算偏贵的了，你看可不可以优惠点？"

晓英一听，就知道这位女士只是因为价格问题而不想续卡了。于是，她笑着说："您是我们的老朋友了。我们非常荣幸有这样各方面都很优秀的朋友，尤其是身材和气质！您这个年纪能有这样匀称身材的实属罕见，非常了不起。"副总笑呵呵地说：

---

① 奥格·曼狄诺.世界上最伟大的推销员［M］.2 版.安辽，译.北京：世界知识出版社，2014：210 - 211.

"那是，想当初我胖成 140 斤，后来我花了两年苦练，好不容易才把身材保持到现在这样。"晓英深有同感地说："是啊，是啊，实在是太不容易了，您一定花了不少工夫吧。""那是肯定的，要是不投资失败，我对现在的自己还挺满意的。"

晓英说："嗯，您不仅身材好，事业也很成功，一次投资失败也算不了什么，副总的职位还在，只要好好干，您肯定会东山再起，再创辉煌的。这是我的祝福，同时也是您的实力和底气决定了的。"副总明显被取悦了，连声说"谢谢"。

接着，晓英话题一转说："事业要发展，女性的身材和气质一定得同步跟上才对呀。尤其是目前，您如果自己不注意，放松一段时间，您所在行业的同性竞争者们可是不会放松的哦。想必您不会在这关键时期让自己落下吧？况且，您都已经在我们的会所坚持了那么久了，对我们会所的健身效果应该也是感同身受了，今年月卡增价主要是我们的健身设备更新换代的缘故，全新的设备，一定会给会员带来更加高端和舒适的健身体验。而且今年我们还推出了一对一专门为客户量身定制的健身方案。这样吧，我精心制作了一个'家居休闲健身注意事项'电子文档，如果您坚持退卡，这个可以帮到您。"顺手从包包里拿出 U 盘递给副总。副总又感动又高兴，沉默了一会儿，笑着说："没问题，那就给我续卡吧，过两天我就去办续卡手续。"

晓英的这一次登门拜访，就体现了她综合运用多种言语交际技巧、捭阖自如的高超谈判技巧。亲自登门拜访和捎上 U 盘，是取得对方好感的"无声语言"技巧；当对方开门见山提出价格优惠的诉求之后，她不是第一时间冷漠拒绝，而用"我们的老朋友"这种恰当的称谓言辞和赞美技巧取悦对方；当对方不再表现抵触情绪时，她再把话题一转，注意运用"见什么人说什么话"的技巧，站在对方的立场说话，运用暗示性言辞提醒副总如果不再续卡，可能会导致远远超过 200 元的隐形利益损失；最后，她从对方的话语中得知对方并不是对健身会所的服务质量不满意，而是想要优惠。于是，她特别强调提价 200 元对应的是设备的更新换代、健身体验的提升以及一对一量身定制的高端服务，以服务优势来抵消价格劣势。这里又巧妙地运用换事补偿法的拒绝技巧。同时，语气十分柔和，并且最后在赠送 U 盘时说的那句话简直是画龙点睛，言下之意是：即使对方不续卡，她依然善待对方，言语没有任何的威胁，给对方选择的自由。最后副总答应续卡，她圆满完成谈判使命。

因而，要想在交际实践中达到捭阖自如的境界，首先就应该针对特定的交际情境，综合运用多种交际技巧。

## 第二节　多方利用交际情境化解交际危局

俗话说，天无绝人之路。人是主体，在面临交际中的悬崖绝壁的时候，只要开动脑筋，从当时所处的交际情境中就地取材，总是可以获得各种各样的救助，给自己开辟一条出路。捭阖自如的人，除了能够灵活运用各种交际技巧之外，也懂得利用交际情境中的一切有利因素。服务于自己的交际目的。交际情境，有人的因素，也有事的因素，还有时间和空间等自然客观因素，还有上下文的言语环境因素，如果运用得好，在面临交际危机的时候，不仅可以寻找出路，达到自己的交际目的，还可以成功救场。能不能顺利解决交际危机或成功救场，也是衡量是否达到"捭阖自如"交际境界的重要标准。

交际无难事，只怕有心人。只要愿意钻研，肯动脑筋，办法总比问题多。俗话说，路是人走出来的，走的人多了，也便成了路。当我们面临交际困窘状态时，也要懂得从彼时彼地的交际情境入手，寻找问题解决的突破口。或者从对方话语里寻找线索，或者仿照对方的语言和技巧加以自我创造，或者向在场或不在场的他人伸出求援之手，抑或制造出某种有利于自己脱身或解决问题的交际情境，达成交际目的。

《庄子·秋水》里这样记载庄子与惠子游于濠梁之上：

庄子曰："儵鱼出游从容，是鱼之乐也。"惠子曰："子非鱼，安知鱼之乐？"庄子曰："子非我，安知我不知鱼之乐？"惠子曰："我非子，固不知子矣；子固非鱼也，子之不知鱼之乐，全矣！"庄子曰："请循其本，子曰'汝安知鱼乐'云者，既已知吾知之而问我。我知之濠上也。"①

我们先用现代汉语来表达上面的意思：庄子与惠子在濠水桥上游玩。庄子说："儵鱼在河水中游得多么悠闲自得，这是鱼的快乐。"惠子说："你不是鱼，怎么知道鱼是快乐的呢？"庄子道："你不是我，怎么知道我不知道鱼的快乐？"惠子道："我不是你，固然不了解你；你也不是鱼，本来也不了解鱼。意思全都在此了。"庄子又说："请你从最初的话题说起。你说：'你怎么知道鱼儿的快乐？'你这么问，说明你已经承认我知道鱼的快乐，所以才会问我怎么知道的。我是在濠水岸边，知道鱼是快乐的。"

这就是著名的"濠梁之辩"。庄子和惠施论辩的焦点是"安知鱼之乐"。这里的关

---

① 郭庆藩，王孝鱼. 秋水第十七［M］//庄子集释：中. 北京：中华书局，1961：606－607.

键词是"安知"。"安"在现代汉语中可以译为"如何""怎么",亦可译为"哪里"。

庄子利用了语言自身的一个悖论。就是当人们指称不存在的事物时,即使是被表述在否定句中,逻辑上那个事物却似乎已经存在了。正如奥地利哲学家迈农首次提出,当人们说"金山不存在"时,他们使用的"金山"一词,就已经肯定了与之相应的东西的存在,在这句话里至少是"金山"观念的存在。

在上述论辩过程中,庄子反诘惠子的最后一句话就是抓住了惠子的问句"安知鱼之乐?"中语言表达本身存在的逻辑问题,因为惠子在说出这句否定性表达话语的时候,这句话的表达逻辑中就已经隐含"知道鱼之乐"这样的观念了。因而庄子为了有利于自己的反诘,就可以轻而易举地忽略惠子说这句话的上下文语境,用了上述故意曲解的幽默技巧来辩解。明眼人都知道,惠子说的"子非鱼,安知鱼之乐"想要表达的意思是"你不是鱼,就不可能体验鱼儿的快乐",假如惠子这样说,将意思表达得滴水不漏,庄子就无从故意曲解和辩驳了。

《红楼梦》第四十六回"尴尬人难免尴尬事 鸳鸯女誓绝鸳鸯偶"中,贾赦看上了贾母身边的鸳鸯,并且势在必得,先找她哥哥去说合,鸳鸯只咬牙不愿意,哥哥无奈,只好替她去回复了贾赦,贾赦怒气冲冲地说:

"我这话告诉你,叫你女人向他说去,就说我的话:'自古嫦娥爱少年',他必定嫌我老了,大约他恋着少爷们。多半是看上了宝玉,……叫他细想,凭他嫁到谁家去,也难出我的手心。除非他死了,或是终身不嫁男人,我就服了他!"①

哥哥不得不又把这些话当面传达给鸳鸯,鸳鸯一时气得无话可回,想了一想,便说道:

"便愿意去,也须得你们带了我回声老太太去。"②

听她这么一说,她嫂子赶紧带上她来见贾母,正碰上贾母跟王夫人、薛姨妈、李纨、宝钗等,还有几个执事有头脸的媳妇都在。

"鸳鸯看见,忙拉了他嫂子,到贾母跟前跪下,一行哭,一行说,把邢夫人怎么来说,园子里他嫂子又如何说,今儿他哥哥又如何说,……我是横了心的,当着众人在这里,我这一辈子莫说是'宝玉',就是'宝金''宝银''宝天王''宝皇帝',横竖不嫁人就完了!"③

鸳鸯在这一回的故事中就表现出了捭阖自如的技巧。她懂得在自己处于话语窘境时先容忍下来,再设法从自己所处的交际情境、从自己周围的环境或人身上寻找出

---

① 曹雪芹,高鹗.红楼梦 [M].长沙:岳麓书社,1987:352.
② 曹雪芹,高鹗.红楼梦 [M].长沙:岳麓书社,1987:352.
③ 曹雪芹,高鹗.红楼梦 [M].长沙:岳麓书社,1987:352.

路。鸳鸯面对贾赦的淫威，不愿就犯，但大观园里自己似乎成了孤家寡人，连自己的哥哥嫂子出于势利也来劝她嫁过去做小老婆，人微言轻的她敏感地意识到仅凭一己之力无法应付，在万般无奈之时，她冷静地想到求助于比贾赦地位更高的老祖宗贾母，于是她机智地以退为进，拉出贾母来当挡箭牌，说"便愿意去，也须得你们带了我回声老太太去"。于是，在嫂子的带领下见到贾母时，她就干脆当着众人的面把这事一五一十地禀报贾母，看老人家的态度如何，并且从贾赦猜想式的话语中抓住"宝玉"，仿造出"宝金""宝银""宝天王""宝皇帝"系列名词，既表达了自己坚决不从的内心意志，同时也彻底断了贾赦对她的念想，让他死了这条心。贾母听了，果然气得浑身乱战，把众人责备了一通，当着王熙凤的面责骂贾赦是没脸的公公。于是鸳鸯成功地为自己的终身大事做了一回主。

张姐是某物流公司的人事专员，有个上个月辞职的卡车司机周某来公司闹事，说公司克扣他辞职前的工资。张姐知道后主动下楼跟司机沟通，说：

"这不是周师傅么，您前期为公司的发展作出了巨大贡献，这点我们也记在心里，不过，公司目前可能遇上了暂时的资金周转困难，您说的克扣工资的问题，如果真有其事，我一定替您向老总反映帮您解决。不过您现在在这里大吵大闹，传出去，人家会信以为真。这样无疑会影响公司的信誉和收益，假如公司收益因您的事情而下降，那我想帮您讨回公道怕也难了。"

周师傅听张姐这么一说，就冷静下来说，"那我这就回去，你给我向老总反映，我等你的消息"。

张姐为了平息辞职员工的闹事，晓之以理，动之以情。以得体的赞美言辞博得对方的好感，拉近彼此的关系，之后说出公司面临的困难，再给出这件事的解决方案，最后分析闹事的害处，让他主动放弃闹事。有效地为公司化解了一场危机。

因此，遇到交际难题的时候，就要学会开动脑筋，要像庄子那样，也像鸳鸯和张姐那样，为达到自己的交际目的，不遗余力多方寻找解决办法。只要不妥协，不放弃，总会有应对之法。

笔者的一个学生张勤，暑期放假到一个社区居委会做兼职。第一天，居委会主任安排他上门去跟小区的留守老人宣传手机安装反诈APP软件。学生轻松领命而去，可是一上午的时间，走访了三户留守老人的家，发现老人都很反感有关反诈的宣传。小张主动提出教他们安装，他们也不理不睬的。小张最后说："您只要拿出手机，干脆我帮你们安装好了。"老人还是不答应，说不需要这个。

小张于是求助于笔者，笔者提醒他注意老人可能会排斥有人提起"被人诈骗"的话题，老人一般受骗后，都自己默默忍受，不愿意跟人提起被骗的事情，因为被骗在他们看来，不是什么值得张扬的事，他们害怕提及自己被骗是老年痴呆的表现，担忧人家瞧不起他。就算跟自己的亲儿女，他们都闭口不言。老人有时不怎么相信外人，如果你不是他的亲人，很难说动他们去接受新鲜事物。后来小张听了笔者的建议，先找到他们在外地打工的亲人的电话，跟他们提前联系好，然后在上门劝说的时候，打通老人儿子或女儿的电话，老人果然很轻易地拿出手机给张勤，问题顺利解决。

如果我们遇到上述类似的问题，当对方非常固执地抗拒，仅靠一己之力完不成任务时，就可以从对方的社会关系入手，寻求帮助。多管齐下，想办法多方斡旋，总会找出一条路。一条路走不通，想方设法从其他方面入手，寻求缓解矛盾的各方力量，共同解决问题，促进和谐。

## 第三节　善于把握话题焦点，做到言必有中

捭阖自如作为言语交际的最高境界，除了上述要求外，还要求说话交际，要善于对准话题焦点，切中肯綮，做到言必有中，才能高效解决问题。

《战国策》记载了西周大臣游腾善于一语中的进行雄辩的史实：

秦令樗里疾以车百乘入周，周君迎之以卒，甚敬。楚王怒，让（严词责难，笔者注）周，以其重秦客。游腾谓楚王曰："昔智伯欲伐仇由，遗（赠送，笔者注）之大钟，载以广车，因随入以兵，仇由卒亡，无备故也。桓公伐蔡也，号言伐楚，其实袭蔡。今秦者，虎狼之国也，兼有吞周之意；使樗里疾以车百乘入周，周君惧焉，以蔡、仇由戒之，故使长兵在前，强弩在后，名曰卫疾，而实囚（围困，笔者注）之也。周君岂能无爱国哉？恐一旦之亡国，而忧大王。"楚王乃悦。①

游腾巧妙地抓住对方不满周君迎接秦将的仪仗过于恭敬的焦点，机智地将其置换成有利于对方的说辞，就是为了说服对方认同和理解自己的所作所为。成功地做到了"雄辩胜于事实"，非常高明。

《三国演义》第四十三回中记载了著名的"诸葛亮舌战群儒"的交际场景，可谓经典的"言必有中"的案例，同时也非常生动地诠释了鬼谷子所谓的"捭"式话术。试摘录几段对话如下：

座上忽一人抗声问曰："今曹公兵屯百万，将列千员，龙骧虎视，平吞江夏。公

---

① 刘向. 西周策：秦令樗里疾以车百乘入周 [M] //战国策. 南京：江苏凤凰美术出版社，2017：13.

以为何如?"孔明视之,乃虞翻也。孔明曰:"曹操收袁绍蚁聚之兵,劫刘表乌合之众,虽数百万,不足惧也。"虞翻冷笑曰:"军败于当阳,计穷于夏口,区区求救于人,而犹言不惧:此真大言欺人也!"孔明曰:"刘豫州以数千仁义之师,安能敌百万残暴之众?退守夏口,所以待时也。今江东兵精粮足,且有长江之险,犹欲使其屈膝求和,不顾天下耻笑:由此论之,刘豫州真不惧操贼者矣。"虞翻不能对。

座间又一人问曰:"孔明欲效仪、秦之舌,游说东吴耶?"孔明视之,乃步骘也。孔明曰:"步子山以苏秦、张仪为辩士,不知苏秦、张仪亦豪杰也:苏秦佩六国相印,张仪两次相秦,皆有匡扶人国之谋,非比畏强凌弱、惧刀避剑之人也。君等闻曹操虚发诈伪之词,便畏惧请降,敢笑苏秦、张仪乎!"步骘默然无语。

忽一人问曰:"孔明以曹操何如人也?"孔明视其人,乃薛综也。孔明答曰:"曹操乃汉贼也,又何必问!"综曰:"公言差矣。汉传世至今,天数将终。今曹公已有天下三分之二,人皆归心。刘豫州不识天时,强欲与争,正如以卵击石,安得不败乎?"孔明厉声曰:"薛敬文安得出此无父无君之言乎!夫人生天地间,以忠孝为立身之本。公既为汉臣,则见有不臣之人,当誓共戮之,臣之道也。今曹操祖宗叨食汉禄,不思报效,反怀篡逆之心,天下之所共愤!公既以天数归之,真无父无君之人也!不足与语!请勿复言!"薛综满面羞惭,不能对答。

…………

座上一人忽曰:"孔明所言,皆强词夺理,均非正论,不必再言。且请问:孔明治何经典?"孔明视之,乃严畯也。孔明曰:"寻章摘句,世之腐儒也,何能兴邦立事?且古耕莘伊尹,钓渭子牙,张良、陈平之流,邓禹、耿弇之辈,皆有匡扶宇宙之才,未审其生平治何经典。岂亦效书生,区区于笔砚之间,数黑论黄,舞文弄墨而已乎?"严畯低头丧气而不能对。[①]

诸葛亮"受任于败军之际,奉命于危难之间",为了联吴抗曹而进行的这一场舌辩,无一不是抓住东吴"降曹"派群臣系列问题中的焦点,然后一针见血、一语中的地进行辩驳,使对方放弃自己的偏见或单方面的立场,接受自己的观点,使东吴一众峨冠博带的文臣无言以对。这场令人叹为观止的"舌战",不仅体现出诸葛亮胸怀天下、正气凛然的人格风范,更体现出他善于言必有中的雄辩技巧。

一百多年以前,美国知名的罗克岛铁路公司打算建一座大桥,把罗克岛和达文波特两个地区连接起来。当时,轮船是运输小麦、熏肉和其他物资的重要工具。所以,轮船公司把水运权当成上帝赐予他们的特权。一旦铁路桥修建成功,就会断了他们的

① 罗贯中. 三国演义:上海 [M]. 4 版. 北京:人民文学出版社,2019:318-320.

财路，因此轮船公司竭力对修桥提案进行阻挠。于是，美国运输史上知名的一个案子开庭了。

时任轮船公司的辩护律师韦德，是当时美国法律界很有名的铁嘴。法庭辩论的最后一天，听众云集，韦德站在那儿滔滔不绝，足足讲了两个小时。

等到罗克岛铁路公司的律师发言时，听众已经显得非常不耐烦了。这正是韦德的计谋，他想借此击败对手。然而，令韦德大感意外的是那位律师只说了一分钟——不可思议的一分钟，这个案子就此闻名。只见那位律师站起身来平静地说："首先，我对控方律师的滔滔雄辩表示钦佩。然而，陆地运输远比水上运输重要，这是任何人都改变不了的事实。陪审团，你们要裁决的罕有的问题是，对于未来发展而言，陆地运输和水上运输哪一个更重要？"片刻之后，陪审团做出裁决，建桥方获胜。①

韦德之所以口若悬河地讲了两个小时，既是为了炫耀自己的口才，也是存心拖延时间。但他没有顾及听众的厌烦心理，也低估了对手的机智反应。相对于对手的言简意赅，韦德的滔滔不绝反而愈发惹人生厌。一个会说话的人，总可以在简明精准地表达出自己的意图的同时，做到以情动人，以理服人。

一分钟言简意赅、切中肯綮的辩论，胜过对手口若悬河、足足两个小时不着边际的题外话，不能不让人叹服。

闻名世界政坛的吴仪，既是一个不畏强权的外交家，同时也是一个言出必中的雄辩者。1991年，中美进行有关知识产权方面的谈判，美国人傲慢无礼，口出污言："我们是在和小偷谈判。"吴仪毫不示弱："我们是在和强盗谈判，请看你们博物馆里的展品，有多少是从中国抢来的？"言辞犀利的回答让习惯了颐指气使的美国人感觉到棋逢对手，不得不心生佩服。

因而，在上述遇到对方语出伤人的场合，就不妨采用这种不卑不亢的有力回击。这也是捭阖自如的题中应有之义。

在双方发生利益冲突时，也须学会运用一语中的的交际言辞来化解：

有一次，孔子带着他的几名得意弟子出外讲学、游览，一路上非常的艰辛。这一天，孔子一行人来到一个村庄，他们在一片树荫下休息，正准备吃点干粮、喝点水，没想到，孔子的马挣脱了缰绳，跑到庄稼地里去吃了人家的麦苗。一个农夫上前把马嚼子抓住了，将马扣了下来。

子贡是孔子最得意的学生之一，平常能说会道。他凭着不凡的口才，自告奋勇地上前去企图说服那个农夫，争取和解。然而，他说话文绉绉，满口之乎者也，天上地

---

① 吴阳. 让人接受的说话方式［M］. 长春：北方妇女儿童出版社，2019：86 - 87.

下，将大道理讲了一通又一通，虽然费尽口舌，可农夫就是听不进去。

有一位跟随孔子不久的新学生，论学识、才干远都不如子贡。当他看到子贡与农夫僵持不下的情景时，便对孔子说："老师，请让我去试试看。"

于是他走到那个农夫身旁，笑着对农夫说："你并不是在遥远的东海种田，我们也不是在遥远的西海耕地，我们相互之间靠得很近，相隔不远，我的马怎么可能不吃你的庄稼呢？再说了，指不定哪天我的庄稼也会被你的马吃掉，你说是不是？我们该彼此谅解才是。"

听完这一番话，农夫觉得很在理，就不再责怪他们了，于是将马还给了孔子。旁边几个农夫也互相议论说："像这样说话才算有口才，哪像刚才那个人，说话不中听。"①

孔子的新学生，明白要说服农夫谅解他们，就必须跟他说些简单易懂的道理，于是就直截了当地提请对方将心比心地考虑扣留马的事情是否有些不近人情。农夫听了，觉得他说得很有道理，问题很快得以解决。假如说话不能一语中的，再能言善辩，也于事无补。

因而，我们需要借鉴上述案例中的成功经验，学会精准把握对方的话语意图，抓住问题的要害，用言简意赅的言辞或据理力争，或以情动人，做到一语中的。

## 第四节　围绕交际目的不断创新交际言辞

捭阖自如作为言语交际的最高境界，仅仅能够根据常规的交际目的给予普通的交际应对还不够。捭阖自如的交际高手不仅能够应对林林总总、变动不居的交际问题，在临场交际应对的时候，他们往往可以根据具体交际目的，在遵循基本交际原则、运用多种交际技巧的基础上，主动超越常规交际思维，独出机杼地选择、组织和自主创造出令人拍案惊奇的交际言辞。

1945 年，苏联外长莫洛托夫率代表团访问美国。当时，美国正在为自己使用原子弹征服了日本并结束了"二战"而趾高气扬、不可一世。在这种时候，美国非常急切地想知道苏联的核能力，于是便派出一个记者去采访莫洛托夫。记者问："贵国有多少原子弹？"莫洛托夫沉着脸回答："足够！"②

① 启文. 把话说到点子上 [M]. 石家庄：花山文艺出版社，2020：30 - 31.
② 张笑恒. 乔布斯的魅力口才 [M]. 北京：中国铁道出版社，2017：54.

　　莫洛托夫面对这种明显探听国家机密的不当提问，没有直接谴责美方记者问话的无礼，也没有缄默不语拒绝回答，甚至也没有敷衍地告诉对方大概的或虚假的数字，而是用了一个自信满满又掷地有声的"足够"，就斩钉截铁地回答了对方的问题。仅仅"足够"二字，就隐含了非常复杂的话语内涵，给人以"言已尽而意无穷"的韵味，既精准渲染出苏联不畏强权的凛然气势，同时也表明莫洛托夫在外交场合不卑不亢的优雅风度。如果这时莫洛托夫按照常规思维啰啰唆唆解释半天，不但有口难言，很可能会招致美国记者的纠缠不休，陷自己于被动窘境。如果谴责对方不该问，在公众场合也会让对方下不来台，同样不合适。莫洛托夫的妙答，就非常典型地体现了鬼谷子常说的捭阖自如所必须具备的临场应变能力，或曰交际言辞技巧的创新能力。再看几例：

　　遂良陪儿子去某市体育馆参加一年一度的省青少年游泳锦标赛，为了便于儿子休息。他在市体育中心附近的酒店订了房间，第二天上午刚游完第一个参赛项目 400 米自由泳之后，他就知道儿子因为太紧张发挥不佳，离通过国家二级运动员标准慢了差不多 8 秒。但是，他一如既往像什么事都没发生一样很高兴地和儿子吃饭、看电视，等到第二天下午儿子要去参加第二个参赛项目 200 米蛙泳比赛，临出酒店房间之前，他大声叫住儿子："听着"，儿子正想停下来听爸爸的教训时，谁知道遂良手一挥："好吧，出发吧！"儿子这次由于放松了心情，以比标准速度快 10 秒的成绩顺利通过国家二级运动员考核。

　　遂良的儿子参赛经验不足，赛时紧张，导致第一场比赛发挥不好，假如遂良遵循传统的话语习惯，在儿子参加第二场比赛前特别提醒他不要紧张，他反而会更紧张，第二场比赛可能也会发挥不正常，正因为遂良意识到这一点，所以在儿子去比赛之前，不给儿子任何压力，只说"好吧，出发吧！"，儿子反而收获了好成绩。

　　阿杜回家后发现儿子正在打电话问他同学某道数学题应该怎样做，于是对他说："小家伙，自己的事情应该自己做。"没想到他儿子对他说："大家伙，你管好自己的事情就可以了。我们老师都说不会做的作业要不耻下问。"

　　儿子仿照父亲称呼的"小家伙"称呼其为"大家伙"，抛开伦理评价不说，还真可谓思维敏捷。因为这个"大家伙"不仅幽默地表达了对父亲教训的不满，而且带点"以其人之道还治其人之身"的青春叛逆意味。

　　某单位的一名职员李某，其妻平时喜欢跟异性交往，李某知道这只是妻子的生活习惯，也没有什么原则性错误，但有时心中还是难免有些醋意，又不便直言，于是用非常含蓄的说法："你喜欢喝茶没问题，只是不要总是到那些叫作'虫二'之类的茶馆去就好。"

妻子一时不明其意，百度搜索才弄清楚"虫二茶馆"之名乃来源"风（風）月无边"，才明白丈夫说这话的良苦用心。于是，她也对丈夫说了一句"世上本无事"，暗示自己跟异性来往本来就无关风月，让丈夫大可不必庸人自扰。从身边现实生活或网络知识库中获得素材，经过各自的特意修饰或进行说一半留一半的创意加工，运用话中有话、含蓄蕴藉的暗示技巧，双方把想对对方说的意思藏在不具备攻击性的文字里。一来一去，双方都知道了彼此的想法，于是互相珍惜，继续相安无事地生活着。

一个言语交际的高手，要想做到捭阖自如，就应该学会围绕交际目的，敢于打破常规思维，不断创新临场交际应对言辞，在妥善解决交际问题的同时彰显我们的个人魅力。下面我们再举几个有关临场交际应对的实战案例，提供应答思路和多种不同的言辞方案，供大家揣摩体会。

**交际情境及问题一：学校组织拍毕业照时需要按个子高矮排队，摄影师或者组织拍照的老师应该怎样选择恰当的言辞，才能不伤害那些个子比较矮的学生的自尊？**

应答思路：不能直接当面对着个子矮的学生说短话，可以用各种"个子矮"的委婉语代替或者用恰当的词语将从低到高的身高排序规则描述出来。

方案1：同学们，现在我们开始排队，长得比较精华一些的排前面，其余的按身高依次排后面。

方案2：大家好，现在我们来排队。个子高一些的站前面，更高一些的站后面。

方案3：同学们，现在我们按个子递增顺序排一下队伍。

方案4：同学们，在拍照之前我们必须排一下队，现在大家根据自己的身高选择较为合适的位置依次排列，标准是前面的同学不要挡住后面的同学。

**交际情境及问题二：我是新入职的员工，在一次员工聚餐会上，有个老员工起哄说："今天是新员工第一次聚餐，那么这一餐就让新员工请客吧！"但是我刚入职并没有那么多钱，请问该怎么回答才能不请客并且不得罪老员工呢？**

应答思路：面对这样的问题，我们可以从交际目的出发，那就是你既不能出钱，也不能得罪老员工。围绕着这样的交际目的，言语选择和组织的时候就既要表达你并不是不想请客拂对方的面子，但是口袋里没有钱也不能勉为其难，必须同时包含这两方面的意思。言语组织可以围绕着这两个方面去思考，也可以设计出不同的回答方案：

方案1："承蒙大家看得起我，能够请客，是我感到非常荣幸的事，（表示自己对请客提议的配合和并不否认的主观态度，达到不得罪对方的目的）可是，我第一个月的工资还没领到呢。"（表示出自己心有余而力不足的遗憾，解释客观上不能满足对方的理由）于是，别人也不好坚持让你请客，交际目的达成。

方案2："请客可以呀，但是我觉得要请客的话，最好是换个时间或地点，或者请大家不辞辛苦到我宿舍去吃啊，我自己做饭菜给大家尝尝，（达到满足请客需求同时又减少聚餐开支的目的）或者等到这个月我领了工资再请各位。"（没有直接拒绝对方请客诉求，又不至于让自己马上掏腰包出钱）

方案3："请客没问题。（答应表现肯定态度）哪位前辈可以先借我餐费垫付一下，待到我发了工资手头宽裕的时候再还上，如何？"（表明自己确实有难处，对方的诉求无法付诸实现）

顺着这样的思路，我们还可以继续设计出不同的具体方案。

**交际情境及问题三：**某某是著名演艺圈明星，有一次召开由他领衔主演的电视剧开播新闻发布会，在发布会进行不到一半时，有个记者突然冷不丁问道："听说你是亿万富翁，资产已达20亿元，是真的吗？"请问这位明星要如何回答才能既不泄露自己的财产隐私，又使记者或观众欣然接受他的回答。

应答思路：面对这种涉及个人财产的公开提问，作为公众人物的明星，肯定不能实话实说，也不能缄口不言，可以根据对方的提问运用不同的委婉或幽默言辞巧言拒绝。

方案1："这位记者朋友，如果您的问题是'你最近又有什么新作品？'，我一定会非常乐意回答。"（转移话题，回避正面作答）

方案2："如果我真的有那么多钱就好了，就可以帮助许多需要帮助的人。"（用假设句，并展示自己乐于助人的个人形象）

方案3："听说您的财产也不下20亿元，请问您，这是真的吗？"（把问题丢回对方，使对方明白自己的说法乃道听途说，不可信）

方案4："20亿元的财产，如果按我现在的年薪来算，需要多少年，我已经工作了多少年，稍微一算，我想大家都很清楚了，是不是？"（引导对方用最通俗简单的方法自己得出答案，成功回避如实应答）

方案5："无风不起浪，我相信这个问题您提出来一定事出有因，欢迎这位朋友在记者招待会结束后与我私下探讨这个问题。"（拖延时间，巧妙拒绝）

方案6："很高兴您用了'听说'这个词，'听说'的具体意思我想记者先生比我要更清楚吧。"（抓住对方问话中的"听说"，借题发挥，巧妙避开正面作答）

方案7："这个问题呀，怎么连我自己都不知道呢。"（暗示对方信息不属实）

方案8："先生，您不知道打听个人的财产如同问女人的年龄一样吗？"（暗示对方不该在公众场合提问私人财产，因而自己无需回答）

方案9："是的。我很富有。但不是因为有20亿，而是因为我有无穷无尽的对生

活的持续思考和表现。"（这样的答法可以展示自己重精神生产不重物质财富的良好形象）

方案 10："哦，原来传说中的我如此富有，传说可真是能制造财富呀！"（暗示对方凭传说得到的信息严重失真）

方案 11："不，你肯定错了。我创作了那么多作品，这何止 20 亿元呢？"（此种应答效果和方案 9 差不多）

方案 12："如果我真能像您听说的拥有 20 亿元财产，我也不会觉得我很富有，因为对一个影视剧工作者来说，真正的富有是观众的肯定和喜爱。"（首先用假设句否定对方信息的真实性，然后再展示自己最在乎的非财富而是观众的认可，切合公众人物的身份）

**交际情景及问题四：**小芳在网上新认识一位异性网友，加了微信没聊上几句，男生向女生提出视频聊天的要求，小芳觉得跟一个还不太了解的虚拟朋友视频不合适，所以想拒绝，但又不知道该怎样回绝才可以既维护自己优雅的形象，同时又不至于失去这位朋友。请替小芳设计和选择几种不同的回绝言辞（必须包含运用幽默言辞的回绝方案），并分析效果。

**应答思路：**回答这样的问题，必须运用巧言拒绝的言辞，才能既维护自己优雅的形象，又不至于得罪对方，失去这位朋友。可以参照巧言拒绝的多种解决方案来设计具体的回绝言辞。

方案 1：你的这个要求，我想在我们再熟悉一些的时候满足你，可以吗？（拖延法拒绝，同时暗含对方提出要求不合时宜，同时表示自己不愿失去对方）

方案 2：等到我能非常轻松和自然跟你视频的时候，你自然就能跟我视频了。（拖延法拒绝，同时暗含对方提出要求不合时宜，同时表示自己不愿失去对方）

方案 3：但愿你可以坚持到我主动跟你视频的那一天。（拖延法拒绝，同时暗含对方提出要求不合时宜，同时表示自己不愿失去对方）

方案 4：你要知道，我既不是一个有求必应的人，也不是一个不懂回报的人。（暗示对方要求不合理的同时表达不想失去对方的复杂心理）

方案 5：微笑不做任何回答（无声语言拒绝法，表示拒绝，态度暧昧的同时静观对方的下一步表现）

方案 6：我长得太美，可不能轻易给人看的哦。（故做神秘、吊人胃口的幽默拒绝，风趣幽默，对方除了接受别无他法）

方案 7：如果你是我的亲人，随时视频都没问题。（设置障碍法拒绝，暗示对方不可能是自己的亲人，因而随时视频的诉求不能达成）

方案8：我也只是两只眼睛一个鼻子一张嘴的，和你一样哦。想必你想要了解我，不仅仅是为了看到这些。(暗示对方此要求表示出以貌取人的不合适和不理性的同时，也表示了自己对外表美和内心美的双重自信，还暗含假如对方能够听明白，重视心灵交往的话，可以继续，否则趁早打住的意思)

方案9：不急，来日方长。反正视频里你也看不到除了身高和外表之外的我。(暗示对方此要求表示出以貌取人的不合适，也暗示了对方如果可以理性交往，还可以继续。暗示不愿失去对方的心理)

# 本章结语

总之，交际主体，只有根据具体的交际情境，针对自己的交际目的，开动脑筋，敏于事而慎于言，才能基于自己平时的内心修养，充分调动自己的知识积累，灵活运用各种言语交际技巧，不断创新交际言辞，才能不断接近捭阖自如的最高境界。

# 参考文献

**经典著作：**

马克思．关于费尔巴哈的提纲［M］//马克思，恩格斯．马克思恩格斯选集：第1卷．中共中央马克思恩格斯列宁斯大林著作编译局，编译．北京：人民出版社，1995.

**中文著作：**

白晓．人际交往心理学［M］．长春：吉林出版集团股份有限公司，2019.

白玉林，曾志华，张新科．三国志解读［M］．北京：华龄出版社，2006.

曹雪芹，高鹗．红楼梦［M］．长沙：岳麓书社，1987.

陈望道．修辞学发凡［M］．上海：复旦大学出版社，2020.

陈宗厚．趣侃说话［M］．厦门：厦门大学出版社，2012.

崔凤杰．国学精选简易读本［M］．沈阳：沈阳出版社，2018.

杜占明．中国古训辞典［M］．北京：北京燕山出版社，1992.

方瑾．说话的艺术［M］．北京：企业管理出版社，2006.

冯梦龙．冯梦龙四大异书：谈概［M］．杨军，校．长春：长春出版社，1993.

胡展赫．高阶思维［M］．沈阳：沈阳出版社，2018.

黄钦德．中外幽默大观［M］．济南：山东文艺出版社，1992.

古华．芙蓉镇［M］．北京：人民文学出版社，1981.

鬼谷子．鬼谷子全集：三［M］．哈尔滨：北方文艺出版社，2016.

鬼谷子．鬼谷子全集：四［M］．哈尔滨：北方文艺出版社，2016.

郭庆藩，王孝鱼．秋水第十七［M］//庄子集释：中．北京：中华书局，1961.

姜翔．公关实用口才［M］．北京：中国戏剧出版社，2000.

李灿明．口才三绝［M］．北京：华龄出版社，2020.

李晖，海慧．名人幽默精华［M］．北京：中央民族大学出版社，2000.

李许成．幽默沟通［M］．北京：中国商务出版社，2018.

李楠．人际交往心理学［M］．北京：新华出版社，2017.

李平．大学生实用口才培训教程［M］．西安：第四军医大学出版社，2006.

李枢苇，江丽思．跟着大师学管理［M］．长春：吉林文史出版社，2017.

李维文．幽默沟通［M］．青岛：青岛出版社，2015.

李营．瞬间打动人心的说话技巧［M］．北京：海潮出版社，2012.

刘仁增．每天一个幽默故事［M］．福州：福建少年儿童出版社，2010.

刘向．楚王欲辱晏子指盗者为齐人晏子对以橘［M］//晏子春秋．胡志泉，评译．北京：北京联合出版公司，2017.

刘向．西周策：秦令樗里疾以车百乘入周［M］//战国策．南京：江苏凤凰美术出版社，2017.

刘艳华．沟通心理学［M］．天津：天津科学技术出版社，2017.

刘毓庆．论语绎解［M］．北京：商务印书馆，2017.

鲁迅．故乡［M］//鲁迅全集：第一卷．北京：人民文学出版社，2005.

鲁迅．立论［M］//鲁迅全集：第二卷．北京：人民文学出版社，2005.

鲁迅．华盖集·并非闲话（三）［M］//鲁迅全集：第三卷．北京：人民文学出版社，2005.

鲁迅．伪自由书·后记［M］//鲁迅全集：第五卷．北京：人民文学出版社，2005.

鲁迅．290601　致许广平［M］//鲁迅全集：第十二卷．北京：人民文学出版社，2005.

鲁迅．两地书：二［M］//鲁迅全集：第十一卷．北京：人民文学出版社，2005.

陆若离．新幽默［M］．北京：西苑出版社，2009.

罗贯中．三国演义［M］．4版．北京：人民文学出版社，2019.

骆小所．公关语言学教程［M］．昆明：云南人民出版社，2002.

吕长青．幽默越简单越好［M］．北京：北京工业大学出版社，2015.

马晓琴．心理健康［M］．西安：西安出版社，2005.

孟琳．说话心理学［M］．北京：煤炭工业出版社，2018.

欧阳彦之．纵横家的策辩［M］．北京：中国财富出版社，2016.

启文．口才三绝：会赞美　会幽默　会拒绝［M］．石家庄：花山文艺出版社，2020.

启文．把话说到点子上［M］．石家庄：花山文艺出版社，2020.

拾月．文艺大师的情操风范［M］．长春：吉林出版集团股份有限公司，2016.

司马迁．老子韩非列传第三［M］//史记：第七册．北京：中华书局，1959.

司马迁．滑稽列传第六十六［M］//史记：第十册．北京：中华书局，1959.

司马光．资治通鉴：第1卷［M］．长春：时代文艺出版社，2002.

司马光．资治通鉴精华：上［M］．傅春晓，译注．沈阳：辽宁人民出版社，2018.

宋莉萍．礼仪与沟通教程［M］．上海：上海财经大学出版社，2006.

苏乔，漫漫．向成功名人借经验［M］．长沙：湖南文艺出版社，2011.

苏智恒．中华寓言故事［M］．延吉：延边大学出版社，2016.

孙红颖．幽默心理学［M］．北京：北京日报出版社，2016.

孙犁．荷花淀：白洋淀纪事之二［M］//孙犁文集：第一卷．天津：百花文艺出版社，1992.

孙能传，孙德敦．皇家藏书：益智编下［M］．北京：中国戏剧出版社，2000.

泰歌，罗胜辉．怎样有逻辑地说服别人［M］．哈尔滨：哈尔滨出版社，2021.

谭波．魅力交流指南［M］．长春：吉林出版集团股份有限公司，2018.

铁凝．四季歌［M］//铁凝文集：第3卷．南京：江苏文艺出版社，1996.

万斯同．方孝孺传［M］//明史稿：卷一八三．宁波：宁波出版社，2008.

王昌龄．长信秋词五首（其三）［M］//卢盛江，卢燕新．中国古典诗词曲选粹：唐诗卷．合肥：黄山书社，2018.

王鑫．一分钟聊出好前程［M］．长春：北方妇女儿童出版社，2015.

吴登美．中华典故：第2卷［M］．长春：吉林大学出版社，2009.

吴阳．让人接受的说话方式［M］．长春：北方妇女儿童出版社，2019.

肖永刚．读者文摘·最时文［M］．长春：银声音像出版社，2009.

萧胜平．赢在幽默［M］．北京：中国纺织出版社，2009.

谢晓丽．国学经典语萃［M］．太原：北岳文艺出版社，2019.

徐珂．是狼是狗［M］//清稗类钞：第14册 诙谐种族，上海：商务印书馆，1912—1948.

薛可，杨清之．唐前隐逸文学研究［M］．北京：中央民族大学出版社，2011.

佚名，周希陶．增广贤文［M］．邹斌，编译．北京：线装书局，2010.

易尚．中层领导说话处事方略［M］．3版．北京：中国纺织出版社，2020.

余东海．论语点睛［M］．北京：中国友谊出版公司，2016.

余明阳．人际传播学［M］．上海：同济大学出版社，2007.

翟超，等．商务谈判口才［M］．北京：蓝天出版社，1997.

张恒杰，张西萍，梅生贵．国际商务谈判要略［M］．北京：东方出版社，1994.

张建设．中外名人幽默故事［M］．北京：书目文献出版社，1994.

张笑恒．乔布斯的魅力口才［M］．北京：中国铁道出版社，2017.

张笑恒．情商高的人，不会输在说话上［M］．南昌：江西美术出版社，2020.

章亭晖．名人幽默［M］．北京：长城出版社，1999.

章亭晖．反唇相讥［M］．北京：长城出版社，1999.

章亭晖．办公室幽默［M］．北京：长城出版社，1999.

赵毅，钱为钢．言语交际［M］．上海：上海文艺出版社，2000.

赵子仪．你的思路价值百万［M］．哈尔滨：哈尔滨出版社，2008.

志舒．情商高就是会说话［M］．长春：北方妇女儿童出版社，2019.

邹雷，徐宁．南京历代楹联［M］．南京：南京出版社，2016.


**中文译著：**

曼狄诺．世界上最伟大的推销员［M］．安辽，译．2 版．北京：世界知识出版社，2014.

格里芬．后现代精神［M］．王成兵，译．北京：中央编译出版社，2005.

卡耐基．说话的艺术［M］．郁丹，译．北京：中国言实出版社，2017.

布鲁纳．布鲁纳教育论著选［M］．邵瑞珍，张渭城，等译．北京：人民教育出版社，2018.

契诃夫．威胁［M］．杨宗建，唐素云，译//凌焕新．中外经典微型小说读本．南京：南京师范大学出版社，2017.

世界银行，联合国教科文组织高等教育与社会特别工作组．发展中国家的高等教育：危机与出路［M］．蒋凯，主译．北京：教育科学出版社，2001.

马斯洛．动机与人格［M］．许金生，等译．3 版．北京：中国人民大学出版社，2007.